第12版

知识产权法
配套测试

解析

教学辅导中心 / 组编

编委会主任 / 李小草

编委会副主任 / 黎华献

编审人员

李小草　黎华献　张　杰　朱彩云

中国法治出版社
CHINA LEGAL PUBLISHING HOUSE

目 录

绪 论 ··· 1

第一编　著作权与相关权利

第一章　著作权的客体 ·· 9
第二章　著作权的取得与归属 ··· 12
第三章　著作权的内容 ·· 22
第四章　邻接权 ··· 28
第五章　著作权的限制 ·· 32
第六章　著作权的利用 ·· 35
第七章　侵害著作权的法律责任 ··· 39

第二编　专利权与其他技术成果权

第八章　专利权的对象 ·· 48
第九章　专利权取得的实质条件 ··· 51
第十章　专利权的归属、取得与消灭 ·· 55
第十一章　专利权的内容与限制 ··· 60
第十二章　专利权的利用 ·· 62
第十三章　侵害专利权的法律责任 ··· 63
第十四章　植物新品种权和集成电路布图设计权 ······························ 71

第三编　商标权与其他商业标记权

第十五章　商标权的对象 ·· 72
第十六章　商标权的取得和消灭 ··· 77
第十七章　商标权的内容与利用 ··· 90
第十八章　侵害商标权的法律责任 ··· 97
第十九章　其他商业标志保护 ·· 108

第四编　与知识产权有关的反不正当竞争的权利

第二十章　反不正当竞争法律制度概述 …………………………………………… 110
第二十一章　仿冒行为 …………………………………………………………… 115
第二十二章　商业秘密保护制度 ………………………………………………… 118

第五编　知识产权国际条约

第二十三章　知识产权国际条约 ………………………………………………… 120
第二十四章　工业产权国际条约 ………………………………………………… 123
第二十五章　著作权国际条约 …………………………………………………… 124
综合测试题一 ……………………………………………………………………… 126
综合测试题二 ……………………………………………………………………… 130
综合测试题三 ……………………………………………………………………… 134

绪 论

✅ 单项选择题

1. 答案：C。 著作权既包括与人身利益相关的内容，也包括属于财产内容的权利，是人身权和财产权两位一体的权利。权利的双重性质是其所独有的，知识产权中其他的类别如专利权、商标权都不具备这一特征。《著作权法》第 10 条全面规定了著作权的人身权和财产权。

2. 答案：B。《伯尔尼公约》的全称是《保护文学艺术作品伯尔尼公约》，保护对象是"文学艺术作品"，《伯尔尼公约》没有为作品下定义，只是规定作品包括"文学、科学和艺术领域的一切成果，无论其表现的方式和形式如何"。

3. 答案：C。 知识产权的客体为创造成果和商业标记，属于无体物，兼具人身权与财产权的性质，且有时间性（B 错）、地域性（D 错）。

4. 答案：D。 我国加入的知识产权国际公约中，最重要的有两个，一个是以保护专利权、商标权等权利为主要内容的《巴黎公约》，一个是保护文学艺术作品著作权的《伯尔尼公约》。

5. 答案：C。《巴黎公约》对专利、商标等工业产权的保护对象从实体法和程序法等多方面规定了保护的基本原则和最低标准。从专利法的发展史着眼，《巴黎公约》开创了专利法国际协调的先河。

6. 答案：A。 1624 年，英国颁布了《垄断法案》。它被认为是世界上第一部具有现代意义的专利法。

7. 答案：D。 1963 年国家颁布了《发明奖励条例》（现已失效），对具备新颖性，在生产实践中取得重大效益，技术水平在国内或国际上处于领先水平的发明创造发给发明证书。这使中国从过去的专利权与发明证书并存的双轨制，转变为单一的发明证书制度。

8. 答案：A。 从专利法所赋予的垄断性权利内容看，专利法所规定的垄断并非对技术的全面垄断，而仅仅限定在对技术的营利性实施方面。专利法不限制技术信息的传播，相反还鼓励或有助于技术信息的广泛传播。

9. 答案：B。 本题考查的是著作权的保护对象，即作品的内容和形式。

10. 答案：B。 英国《安娜女王法令》是人类历史上第一部著作权法，于 1709 年制定，是以保护作者的权利为主要目的的法案。

11. 答案：A。《大清著作权律》为我国历史上第一部著作权法，于 1910 年颁布。该法分为通例、权利期限、呈报义务、权利限制和附则 5 章共 55 条，条文简约，内容完备。

✅ 多项选择题

1. 答案：ACD。 知识产权具有人身权和财产权的双重性质，因此 B 项有误。

2. 答案：ACD。 集成电路布图设计属于《与贸易有关的知识产权协定》的保护范围。《巴黎公约》的主要内容是保护专利、商标等权利，如发明、实用新型、外观设计、商标、服务标记、厂商名称，原产地名称等。

3. 答案：AB。 著作权包括人身权和财产权两大类。前者不受保护期限的限制，后者则受保护期限的限制。

4. 答案：BD。 著作权属于民事权利，是知识产权的重要组成部分，由此可得著作权属于专有权、绝对权。

5. 答案：ABD。 英国早期的钦赐贸易特权制度在一定程度上曾为英国纺织工业的崛起发挥了重要作用，因此 C 项错误，A、B、D 项都是正确的。

6. 答案：AD。《伯尔尼公约》与《世界版权公约》都是关于著作权的国际公约。

7. 答案：ACD。《专利法》所规定的垄断仅仅限定在对技术的营利性实施方面。因此，B项错，其他项表述正确。

名词解释

1. **答案**：著作权是指基于文学艺术和科学作品依法产生的权利。文学艺术和科学作品是著作权产生的前提和基础，是著作权法律关系得以发生的法律事实构成。作为一种民事法律关系，著作权不是抽象的，而是具体的，是就特定产品而产生的权利。没有作品，就没有著作权，脱离具体作品的著作权是不存在的。

2. **答案**：著作权法是指调整因著作权的产生、控制、利用和支配而产生的社会关系的法律规范的总称。广义的著作权法包括著作权法、邻接权法、各种相关的法律规范以及调整国家与国家之间就相互提供著作权保护而缔结的国际条约。狭义的著作权法仅指著作权法。

3. **答案**：知识产品是指依靠知识而产生的成果，如商标、专利、版权等，具有创造性、非物质性和公开性。

   虚拟财产是指狭义的不能转换到现实生活中的，数字化、非物化的财产形式。它包括网络游戏道具、电子邮件、加密货币等一系列非实体化财产，具有虚拟性、价值性和排他性。

4. **答案**：智力成果是指人们通过智力劳动创造的精神财富或精神产品。智力成果权又称知识产权，是指对科学、技术、文化、艺术等领域从事智力活动创造的精神财富所享有的权利。

   劳动成果是指人类通过创造物质或精神财富的活动而形成的工作或事业上的收获。劳动成果一般分为脑力劳动成果和体力劳动成果。

简答题

1. **答案**：知识产权，指权利人依法对其所创造的智力劳动成果和商业标记所享有的专有权利。所有权，指权利人依法对自己财产所享有的占有、使用、收益和处分的权利。

   （1）权利的客体不同，所有权的客体是有体物，包括动产、不动产和其他物权法上的物，知识产权的客体是"知识"，具体表现为创造的智力成果和商业标记，属于无体物。

   （2）所有权的独占性、专有性和排他性强于知识产权。所有权往往通过占有来实现部分权能，知识产权不发生有形占有。物权人只要不侵害他人权利，不危及社会公众和国家利益，不违背公序良俗，不滥用法律赋予的权利，其权利就是绝对的和排他的。而在知识产权领域存在一个权利人与非权利人可共享的领域。知识产权兼具人身权和财产权双重性质，所有权只具有财产权的性质。

   （3）知识产权有法律规定的期限，所有权没有法律规定的期限，其期限与所有物的自然寿命相竞合。

   （4）知识产权具有地域性，除非有国际公约或者双边互惠协定的特别规定，否则知识产权的效力只限于本国。所有权不受地域限制。

2. **答案**：智力成果指人们通过智力劳动创造的精神财富或精神产品，是"知识"的具体表现，包括作品、专利、商标及其他智力成果。

   （1）作品包括以下列形式创作的文学、艺术和自然科学、社会科学、工程技术等作品：文字作品，口述作品，音乐、戏剧、曲艺、舞蹈、杂技艺术作品，美术、建筑作品，摄影作品，电影作品和以类似摄制电影的方法创作的作品，工程设计图、产品设计图、地图、示意图等图形作品和模型作品，计算机软件，法律、行政法规规定的其他作品。

   （2）专利包括发明、实用新型、外观设计。发明，是指对产品、方法或者其改进所提出的新的技术方案。实用新型，是指对产品的形状、构造或者其结合所提出的适于实用的新的技术方案。外观设计，是指对产品的形状、图案或者其结合以及色彩与形状、图案的结合所作出的富有美感并适于工业应用的新设计。

   （3）商标包括商品商标、服务商标和集体商标、证明商标。集体商标，是指以团体、协会或者其他组织名义注册，供该组织成员在商事活动中使用，以表明使用者在该组织中的成员资格的标志。证明商标，是指由对某种商品或者服务具有监督能力的组织所控制，而由该组织以外的单位或者个人使用于其商品或者服务，用以证明该商品或者服务的原产地、原料、制造方法、质量或者其他特定品质的标志。

（4）其他智力成果，包括植物新品种、集成电路布图设计、地理标志、商业秘密等。

3. **答案**：权利用尽原则即权利穷竭原则，是指知识产权所有人或经其授权的人制造的知识产权产品，在首次合法地投放到市场后，其对该产品的进一步流通或使用的控制权即告"用尽"。凡是合法地取得该知识产权产品的人，只要不侵犯知识产权人的独占，均可以对该知识产品自由处分。权利人即丧失了控制权，权利人的权利即被认为用尽、穷竭了。

知识产权制度的建立，旨在保护发明创造人、作品创作者的权利，使其在没有别人同其竞争的条件下充分利用自己的知识产品以实现自己的经济利益。权利用尽原则，是对知识产权所有人的权利所进行的一种限制，是为了平衡知识产权人专有权所产生的负面效应而设置的，其主旨是对知识产权人的权利加以必要的限制，以免产生过度垄断，阻碍产品的自由流通。知识产权的基本特征之一是其独占性或说是专有性，这和商品的自由流通恰恰是矛盾的，权利用尽原则正是为了解决这种矛盾而产生的。但是，权利用尽原则的理论基础是经济利益回报理论，即知识产权所有人基于法律的规定而独占性地制造并销售其知识产权产品后，获得应得的经济利益，知识产权的基本功能已经实现。权利人不应该再继续对该知识产权产品施加进一步的控制。否则，就有碍于商品流通，有损于社会公众的利益。

4. **答案**：根据《民法典》第123条第2款的规定，知识产权是权利人依法就下列客体享有的专有的权利：（1）作品；（2）发明、实用新型、外观设计；（3）商标；（4）地理标志；（5）商业秘密；（6）集成电路布图设计；（7）植物新品种；（8）法律规定的其他客体。以上就是知识产权的范围。

5. **答案**：知识产品，是指依靠人的智力而产生出的成果，是一种人类的精神产物，如商标、专利、版权等。知识产权具有创造性、非物质性和公开性。

6. **答案**：知识产权法属于民法的一部分，知识产权是私权，已经为我国立法、司法实践以及学术研究所承认。

知识产权法与民法是部分与整体的关系，但是两者不是特别法与一般法的关系。知识产权法和物权法、合同法、人身权法、亲属法、继承法一样，是民法的一部分。因此，如果知识产权法与其他民法产生冲突，应依新法优于旧法的原则适用。

传统民法与知识产权法可以相互促进，不断发展与完善。

7. **答案**：知识产权是基于创造成果和商业标记依法产生的权利的统称。知识产权是一种私权利，是一种有别于物权的无形财产权。其具有如下特征：

（1）专有性。首先，知识产权为权利人所独占，权利人垄断这种专有权利并受到严格保护，没有法律规定或未经权利人许可，任何人不得使用权利人的知识产品；其次，对同一项知识产品，不允许有两个或两个以上同一属性的知识产权并存。

（2）地域性。知识产权具有严格的领土性，即地域性，其效力只限于某国境内，除非签有国际公约或者双边互惠协定，知识产权没有域外效力。

（3）时间性。知识产权仅在法律规定的期限内受到保护，一旦超过法律规定的有效期限，这一权利就自行消灭，相关知识产品即成为整个社会的共同财富，为人类社会所共同使用。

（4）非物质性。知识产权的客体是知识，这是知识产权与物权相比最突出的特征。作为知识产权客体的"知识"，是不含物质实体的思想或情感的表达形式，是人的主观精神世界在客观物质世界的投影。

8. **答案**：著作权和工业产权，二者主要共同之处是：二者的客体都是一定智力成果，即各类作品和各种发明创造和产品设计以及工商业标记都是人类智力成果的表现。

二者也有如下的区别：（1）著作权和工业产权的客体，所反映的领域和作用不同，其表现形式也有所区别。工业产权的客体，以一定的产品和工艺方法以及标记为表现形式，其作用也主要在物质生产和生活的实用性以及商品流通方面用以满足人类的物质需求，改善人们的衣食住行等生产和生活条件。作品则主要是文学、艺术和科学领域的智力成果，用来丰富人类的精神生活。（2）与工业产权相比，著作权的独占性和排他性更弱些。著作权的效力只排斥那些对自己有独创性的表现形式未经许可的利用，但不能排斥他人独立完成的与之相近似或相同的作品也取得同样的权利。所以，只要是独立完成而非抄袭他人之作，就同样表现形式的作品，允许两个以上的著作权存在。工业产权的保护对象，除商业秘密外，其独占性和排他性远较著作权强。（3）由于独立完成同样或相似作品的作者均享有著作权，所以，著作权通常可以自动产生。工业产权的排他性导致必须由特定的机构和法律机制完成必要的技术和法律上的鉴别和审查授权。

论述题

1. 答案：知识产权是基于创造成果和商业标记依法产生的民事权利的统称，而所有权是指所有人依法对自己的财产享有占有、使用、收益和处分的权利。所有权和知识产权既有一些相同点，又有很大的区别，具体内容如下：

（1）二者的相同点有：①法律性质相同，二者均为绝对权。所谓绝对权，又称对世权，是指权利主体是特定的，而义务人是不特定的，权利人行使权利以不特定的义务人的不作为义务为前提，其表现主要有如下两个方面：一是权利人有权在法律规定范围内按自己的意愿对客体进行支配；二是权利人有权排除他人对自己支配之物所施加的侵害和对自己行使权利的行为造成的干涉和妨碍。由这一方面的内容决定，权利主体以外的其他任何人也就相应地负有不得侵害和干涉、妨碍之不作为义务。②效力具有一定的相同性。二者在效力上均有排他性，它们的排他性表现在两个方面：一方面，它们均有排除他人侵害、干涉、妨碍的性质；另一方面，内容相同的所有权（知识产权）之间具有相互排斥的性质，即同一物上不容许两个以上所有权（知识产权）并存。③保护方法上也有一定的相同性。二者均可采用请求确认权利和赔偿损失的保护方法。所谓确认权利的保护方法，是指当所有权（或知识产权）归属不明或是否存在发生争议时，当事人可以向法院提起诉讼，请求确认自己的权利主体身份，以保护自己的合法权益。所谓请求赔偿的保护方法，是指当他人侵害所有权（或知识产权）的行为造成权利人的经济损失时，权利人可以直接请求侵害人赔偿损失，也可以请求法院责令侵害人赔偿损失。

（2）虽然所有权和知识产权在法律性质、效力和保护方法方面存在上述共同点，但它们在这三个方面还存在一些不容否认的区别，具体如下：①知识产权具有人身权与财产权双重属性。人身权是指智力成果创造人依法享有的发表权、署名权、修改权等；人身权与智力成果的创造人不可分离，因而不能转让。财产权是指知识产权人依法享有以特定方式利用知识产权的客体并获得经济利益的专有权利，财产权可以转让。而所有权仅有财产权属性，不具有人身权的性质。②所有权在效力上具有优先性和追及性，而知识产权则不具有。所谓优先性，是指在同一物上，当所有权与他物权并存时，先设立的权利优先于后设立的权利，当所有权与债权并存时，所有权优先于债权。所谓追及性，是指不管所有权的客体辗转流入何人之手，所有权人均可追及该物并将之取回。③在保护方法上，所有权可以采取恢复原状、返还原物和请求排除妨碍的方法，而知识产权则不可以采用这三种方法。所谓恢复原状，是指当所有权的标的因他人的侵权行为而损坏时，如果能够修复，所有权人可以请求侵权行为人加以修理以恢复物的原状。所谓返还原物，是指当所有人的财产被他人非法占有时，财产所有人可以依照法律的规定请求不法占有人返还原物。所谓排除妨碍，是指当他人的行为非法妨碍所有权人行使所有权时，所有权人可以请求妨碍人排除妨碍。而知识产权是无体财产权，所以无法采用上述三种方法进行保护。

2. **答案：**知识产权在民法中的地位可以这样来概括：知识产权是民事权利，属于对世权、支配权。

应当明确，知识产权法是私法，与民法是部分与整体的关系，知识产权是民事权利。知识产权法的调整对象包括：智力成果、商业标志和其他信息的归属关系；智力成果、商业标志和其他信息的利用关系；智力成果、商业标志和其他信息的交换关系。知识产权法调整的这些社会关系，是平等的当事人之间因知识产品的归属、利用、交换所发生的财产关系和人身关系。虽然专利法和商标法中都有一定数量的政府机关审查授权以及权利撤销等规定，但是，这些规定都是为权利的取得和维持服务的，属于知识产权法中的程序性规定。而且最新的法学研究成果认为，程序法和诉讼法是两个不同的概念，大多数实体法中都有程序性的内容，如权利取得程序、权利行使程序、权利维持程序等。这些程序性条款是实体法的有机组成部分，不影响知识产权法调整社会关系的平等性质。所以，知识产权法是私法，是民法的组成部分，知识产权是民事权利。

知识产权是民事主体依据法律的规定，支配其所有的创造成果和商业标记，享受其利益并排斥他人干涉的权利。这一定义揭示出，知识产权属于民事权利，其保护对象为创造成果和商业标记，具体表现为科学技术成果、文学艺术作品和商业标记，知识产权的权利人是受保护"知识"的所有人，知识产权为支配权，权利人可以直接支配权利所保护的对象。具体来说，知识产权是对世权、支配权。对世权是指知识产权的义务主体是除权利人之外的一切人。在这一点上，知识产权与物权相同，而与债权有别。知识产权是支配权，权利人得根据自己的意志，对权利的保护对象进行全面支配，并排除他人干涉，如可以进行商业性利用，也可以不利用，可以用法律许可的任何一种方式利用，也可以进行处分。知识产权在这些方面与物权一样，所以可被称为"准物权"，物权法上的一些重要原理，如权利法定原则、公示公信原则等也可以用来研究知识产权。但毕竟，知识产权的客体与物权的客体有着根本区别，由此知识产权具有一些独有的特征，如知识产权可分地域取得和行使等。因此，知识产权是民法中的一类独立于物权、债权的权利，知识产权法与民法是部分与整体的关系。[①]

3. **答案：**（1）知识产权客体指知识产权的保护对象，是人们在文学艺术和科学等领域所创造的智力成果和商业标记，通常表现为人们的智力活动创造的成果和在经营管理活动中创造的信誉等识别性标志两大类。

依现有的法律，创造性的智力成果包括作品、传播媒介、工业技术等。作品是指在文学、艺术和科学领域以不同形式表现的具有独创性的创造成果，如文学作品、艺术作品、自然科学和社会科学作品等；传播媒介是指在传播作品过程中产生的与原创作品有关联的各种产品、行为等，如艺术表演、出版、播放、录音制品、录像制品等；工业技术是指根据科学原理和生产实践经验，在工业、农业、商业、采掘业、林业等产业领域形成的工艺操作方法和技术，以及与这些方法和技术相联系的生产工具和其他物质设施，如取得专利权的各种技术、产品，以及由其他知识产权保护的各种技术秘密、半导体芯片设计、植物新品种、计算机软件等。识别性标志是指在工业、农业、商业等产业领域能够标示产品或服务的来源、经营者特定人格、产品特定质量等信息的区别性标识，如商标、商号、地理标志等。

考虑到现代社会无形财产的发展状况，

[①] 关于知识产权法与民法的关系，学界一向有争论。这里只提供一种见解，并非绝对答案。

有学者建议建立一个有别于传统客体范围的新的知识财产体系，即把知识产品具体地分为三类：①创造性成果，包括作品及其传播媒介、工业技术；②经营性标记；③经营性资信。其中，①产生于科学技术及文化领域，②、③产生于工商经营领域。

（2）知识产权法的制度创新。从科技发展趋势看，可以预期的新制度可能包括以下方面：

人工智能生成物的知识产权保护制度。从人工智能生成智力成果的过程来看，其在表面上表现为人机协作，但在本质上是人们利用工具进行创造的行为，无论其创造过程多么复杂，其实质就是人工智能作为人类大脑的"延伸"参与到人们的生产活动中生产出产品的过程。人工智能生成物可类型化为两类，一类为传统意义上的计算机衍生作品，人工智能仍作为人类创作的辅助工具；另一类为非来自人类的创造成果，即人工智能创造无须人类事先定义规则，人工智能可作为独立的创造主体。对于人工智能创造无须人类事先定义规则，人工智能可作为独立的创造主体进行创造的产物，需建立完善相关制度予以保护。对生命物质的单行保护制度，动植物品种、微生物、遗传资源（包括基因序列）等生命物质在法律保护上基于对其新颖性、特异性、一致性和稳定性条件的共同要求，以及在利益分享和利用方式上的特殊性，纳入现行专利制度保护之下存在诸多难以解决的问题，建立专门保护制度是必要的。

对传统知识及民间文学艺术表达的法律保护制度。传统的著作权保护方式用于民间文学艺术作品时，民间文学艺术作品的广泛性、集体性、民族性等特征都决定了对其保护是一件十分棘手的事情。这一著作权利如何行使，保护期限如何确定，都成为将其作为一般作品保护的障碍。然而，对其保护的确提到了日程上，为很多国家所关注。

纳米技术及其他微技术保护制度。纳米材料和纳米结构技术对社会生活的渗透，不仅关系技术发展本身的问题，也涉及社会、心理、政治、法律、经济等复杂的社会问题。人们对技术的了解和技术的发展之间还不成比例。因此，更为严格的诚信规则和公信程序应纳入纳米技术保护体系之中。

4. **答案**：民法主要遵循"法无禁止皆可为"的理念，充分体现了权利本位的思想。然而，因应社会的发展，权利绝对自由的观念发生了根本变化；任何权利皆应受到限制，没有不受限制的权利。

一般认为，在知识产权法领域，权利限制制度的创设是基于保护社会公共利益的考虑，亦就是说，旨在在权利人与社会大众之间保持一种利益上的衡平关系。一方面，权利人与社会公众之间具有相互协调的一面。权利人的知识产权只有被他人使用才能体现出知识产权的社会价值，权利人的精神利益和经济利益才能得到实现。使用者的利益反映了社会公众对于科学文化知识的渴求；一般而言，使用者只有在使用他人知识产权的基础上，才能创造出更多的智力成果，从而成为权利人。另一方面，权利人与社会公众之间也存在相互冲突的一面。知识产权是一种独占性的权利，未经权利人许可，他人不得使用，否则，就有被追究侵权责任的可能。若放任权利人的"个人本位"，权利人不许可使用，他人则永不能接近权利人的知识产权，知识创新就会缺乏基础。若仅考虑社会公众的利益，对权利人施以严格的限制，他人可任意使用权利人的知识产权，权利人的利益则失去保障，从而也失去了进一步从事知识创新的动力。可见，在权利人与社会公众之间取得利益平衡，既有可行性，也有必要性。可行性在于权利人与社会公众之间的相互协调性；必要性在于权利人与社会公众之间的相互冲突性。就后者而言，要通过相应制度的创设使两者相互冲突的利益趋于平衡，这就是对权利人独占性的知识产权予以必要的限制，削弱权利人的"个人本位"，但又不至于不合理地损害权利人的合法利益，实现"个人本位"与"社会本位"的协调一致。

5. **答案**：知识产权，指权利人对其所创作的智力劳动成果和商业标记所享有的专有权利。物权是指权利人依法对特定的物享有直接支配和排他的权利,包括所有权、用益物权和担保物权。

（1）权利的客体不同。物权的客体是动产和不动产以及其他客观存在的物理学意义上的"物";知识产权的客体则是"知识",是不含物质实体的思想或情感的表现形式,是人的主观精神世界镌刻在客观物质世界的投影,具体表现为科学技术成果、文学艺术作品和商业标记。

（2）在独占性、专有性和排他性上,知识产权要弱于物权。

（3）物权往往可以通过事实占有实现,知识产权的实现需要依靠法律的保障。

（4）两者发生冲突时,知识产权要让位于物权。

（5）知识产权有法律规定的期限,物权没有法律规定的期限,其期限与所有物的自然寿命相竞合。

（6）二者价值的质的规定性和量的规定性不同。知识产权的质的规定性是由市场供求关系决定的,量的规定性取决于其对象被社会利用的程度和范围。物权的质的规定性取决于人的劳动,量的规定性取决于社会必要劳动时间。

6. **答案**：长期以来,"垄断"一直被认为是一种不正当、不道德甚至不合法的行为。一些国家专门制定反垄断法,限制获得高额利润的垄断行为。但是,依照专利法所授予的专利权与这些垄断行为有本质的区别。这些垄断多单纯为追逐私利,但是专利法所授予的垄断权,从其终极目的看是保护公共利益。有的国家在19世纪废除了专利法之后,在20世纪再度恢复实施专利法。这一事实足以说明专利权对于社会进步和技术发展的积极意义。在现代专利法的具体规定中,不仅包括授予发明人权利的内容,同时还有兼顾公众利益的内容。考虑到促进社会发展和维护公共利益等方面因素,专利法对专利权人的权利内容作出较为严格的限制。这种限制反映了专利法的促进技术进步并兼顾公众利益的立法宗旨。现代专利法立法宗旨的演变与20世纪初民法由权利本位转向义务本位有着极为密切的关系。专利法实际上是兼顾个人权利和公共利益的典范。

从专利法所授予的垄断性权利内容看,专利法所规定的垄断并非对技术的全面垄断,而仅限于技术的营利性实施方面。首先,专利法绝不限制技术的传播,相反还有助于技术的广泛传播。各国的专利制度中都有相应的公告程序。通过公告程序公众可以自由地了解专利技术的全部内容。其次,专利制度绝不禁止新技术的研究开发,专利权人的权利仅限于禁止他人基于营利目的而实施专利技术。他人在专利技术的基础上从事改进发明,专利法并不禁止。可见专利权作为一种垄断性权利,其垄断效力是非常有限的,应该说这种垄断效力不足以妨害公共利益。

专利权的垄断也不同于其他知识产权的垄断。著作权人所享有的是一种对于作品的控制、利用和支配权;商标权人所享有的是商标的专有使用权。但是这些"使用"各有其自身的含义。传统作品的功能在于赏心悦目,因而其使用也是一种非实用目的的使用,或者进一步讲是对构成作品的各类符号,如文字、色彩、线条等的集合的使用。著作权与工业产权之间的"实用和非实用"的划分正是以此为基础提出的。商标作为商品的一种标记,其使用固然涉及符号,但其目的是要在特定商品与特定标记之间建立起联系,是客户或消费者将该标记作为特定商品的标记。所有这些专有权都与专利权不同,它们都未涉及对技术的实施,因而在权利内容上完全不同。

技术的公开是专利制度最主要的特征之一。无论在哪个国家,依法获得专利权的发明创造都是公开的。各国专利法都要求申请专利的发明创造必须清楚、完整地公开其申请专利的全部细节,否则该申请将因公开不充分而被驳回。公开欲申请专利的技术信息,已经成为各国专利申请人的义务。从社会的角度看,将有关技术细节公开是非常必要的,这可以在很大程度上避免社会财富的浪费,从而使技术开发工作可以从一个较高的立足点审时度势,避免重复开发。

专利的公开性不仅表现在技术信息的公开，还表现在专利权利内容的公开。各国专利法在要求申请人公开申请专利的技术细节的同时，还要求申请人明确划定其请求保护的范围。原则上，全面、清楚地公开其技术细节的同时也就明确划定了其权利的范围。但程序上，公开技术细节往往是通过专利说明书实现的；而明确权利范围则是通过权利要求书来实现的。因此，在法律上，经审查得到批准的权利要求书才是确定专利权范围的法定文件，而专利说明书在确定权利范围时的主要作用则是解释权利要求书中不清楚的地方。专利权利要求书作为公开权利范围的渠道，不仅对专利权人有意义，对于公众而言也有重要意义。它可以告诉公众哪些领域已属专有领域，从而可避免侵犯他人的专利权。

授予技术成果权利人专有权和促进技术信息尽早地公之于众，是专利法的两个根本的职能。如果一个社会或者国家对于发明创造不予保护，任何人都可以随意使用他人的最新的发明创造，而不给发明人一定的回报，也就不会有人愿意去从事发明创造活动了。这种局面对于一个国家或者社会的文明进步是非常不利的。但如果反过来，毫无限制地赋予专利权人绝对的权利，将会导致有人凭借其垄断地位滥用其权利。这同样不利于国家或者社会的文明进步。从这种意义上看，现代专利法是一架平衡各方利益的天平，各国都试图根据本国的国情确定适当的保护水平，以使天平保持平衡。

第一编 著作权与相关权利

第一章 著作权的客体

单项选择题

1. **答案：** A。广播电视节目预告表的内容通常为事实性数据，不具有独创性和表达性，不适用著作权法；B 为计算机软件，计算机软件包括计算机程序及文档，TRIPs 协定将计算机程序作为文字作品予以保护，本题中的计算机文字处理软件为受著作权法保护的作品；美术作品是指绘画、书法、雕塑等以线条、色彩或者其他方式构成的有审美意义的平面或者立体的造型艺术作品，CD 均为美术作品，受著作权法保护。
2. **答案：** B。A 为我国禁止出版、传播的作品；B 为音乐作品；C 为官方正式译文；D 为通用表格，均不受著作权法保护。
3. **答案：** C。《著作权法实施条例》第 2 条规定："著作权法所称作品，是指文学、艺术和科学领域内具有独创性并能以某种有形形式复制的智力成果。"
4. **答案：** D。参见《著作权法》第 23 条，前三项作者已经死亡超过 50 年，对于其作品的著作财产权保护期已过。
5. **答案：** C。《计算机软件保护条例》第 14 条第 2 款规定："自然人的软件著作权，保护期为自然人终生及其死亡后 50 年，截止于自然人死亡后第 50 年的 12 月 31 日；软件是合作开发的，截止于最后死亡的自然人死亡后第 50 年的 12 月 31 日。"
6. **答案：** C。《计算机软件保护条例》第 4 条规定："受本条例保护的软件必须由开发者独立开发，并已固定在某种有形物体上。"
7. **答案：** B。《著作权法实施条例》第 6 条规定："著作权自作品创作完成之日起产生。"《著作权法》第 2 条第 1 款规定："中国公民、法人或者非法人组织的作品，不论是否发表，依照本法享有著作权。"
8. **答案：** A。《著作权法》第 5 条规定："本法不适用于：（一）法律、法规，国家机关的决议、决定、命令和其他具有立法、行政、司法性质的文件，及其官方正式译文；（二）单纯事实消息；（三）历法、通用数表、通用表格和公式。"政府公告就属于第一项中的内容，因此不受著作权法保护。
9. **答案：** C。参见《著作权法》第 5 条。
10. **答案：** B。《著作权法》第 17 条第 1 款规定，视听作品中的电影作品、电视剧作品的著作权由制作者享有，但编剧、导演、摄影、作词、作曲等作者享有署名权，并有权按照与制作者签订的合同获得报酬。本题中，电视台是制片人，因此著作权由电视台享有，选项 B 正确。

多项选择题

1. **答案：** ACD。B 项为授予发明与实用新型专利的条件，应注意区分，防止混淆。
2. **答案：** ABCD。A 为摄影作品；BC 为文字作品；D 为音乐作品。
3. **答案：** AD。B 不适用著作权法；C 为我国禁止出版、传播的作品，不受著作权法保护。
4. **答案：** AB。A、B 为不适用著作权法的作品；C 为文字作品，且未过保护期；D 中的计算机软件应给予著作权法的保护。
5. **答案：** CD。C 为法律，不适用著作权法；D 为已过保护期的作品。
6. **答案：** ABCD。见《著作权法实施条例》第 4 条。
7. **答案：** ABC。《著作权法》第 3 条关于作品分类的规定不是采用同一标准，因此，作品之间可以有交叉。戏剧作品可以指剧本，而不一定是在舞台上的表演。根据《伯尔尼公约》的规定，计算机软件作为文字作品受法律保护。

8. **答案**：CD。摄影作品、建筑作品均为独立的作品类型，不属于美术作品的范畴。《著作权法实施条例》第4条规定："著作权法和本条例中下列作品的含义：（一）文字作品，是指小说、诗词、散文、论文等以文字形式表现的作品；（二）口述作品，是指即兴的演说、授课、法庭辩论等以口头语言形式表现的作品；（三）音乐作品，是指歌曲、交响乐等能够演唱或者演奏的带词或者不带词的作品；（四）戏剧作品，是指话剧、歌剧、地方戏等供舞台演出的作品；（五）曲艺作品，是指相声、快书、大鼓、评书等以说唱为主要形式表演的作品；（六）舞蹈作品，是指通过连续的动作、姿势、表情等表现思想情感的作品；（七）杂技艺术作品，是指杂技、魔术、马戏等通过形体动作和技巧表现的作品；（八）美术作品，是指绘画、书法、雕塑等以线条、色彩或者其他方式构成的有审美意义的平面或者立体的造型艺术作品；（九）建筑作品，是指以建筑物或者构筑物形式表现的有审美意义的作品；（十）摄影作品，是指借助器械在感光材料或者其他介质上记录客观物体形象的艺术作品；（十一）电影作品和以类似摄制电影的方法创作的作品，是指摄制在一定介质上，由一系列有伴音或者无伴音的画面组成，并且借助适当装置放映或者以其他方式传播的作品；（十二）图形作品，是指为施工、生产绘制的工程设计图、产品设计图，以及反映地理现象、说明事物原理或者结构的地图、示意图等作品；（十三）模型作品，是指为展示、试验或者观测等用途，根据物体的形状和结构，按照一定比例制成的立体作品。"

9. **答案**：BD。见《著作权法》第5条的规定。发明专利的说明书虽是申请人个人撰写的，但在刊登到专利公报以后就属于政府文件。

10. **答案**：ABCD。外国人和无国籍人的作品受到著作权法保护的范围是：（1）外国人、无国籍人的作品首先在中国境内发表的，在我国享有著作权；（2）外国人、无国籍人的作品虽未在中国境内首先出版，但是根据其所属国或者经常居住国同中国签订的协议或共同参加的国际公约，也能在我国享有著作权；（3）未与中国签订协议或共同参加国际条约的国家的作者以及无国籍人的作品首次在中国参加的国际条约的成员国出版的，或者在成员国和非成员国同时出版的，也受我国《著作权法》保护。

11. **答案**：BD。依《著作权法》第3条的规定，美术作品受著作权法的保护。再依《著作权法实施条例》第4条的规定，美术作品，是指绘画、书法、雕塑等以线条、色彩或者其他方式构成的有审美意义的平面或者立体的造型艺术作品。本题中，牛某研习书法绘画30年，研究出汉字的独特写法牛氏"润金体"。"润金体"借鉴了"瘦金体"，但在布局、线条、勾画、落笔以及比例上自成体系，多出二分圆润，审美价值很高，具有独创性，构成美术作品。由此可知A、C选项说法错误，B、D选项说法正确。

12. **答案**：ABD。《著作权法》第5条规定："本法不适用于：（一）法律、法规，国家机关的决议、决定、命令和其他具有立法、行政、司法性质的文件，及其官方正式译文；（二）单纯事实消息；（三）历法、通用数表、通用表格和公式。"法院判决书、《与贸易有关的知识产权协定》属于上述第1项的内容，不能成为著作权的客体。故A、B项当选。

《著作权法》第2条第2款规定："外国人、无国籍人的作品根据其作者所属国或者经常居住地国同中国签订的协议或者共同参加的国际条约享有的著作权，受本法保护。"此即国民待遇原则。据此，与中国共同参加了《伯尔尼公约》的成员国国民的作品，无论发表与否，均受我国《著作权法》的保护。故C项不当选。

《著作权法》最基本的原理是思想与表达的二分。著作权的客体是作品，作品是对思想观念的独创性表达。《著作权法》只保护对于思想观念的独创性表达（作品），而不保护思想观念本身。具体来说，"作品"是指文学、艺术和科学领域内具有独创性并能以一定形式表现的智力成果；思想观念不是作品，不可复制，不享有著作权。奥运会开幕式点火仪式的"创意"，属于思想观念，不受著作权法的保护。故 D 项当选。

13. **答案**：ABCD。《著作权法》第 3 条规定，"本法所称的作品，是指文学、艺术和科学领域内具有独创性并能以一定形式表现的智力成果，包括：（一）文字作品；（二）口述作品；（三）音乐、戏剧、曲艺、舞蹈、杂技艺术作品；（四）美术、建筑作品；（五）摄影作品；（六）视听作品；（七）工程设计图、产品设计图、地图、示意图等图形作品和模型作品；（八）计算机软件；（九）符合作品特征的其他智力成果。"

14. **答案**：AD。《著作权法实施条例》第 2 条规定，著作权法所称作品，是指文学、艺术和科学领域内具有独创性并能以某种有形形式复制的智力成果。

名词解释

1. **答案**：作品，是指文学、艺术和科学领域内具有独创性并能以一定形式表现的智力成果。包括：文字作品，口述作品，音乐、戏剧、曲艺、舞蹈、杂技艺术作品，美术、建筑作品，摄影作品，视听作品，工程设计图、产品设计图、地图、示意图等图形作品和模型作品，计算机软件，符合作品特征的其他智力成果。

2. **答案**：表达是将思维所得的成果用语言语音语调、表情、行为等方式反映出来的一种行为。

简答题

1. **答案**：著作权法所保护的作品是指文学、艺术和科学领域内具有独创性并能以一定形式表现的智力成果。作品符合以下四个方面的要件才可能受到保护：（1）作品需是人类的智力创造成果；（2）作品需是思想或情感的表达；（3）作品是文学、艺术和科学领域内的智力成果；（4）作品须具有创造性。同时作品应当符合法律的规定，《著作权法》第 5 条规定了几类不受著作权法保护的情形。

不受著作权法保护的对象总体分为三类：第一类是因违反了其他法律而被禁止出版、传播的作品，这种作品虽然具备了作品的一般形式和实质要件，但因其表达的思想倾向、某些感情的表达方式被认为对社会有危害性，不适于出版传播，故不受著作权法保护；第二类是有些对象虽然具备了作品的形式特征，但不具备作品的实质条件，因而不给予著作权法保护；第三类是有些对象虽然具备了作品的实质条件但出于国家或社会公众利益的需要，不宜以著作权法保护。

2. **答案**：著作权法保护的作品必须具备以下四个要件：第一，应当是人类的智力创造成果。第二，应当是思想或感情的表达。第三，应当具有独创性或原创性。第四，应当是文学、艺术和科学领域内的智力成果。同时作品的表现形式及表达的思想或情感应当符合法律的规定。

3. **答案**：独创性也称原创性或初创性，是指一部作品经独立创作产生而具有的非模仿性（非抄袭性）和差异性。作品必须是作者独立完成的，且具有最低限度的创造性。一部作品只要不是对一部已有作品的完全的或实质的模仿，而是作者独立创作的产物，即使与他人的作品恰巧吻合、雷同，也可以视为具有独创性，从而视为一部新产生的作品，而不是已有作品的翻版。

4. **答案**：受我国著作权法保护的作品主要有以下九类：

（1）文字作品，如文章、论著、译著、小说、诗歌等；（2）口述作品，如讲演、报告、说唱等；（3）音乐、戏剧、曲艺、舞蹈、杂技艺术作品；（4）美术、建筑作品；（5）摄影作品；（6）视听作品；（7）工程设计图、产品设计图、地图、示意图等图形作品和模型作品；（8）计算机软件；（9）符合作品特征的其他智力成果。

第二章　著作权的取得与归属

☑ **单项选择题**

1. **答案**：A。著作权因创作而取得。
2. **答案**：B。《著作权法实施条例》第6条规定："著作权自作品创作完成之日起产生。"
3. **答案**：B。本题考查著作权的取得。《著作权法实施条例》第6条规定："著作权自作品创作完成之日起产生。"
4. **答案**：C。《著作权法》第18条第1款规定，自然人为完成法人或者非法人组织工作任务所创作的作品是职务作品，除本条第2款的规定以外，著作权由作者享有，但法人或者非法人组织有权在其业务范围内优先使用。作品完成两年内，未经单位同意，作者不得许可第三人以与单位使用的相同方式使用该作品。因此，A、B、D项都是职务作品，C项中该书著作权为作者自己所有，而非职务作品。
5. **答案**：D。《著作权法》第20条规定，作品原件所有权的转移，不改变作品著作权的归属，但美术、摄影作品原件的展览权由原件所有人享有。作者将未发表的美术、摄影作品的原件所有权转让给他人，受让人展览该原件不构成对作者发表权的侵犯。因此，李某一并获得该油画原件的展览权。
6. **答案**：A。《著作权法》第14条第1款规定："两人以上合作创作的作品，著作权由合作作者共同享有。没有参加创作的人，不能成为合作作者。"《著作权法实施条例》第3条规定："著作权法所称创作，是指直接产生文学、艺术和科学作品的智力活动。为他人创作进行组织工作，提供咨询意见、物质条件，或者进行其他辅助工作，均不视为创作。"值得注意的是，本题的关键点是参与图书策划的丙是否享有著作权。策划又称"策略方案"和"战术计划"，是指人们为了达成某种特定的目标，借助一定的科学方法和艺术，为决策、计划而构思、设计、制作策划方案的过程。策划工作属于作品创作中的关键环节，是创作的一部分，策划者应当享有著作权。但如果策划者是出版单位的策划编辑，其是否享有该图书的著作权仍存在争议。
7. **答案**：B。《著作权法》第9条规定："著作权人包括：（一）作者；（二）其他依照本法享有著作权的自然人、法人或者非法人组织。"
8. **答案**：D。《著作权法》第19条规定："受委托创作的作品，著作权的归属由委托人和受托人通过合同约定。合同未作明确约定或者没有订立合同的，著作权属于受托人。"因此，乙享有著作权。
9. **答案**：B。著作权自作品创作完成之日起产生。公民从事创作行为、创造行为都属于事实行为，因此，其权利的取得不需要考虑行为人的行为能力的有无。
10. **答案**：C。根据《著作权法》第18条的规定，职务作品分两类：一类是由创作者享有著作权，单位只有优先使用权。本题中的刘某就属于这种情况。另一类是由创作者享有署名权，著作权的其他权利由单位享有，这种类型的职务作品有严格的条件限制，具体参见《著作权法》第18条第2款的规定。
11. **答案**：B。《著作权法》第17条第1款规定，视听作品中的电影作品、电视剧作品的著作权由制作者享有，但编剧、导演、摄影、作词、作曲等作者享有署名权，并有权按照与制作者签订的合同获得报酬。
12. **答案**：A。出版社组织编写的文学辞典属于主要利用法人或者非法人组织的物质技术条件创作，并由法人或者非法人组织承担责任的职务作品，著作权由出版社享有，参与的专家享有署名权。
13. **答案**：D。根据《著作权法》第18条第1

款规定，自然人为完成法人或者非法人组织工作任务所创作的作品是职务作品，除本条第 2 款的规定以外，著作权由作者享有，但法人或者非法人组织有权在其业务范围内优先使用。作品完成两年内，未经单位同意，作者不得许可第三人以与单位使用的相同方式使用该作品。本题中所述的教材的著作权应由全体作者享有。

14. 答案：D。《著作权法》第 17 条规定，视听作品中的电影作品、电视剧作品的著作权由制作者享有，但编剧、导演、摄影、作词、作曲等作者享有署名权，并有权按照与制作者签订的合同获得报酬。因此，该电视剧的著作权由制作者电视台享有。

15. 答案：A。《计算机软件保护条例》第 12 条规定："由国家机关下达任务开发的软件，著作权的归属与行使由项目任务书或者合同规定；项目任务书或者合同中未作明确规定的，软件著作权由接受任务的法人或者其他组织享有。"

16. 答案：C。《著作权法》第 14 条规定："两人以上合作创作的作品，著作权由合作作者共同享有。没有参加创作的人，不能成为合作作者。合作作品的著作权由合作作者通过协商一致行使；不能协商一致，又无正当理由的，任何一方不得阻止他方行使除转让、许可他人专有使用、出质以外的其他权利，但是所得收益应当合理分配给所有合作作者……"因此，署名顺序应由王某、李某协商决定。

17. 答案：D。根据《著作权法》第 18 条第 1 款规定，自然人为完成法人或者非法人组织工作任务所创作的作品是职务作品，除本条第 2 款的规定以外，著作权由作者享有，但法人或者非法人组织有权在其业务范围内优先使用。该书由陈某享有著作权，演出公司有权在其业务范围内优先使用。

18. 答案：A。《著作权法》第 14 条第 3 款规定，合作作品可以分割使用的，作者对各自创作的部分可以单独享有著作权，但行使著作权时不得侵犯合作作品整体的著作权。

19. 答案：B。本题考查著作权的归属问题。对于本题，并无直接适用的法律依据，关键在于判断决定著作权归属的"创作"问题。首先我们可以排除学校的权利主张，因为根据《著作权法》第 11 条第 3 款的规定，某一作品的作者若是法人或非法人组织，它必须是由法人或非法人组织主持，代表法人或非法人组织意志创作，并由法人或非法人组织承担责任，而本案显然不符合这一条件。其实，我们只需要分析一下该书的内容，即可得出答案，该书根据乙的构思完成，即该书是将乙的构思以书的形式表现出来。按照思想/表达的二分法，著作权法保护的是表达而非思想，虽然本书介绍甲的学习方法，但表达是由乙完成，其著作权应归属乙所有。

20. 答案：C。本题考查著作权归属问题。《著作权法》第 11 条第 2 款规定："创作作品的自然人是作者。"《著作权法实施条例》第 3 条规定："著作权法所称创作，是指直接产生文学、艺术和科学作品的智力活动。为他人创作进行组织工作，提供咨询意见、物质条件，或者进行其他辅助工作，均不视为创作。"丁讲师撰写过该书的两章，撰写过程属于创作，其可主张为该书的作者。

21. 答案：B。本题考查合作作品著作权的行使。《著作权法实施条例》第 9 条规定："合作作品不可以分割使用的，其著作权由各合作作者共同享有，通过协商一致行使；不能协商一致，又无正当理由的，任何一方不得阻止他方行使除转让以外的其他权利，但是所得收益应当合理分配给所有合作作者。"

22. 答案：C。本题考查职务作品著作权的归属。《著作权法》第 18 条规定，自然人为完成法人或者非法人组织工作任务所创作的作品是职务作品，除本条第 2 款的规定以外，著作权由作者享有，但法人或者非法人组织有权在其业务范围内优先使用。作品完成两年内，未经单位同意，作者不得许可第三人以与单位使用的相同方式使用该作品。有下列情形之一的职务作品，作者享有署名权，著作权的其他权利由法人或者非法人组织享有，法人或者非法人组织可以给予作者奖励：(1) 主要是利用法人或者非法人组织的物质技术条件创作，并由法人或者非法人组织承担责任的工程设计图、产品设计图、地图、示意图、计算机软件等职务作品；(2) 报社、期刊社、通讯社、广播电台、电视台的工作人员创作的职务作品；(3) 法律、行政法规规定或者合同约定著作权由法人或者非法人组织享有的职务作品。该书的著作权应归张某所有，故选C项。

23. 答案：B。《著作权法》第13条规定："改编、翻译、注释、整理已有作品而产生的作品，其著作权由改编、翻译、注释、整理人享有，但行使著作权时不得侵犯原作品的著作权。"

24. 答案：D。《著作权法》第53条第1项规定，有下列侵权行为的，应当根据情况，承担本法第52条规定的民事责任：未经著作权人许可，复制、发行、表演、放映、广播、汇编、通过信息网络向公众传播其作品的，本法另有规定的除外。A、B、C三项均为未经许可复制著作权人作品的行为，侵犯了著作权人的著作权，不选。《著作权法》第24条第1款第10项规定，在下列情况下使用作品，可以不经著作权人许可，不向其支付报酬，但应当指明作者姓名或者名称、作品名称，并且不得影响该作品的正常使用，也不得不合理地损害著作权人的合法权益：对设置或者陈列在公共场所的艺术作品进行临摹、绘画、摄影、录像。据此，D项行为不属于侵犯著作权的行为，因此当选。

25. 答案：A。作者是创作作品的人。为他人创作进行组织工作、提供咨询意见、物质条件或者进行其他辅助活动，均不视为创作。

26. 答案：B。《最高人民法院关于审理著作权民事纠纷案件适用法律若干问题的解释》第14条规定，当事人合意以特定人物经历为题材完成的自传体作品，当事人对著作权权属有约定的，依其约定；没有约定的，著作权归该特定人物享有，执笔人或整理人对作品完成付出劳动的，著作权人可以向其支付适当的报酬。故本题应选B。

27. 答案：C。甲、乙合作完成一部剧本说明剧本为合作作品，应当由甲乙共同享有，A项正确，不当选；《著作权法》第10条第1款第（1）～（4）项规定的是著作人身权，可见，著作人身权不可转让，只能转让著作财产权，B项正确，不当选。《著作权法实施条例》第9条规定："合作作品不可以分割使用的，其著作权由各合作作者共同享有，通过协商一致行使；不能协商一致，又无正当理由的，任何一方不得阻止他方行使除转让以外的其他权利，但是所得收益应当合理分配给所有合作作者。"本题中，甲以丙公司没有名气为由拒绝不属于"正当理由"，乙有权独自与丙公司签订合同，但是所得的收益应当合理分配给甲，因此C项错误，当选；D项正确，不当选。

28. 答案：B。本题中，该明星聘请摄影爱好者为其拍摄个人写真，属于《著作权法》第19条规定的受委托创作的作品，根据该条的规定，受委托创作的作品，著作权的归属由委托人和受托人通过合同约定。合同未作明确约定或者没有订立合同的，著作权属于受托人。本题并没有显示双方对著作权的归属进行了规定，因此，该照片的著作权属于受托人即该摄影爱好者。因此，A是错误的。

本题中，广告商未经该明星的同意将其照片刊登在广告上，属于对被摄影者肖像权的侵害。因此，B是正确的。

侵犯名誉权的行为为用侮辱、诽谤等方式损害公民、法人的名誉，本题中并不存在这些情形，故C是错误的。

根据上述分析，照片的著作权属于受托人即摄影爱好者，但同时需要注意的是，摄影师也不可以随便使用这幅作品，因为摄影作品的使用还必须尊重被摄者的肖像权。《民法典》第1019条第2款规定，未经肖像权人同意，肖像作品权利人不得以发表、复制、发行、出租、展览等方式使用或者公开肖像权人的肖像。该摄影爱好者未经该明星的同意，即基于营利的目的将该照片出卖，侵犯了明星的肖像权。故 D 是错误的。

29. 答案：C。本题考查著作权的归属与民事行为能力问题。小刘是小说的创作者，因此，小刘是该作品的著作权人，不因其行为能力受到影响。A 项错误。《著作权法》第 2 条第 1 款规定："中国公民、法人或者非法人组织的作品，不论是否发表，依照本法享有著作权。"因此，B 项错误。《民法典》第 20 条规定，不满 8 周岁的未成年人为无民事行为能力人，由其法定代理人代理实施民事法律行为；第 144 条规定，无民事行为能力人实施的民事法律行为无效。本题中，小刘是 7 岁的无民事行为能力人，他签订的网络传播权转让合同无效。因此，C 项正确，D 项错误。

30. 答案：A。《著作权法实施条例》第 6 条规定："著作权自作品创作完成之日起产生。"本题中，李某于 2023 年 8 月 4 日创作完成小说《别来烦我》，其著作权从 2023 年 8 月 4 日就产生了，A 的说法错误，当选。《著作权法》第 13 条规定，改编、翻译、注释、整理已有作品而产生的作品，其著作权由改编、翻译、注释、整理人享有，但行使著作权时不得侵犯原作品的著作权，因此 B 的说法正确，不当选。《著作权法》第 17 条第 1 款规定，视听作品中的电影作品、电视剧作品的著作权由制作者享有，但编剧、导演、摄影、作词、作曲等作者享有署名权，并有权按照与制作者签订的合同获得报酬。本题 C 的说法正确，不当选。第 48 条规定，电视台播放他人的视听作品、录像制品，应当取得视听作品著作权人或者录像制作者许可，并支付报酬；播放他人的录像制品，还应当取得著作权人许可，并支付报酬。所以 D 的说法正确，不当选。

31. 答案：D。《著作权法实施条例》第 2 条规定："著作权法所称作品，是指文学、艺术和科学领域内具有独创性并能以某种有形形式复制的智力成果。"本题中，乙设计的广告语符合法律规定的作品特征，应受著作权法的保护，与其是否为商业用语无关。因此，A 选项错误。

《著作权法》第 19 条规定："受委托创作的作品，著作权的归属由委托人和受托人通过合同约定。合同未作明确约定或者没有订立合同的，著作权属于受托人。"本题中，广告语属于委托作品，甲乙双方并没有明确约定著作权的归属，因此广告语的著作权归受托人乙享有，故选项 B 说法错误。

《最高人民法院关于审理著作权民事纠纷案件适用法律若干问题的解释》第 27 条规定，侵害著作权的诉讼时效为 3 年，自著作权人知道或者应当知道权利受到损害以及义务人之日起计算。本题中，甲公司使用该广告语 3 年的行为并不是侵权行为，因此侵犯著作权的诉讼时效并未开始计算，故不存在超过的问题，选项 C 说法错误。

《最高人民法院关于审理著作权民事纠纷案件适用法律若干问题的解释》第 12 条规定："按照著作权法第十七条规定委托作品著作权属于受托人的情形，委托人在约定的使用范围内享有使用作品的权利；双方没有约定使用作品范围的，委托人可以在委托创作的特定目的范围内免费使用该作品。"本题中，甲乙双方没有约定广告语的使用范围，委托人甲公司可以在委托创作的特定目的范围内，即在其商业活动中使用该广告语。因此，本题正确答案为 D。

32. 答案：D。《著作权法》第 11 条第 1 款规定："著作权属于作者，本法另有规定的除外。"所以，作者的论文被投稿刊登后，其仍然享有著作权。《著作权法》第 10 条规定："著作权包括下列人身权和财产权……（十六）汇编权，即将作品或者作品的片段通过选择或者编排，汇集成新作品的权利……"《著作权法》第 35 条规定："著作权人向报社、期刊社投稿的……作品刊登后，除著作权人声明不得转载、摘编的外，其他报刊可以转载或者作为文摘、资料刊登，但应当按照规定向著作权人支付报酬。"按该规定，出版社出版或者他人复制该论文集，仍需征得作者的同意，所以，选项 A、C 错误。本题中，出版社将学术论文集进行公开出版，需支付报酬，所以，选项

B错误。《著作权法》第15条规定："汇编若干作品、作品的片段或者不构成作品的数据或者其他材料，对其内容的选择或者编排体现独创性的作品，为汇编作品，其著作权由汇编人享有，但行使著作权时，不得侵犯原作品的著作权。"出版社出版的学术论文集，在内容选择和编排具有独创性，所以，尽管其未经论文著作权人同意而将有关论文收录，构成侵权，但其对该学术论文集享有著作权，选项D正确。综上，本题正确答案为D。

33. 答案：C。本题中，甲乙合作创作的作品为合作作品。依《著作权法》第14条的规定，合作作品的著作权由各合作作者共同享有，通过协商一致行使；不能协商一致，又无正当理由，任何一方不得阻止他方行使除转让、许可他人专有使用、出质外的其他权利，但是所得收益应当合理分配给所有合作作者。所以，无论是甲把小说上传至自己博客并保留了乙的署名，还是经甲同意后的戊出版社将小说出版，均不侵害乙的著作权，故A、D选项错误。依《信息网络传播权保护条例》和《最高人民法院关于审理侵害信息网络传播权民事纠纷案件适用法律若干问题的规定》的规定，仅提供网络链接不侵害著作权，但明知被链接的网页是侵权网页而提供链接的，则构成侵权。由此可知丙的行为不构成侵权，但丁的行为构成侵权。故C选项正确，B选项错误。

34. 答案：B。(1) 依《著作权法》第19条的规定，受委托创作的作品，著作权的归属由委托人和受托人通过合同约定；合同未作明确约定或者没有订立合同的，著作权属于受托人。本题中，某电影公司委托王某创作电影剧本，但未约定该剧本著作权的归属，故剧本的著作权属于受托人王某。依《著作权法》第17条的规定，视听作品的著作权由制片人享有，故电影公司拍摄成电影后，电影作品的著作权属于制片人电影公司。依《著作权法》第10条的规定，著作权包括发表权、署名权、修改权、保护作品完整权、复制权、发行权、出租权、展览权、表演权、放映权、广播权、信息网络传播权、摄制权、改编权、翻译权、汇编权以及应当由著作权人享有的其他权利。

(2) 录音录像制作者使用他人作品制作录音录像制品，应当取得著作权人许可，并支付报酬。本题A选项中，某音像出版社制作并出版该电影的DVD，属于使用电影公司的电影作品制作录音录像制品，应当取得电影作品著作权人许可，故音像出版社侵犯电影公司的著作权，但不侵犯王某的著作权。故A选项不选。B选项中，某动漫公司根据该电影的情节和画面绘制一整套漫画，并在网络上传播，同时侵犯了电影公司和王某的著作权。故B选项当选。

(3) 被许可人复制、发行、通过信息网络向公众传播录音录像制品，应当同时取得著作权人、表演者许可，并支付报酬；被许可人出租录音录像制品，还应当取得表演者许可，并支付报酬。本题C选项中，某学生将该电影中的对话用方言配音，产生滑稽效果，并将配音后的电影上传网络，侵犯王某的著作权，侵犯电影公司的邻接权，但不侵犯电影公司的著作权。故C选项不选。

(4) 依《著作权法》第46条的规定，广播电台、电视台播放他人未发表的作品，应当取得著作权人许可，并支付报酬。广播电台、电视台播放他人已发表的作品，可以不经著作权人许可，但应当支付报酬。本题D选项中，某电视台在"电影经典对话"专题片中播放30分钟该部电影中带有经典对话的画面，属于著作权法定许可范畴。故D选项不选。

综上，本题正确选项为B选项。

多项选择题

1. 答案：ABCD。《著作权法》第11条规定，著作权属于作者，本法另有规定的除外。创作作品的自然人是作者。由法人或者非法人组织主持，代表法人或者非法人组织意志创作，并由法人或者非法人组织承担责任的作品，法人或者非法人组织视为作者。

2. 答案：ABC。参见《著作权法》第18条，D

项应为个人作品，作协的性质和分配的任务决定了王某的作品只归个人所有。

3. **答案**：AD。《著作权法》第19条规定："受委托创作的作品，著作权的归属由委托人和受托人通过合同约定。合同未作明确约定或者没有订立合同的，著作权属于受托人。"

4. **答案**：AC。B项中，保护期限届满，著作权中的财产权不再受法律保护，但人身权却不受此限。D项中，二人就该作品著作权的行使若不能协商一致，任何一方无正当理由不得阻止对方行使著作权。

5. **答案**：AB。该主题歌可单独使用，张某可单独行使对该作品的著作权。

6. **答案**：ABC。见《著作权法》第2条。

7. **答案**：ABD。《著作权法》第14条第1款规定，两人以上合作创作的作品，著作权由合作者共同享有。没有参加创作的人，不能成为合作作者。根据《著作权法》第21条的规定，著作权的财产权可以依法转移。

8. **答案**：BC。参见《著作权法》第18条。该作品属于职务作品，作者有获得奖励和署名的权利，单位不能剥夺其署名的权利。

9. **答案**：ABD。《著作权法实施条例》第7条、第8条规定，《著作权法》第2条第3款规定的首先在中国境内出版的外国人、无国籍人的作品，其著作权自首次出版之日起受保护。外国人、无国籍人的作品在中国境外首先出版后，30日内在中国境内出版的，视为该作品同时在中国境内出版。

10. **答案**：ACD。见《著作权法》第18条，这是职务作品。

11. **答案**：ABD。《著作权法》第13条规定："改编、翻译、注释、整理已有作品而产生的作品，其著作权由改编、翻译、注释、整理人享有，但行使著作权时不得侵犯原作品的著作权。"使用演绎作品，应取得原著作权人和演绎作品著作权人的双重许可。C错，因《孙子兵法》的著作权已过了保护期，任何人都可以将其翻译成外国文字，乙只是翻译作品的著作权人，其无权禁止他人再将《孙子兵法》译成外国文字。

12. **答案**：BCD。合作创作的作品，著作权由合作作者共同享有。据此，本书的著作权应由甲乙共同享有。合作作品可以分割使用的，作者对各自创作的部分可以单独享有著作权，但无权使用对方创作的部分。本书可以分割使用，甲、乙可对各自创作的部分单独享有著作权。

13. **答案**：ABD。根据《著作权法实施条例》第7条和第8条规定，外国人的作品首先在中国境内发表的，其著作权保护期自首次发表之日起计算。《著作权法》第2条第3款所称外国人的作品首先在中国境内发表，指外国人未发表的作品通过合法方式首先在中国境内出版。外国人作品在中国境外首先出版后，30天内在中国境内出版的，视为该作品同时在中国境内发表。外国人未发表的作品经授权改编、翻译后首先在中国境内出版的，视为该作品首先在中国境内发表。因此《早春》不能视为在中国首次发表。

14. **答案**：ABC。据《著作权法》第14条可知，甲、乙、戊均未实际参加创作，不能成为作者，A、B、C三项错误。《著作权法实施条例》第9条规定："合作作品不可以分割使用的，其著作权由各合作作者共同享有，通过协商一致行使；不能协商一致，又无正当理由的，任何一方不得阻止他方行使除转让以外的其他权利，但是所得收益应当合理分配给所有合作作者。"D正确。故选A、B、C。

15. **答案**：ACD。《著作权法》第2条第1款规定："中国公民、法人或者非法人组织的作品，不论是否发表，依照本法享有著作权。"所以，A选项错误。《著作权法》第13条规定："改编、翻译、注释、整理已有作品而产生的作品，其著作权由改编、翻译、注释、整理人享有，但行使著作权时不得侵犯原作品的著作权。"乙翻译的小说和丙改编的电影文学剧本均属于演绎作品，乙、丙分别享有著作权。所以，B选项正确。《著作权法》第10条规定："著作权包括下列人身权和财产权……（十四）改编权，即改变作品，创作出具有独创性的新作品的权利……"因为甲对原版小说享有著作权，乙对翻译的中文小说享有著作权，二者均享有改编权，丙改编中文小说，需征得甲、乙的同意并向其支付报酬。所以，C 选项错误。《著作权法》第 16 条规定，使用改编、翻译、注释、整理、汇编已有作品而产生的作品进行出版、演出和制作录音录像制品，应当取得该作品的著作权人和原作品的著作权人许可，并支付报酬。按照该规定，丁不仅应取得甲、乙的同意，还需向其支付报酬，所以 D 选项错误。综上，本题答案为 A、C、D。

16. **答案**：AC。《著作权法实施条例》第 9 条规定："合作作品不可以分割使用的，其著作权由各合作作者共同享有，通过协商一致行使；不能协商一致，又无正当理由的，任何一方不得阻止他方行使除转让以外的其他权利，但是所得收益应当合理分配给所有合作作者。"《春风来》的著作权由甲、乙共同享有，为不可分割使用的作品；在甲乙就著作权的行使不能协商一致的情形下，乙无正当理由不得阻止甲行使除转让以外的其他权利。同时，鉴于题涉 10 万元报酬相关的作品《秋风起》，是由甲原作曲和自己重新填词后与丙签订许可使用合同获得，与乙无关，故该利益无须分配给乙。由此可知，本题 A、C 选项表达正确，当选；B、D 选项表达错误，不选。

17. **答案**：ABC。由题干可知：朱某为口述作品（录音资料）的著作权人；陈某为汇编作品著作权人；许某注释形成完整体系构成独立的演绎作品，他是演绎作品著作权人。《著作权法》第 16 条规定："使用改编、翻译、注释、整理、汇编已有作品而产生的作品进行出版、演出和制作录音录像制品，应当取得该作品的著作权人和原作品的著作权人许可，并支付报酬。"据此，若乙网络平台要发布该书的电子版，需要取得原作品的著作权人（朱某）的许可，未经许可发布该书的电子版，侵犯了朱某的信息网络传播权，故 A 项正确。陈某经许可将录音资料汇编为文字，该作品构成汇编作品，乙网络平台发布该书的电子版也需要取得汇编人（陈某）的许可，否则构成侵权，故 B 项正确。许某的图书注释形成完整体系，该作品构成演绎作品，注释人（许某）享有独立著作权，乙网络平台也应取得许某的许可，否则构成侵权，故 C 项正确。图书出版者（甲出版社）对著作权人交付出版的作品，按照合同约定享有专有出版权的，其权利受法律保护，他人不得出版该作品。而《著作权法》所称的出版，是指作品的复制、发行。本题中乙网络平台未经许可发布图书电子版，并非"复制+发行"，虽然该行为构成侵权，但侵犯的是作者的信息网络传播权，没有侵犯甲出版社的专有出版权。故 D 项错误。

18. **答案**：AD。《最高人民法院关于审理著作权民事纠纷案件适用法律若干问题的解释》第 14 条规定："当事人合意以特定人物经历为题材完成的自传体作品，当事人对著作权权属有约定的，依其约定；没有约定的，著作权归该特定人物享有，执笔人或整理人对作品完成付出劳动的，著作权人可以向其支付适当的报酬。"由于甲、乙二人对著作权归属并无约定，因此该小说的著作权人为甲，乙作为执笔人有权请求支付适当的报酬，该请求权作为遗产由其儿子丙继承，因此甲、乙二人死亡后，丙有权请求丁支付适当的报酬。A 选项正确。

依据《著作权法》第 10 条第 1 款第 2 项，署名权是指表明作者身份，在作品上署名的权利。本题中自传体小说的著作权人为甲，其享有署名权，且该署名权永远受保护。丙擅自在该小说上署自己的名，侵犯了甲的署名权。B 选项错误。

甲对该自传体小说享有著作权，其死亡后，该小说上的著作财产权作为甲的合法遗产由其继承人丁继承。C 选项错误，D 选项正确。

名词解释

1. **答案**：合作作品，又称共同作品或合著作品，是指两人或者两人以上合作创作的作品。通常，合作作品应该具备如下条件：（1）合作作者之间应有共同创作某一作品的意思表示；（2）在创作过程中合作作者之间始终贯彻合作作者的意图，有意识地调整各自的创作风格和习惯，以便使他们的创作成果相互照应、衔接、协调和统一，达到整体的和谐；（3）每个合作作品所完成的文学艺术形式，应当达到著作权法所要求的作品的标准。

2. **答案**：职务作品是指自然人为完成法人或者非法人组织的工作任务所创作的作品。职务作品应具备以下几个条件：（1）作者与所在工作机构应具有劳动关系，是所在单位工作人员；（2）创作的作品应当属于作者的职责范围，创作的目的是完成本单位的工作任务；（3）对作品的使用应当属于作者所在单位的正常工作或业务范围。

3. **答案**：我国政府于1992年9月25日颁布了《实施国际著作权条约的规定》（2020年11月29日修订），根据该文件第4条的规定，外国作品是指：（1）作者或作者之一，其他著作权人或著作权人之一是国际著作权条约成员国的国民或者在该条约成员国有经常居所的居民的作品；（2）作者不是国际著作权条约成员国的国民或者在该条约的成员国有经常居所的居民，但是在该条约的成员国首次或者同时发表的作品；（3）外商投资企业按照合同约定是著作权人或者著作权人之一的，其委托他人创作的作品。

4. **答案**：汇编作品是指汇编若干作品、作品的片段、不构成作品的数据或者其他材料，对其内容的选择或者编排体现独创性的新作品。汇编作品的整体著作权由汇编人享有，但行使著作权时，不得侵犯原作品的著作权。

📝 简答题

1. **答案**：（1）甲对该画享有著作权。《著作权法》第19条规定："受委托创作的作品，著作权的归属由委托人和受托人通过合同约定。合同未作明确约定或者没有订立合同的，著作权属于受托人。"乙对该画享有肖像权。肖像权是自然人所享有的以自己的肖像所体现的人格利益为内容的一种人格权。①

（2）甲行使著作权的限制是：①不得未经肖像权人同意，另行制作画像。②不得未经肖像权人同意，发表肖像作品。③不得擅自出售肖像权人的画像。④不得自己或许可他人使用其肖像作品。

乙行使肖像权的限制是：①未经著作权人同意，不得自己或许可他人修改肖像作品。②未经著作权人同意，不得自己或许可他人将肖像作品用于商业目的。③未经著作权人同意，不得复制并有偿发行肖像作品。④未经著作权人同意，不得编辑。⑤未经著作权人同意，不得自己或许可他人将肖像作品用于其他用途。

2. **答案**：我国《著作权法》第11条第2款规定，创作作品的自然人是作者。第12条规定，在作品上署名的自然人、法人或者非法人组织为作者，且该作品上存在相应权利，但有相反证明的除外。作者等著作权人可以向国家著作权主管部门认定的登记机构办理作品登记。与著作权有关的权利参照适用前两款规定。根据此规定，在作品上署名的自然人为作者。如果提出与署名状况不同的主张，法律要求主张人提供相关的证明。因署名问题发生争议的，可以向人民法院提起诉讼。

3. **答案**：《著作权法》第18条规定，自然人为完成法人或者非法人组织工作任务所创作的作品是职务作品，除本条第2款的规定以外，著作权由作者享有，但法人或者非法人组织有权在其业务范围内优先使用。作品完成两年内，未经单位同意，作者不得许可第三人以与单位使用的相同方式使用该作品。有下列情形之一的职务作品，作者享有署名权，著作权的其他权利由法人或者非法人组织享有，法人或者非法人组织可以给予作者奖励：（1）主要是利用法人或者非法人组织的物质技术条件创作，并由法人或者非法人组织承

---

① 受委托创作作品的著作权归属也是著作权领域的热点法律问题，对于这一问题法律有明确规定：有约定的依约定，无约定的归受托人享有。

担责任的工程设计图、产品设计图、地图、示意图、计算机软件等职务作品；（2）报社、期刊社、通讯社、广播电台、电视台的工作人员创作的职务作品；（3）法律、行政法规规定或者合同约定著作权由法人或者非法人组织享有的职务作品。

4. **答案**：（1）影视作品作者与著作权人的法律关系。

实际参与了影视作品的创作活动，并且其所担当的工作具有创作成分的人应该被视为影视作品的创作人。参与影视作品创作的人能否成为影视作品的创作者，应该以其是否对影视作品的全部形成做出创造性贡献为依据。如果参与影视创作的人是基于法人或其他雇佣关系而实施的职务或契约义务行为，法人或雇用人为影视作品的创作人。在没有对影视作品著作权作出约定的情况下，推定影视制片人为影视作品的著作权人。

（2）影视作品与基础作品的法律关系。

作为影视作品的基础作品的文学和艺术作品的作者，享有以下数项权利：一是许可将其作品改编或复制成电影的权利；二是发行经改编或复制的作品的权利；三是许可公开演出和演奏其作品的权利；四是向公众作有线广播经改编或复制的作品的权利。在不损害可能已经过改编或翻印的所有作品的版权的情况下，电影作品将作为原作品受到保护，电影作品版权所有者享有原作者的权利。

（3）整体影视作品与可以单独使用的作品的法律关系。

电影作品和以类似摄制电影的方法创作的作品的著作权由制片者享有，但编剧、导演、摄影、作词、作曲等作者享有署名权，并有权按照与制片者签订的合同获得报酬。电影作品和以类似摄制电影的方法创作的作品中的剧本、音乐等可以单独使用的作品的作者有权单独行使其著作权。

（4）影视作品与后续演绎作品的法律关系。

影视作品不仅来源于原始作品，还相对独立于原始作品，属于著作权法意义上的独立作品。应该将其作为不同于普通演绎作品的特殊演绎作品来看待。虽然影视作品是在原始作品的基础上衍生的，但是，同原始作品一样，其拥有独立的著作权或邻接权。在这种前提下，后续演绎者把影视作品作为一个整体作品进行再演绎时，只需要征得影视作品著作权人的同意，而不必再征得原始作品著作权人的许可，除非这种演绎并非针对影视作品而是针对原始作品进行的。

案例分析题

1. **答案**：（1）该歌剧属乙丙共享著作权的作品，因为该作品是由两人合作创作的。甲没有参加该歌剧的创作，不享有对该歌剧的著作权。《著作权法》第13条规定，改编已有作品而产生的作品，其著作权由改编者享有。

（2）歌剧作者与剧团的演出合同不合法。《著作权法》第16条规定，使用改编、翻译、注释、整理、汇编已有作品而产生的作品进行出版、演出和制作录音录像制品，应当取得该作品的著作权人和原作品的著作权人许可，并支付报酬。剧团应取得原作品的著作权人许可，并支付报酬，而剧团没有取得甲的同意，也未向甲支付报酬，因此，构成了侵权行为。

（3）电视台虽在电视剧中承认原著作权人甲的署名权，但未经甲同意而改编，且未支付报酬，侵害了甲的合法权益，应承担侵权民事责任。

（4）版权管理机关应当支持甲的申诉。理由见上文分析。

2. **答案**：（1）该书的著作权由甲、乙、丙、丁4人共同所有，因是合作作品，只有上述4人共同参与创作。

（2）戊等6人虽署名为副主编，但因其未参加创作，仅为出版提供了物质条件，不可视为作者，不享有著作权，其主张不能得到支持。

3. **答案**：（1）A是（或构成），B侵犯了钱某的复制发行权和获酬权。

（2）A否，B因为钱某对采集的民间艺术无著作权。

(3) A 否，B 依诚实信用原则解释意思表示，赵某献词无非表明"该剧只为阿芳而作"之意，而非转移著作权。

(4) A 是，B 侵犯了孙某对其表演的许可录音录像权。

(5) A 是，B《著作权法》第 24 条第 1 款第 6 项规定，"在下列情况下使用作品，可以不经著作权人许可，不向其支付报酬，但应当指明作者姓名或者名称、作品名称，并且不得影响该作品的正常使用，也不得不合理地损害著作权人的合法权益：……（六）为学校课堂教学或者科学研究，翻译、改编、汇编、播放或者少量复制已经发表的作品，供教学或者科研人员使用，但不得出版发行。"电化教育馆在教学中多次播放不构成侵犯著作权，但是录音录像制品未经孙教授同意录制，侵犯了其表演者权，即许可他人录音录像，并获得稿酬的权利。

(6) A 是，B 侵犯了赵某继承人的发表权、许可权和获酬权。

(7) A 是，B 侵犯了赵某继承人的发表权和获酬权。

(8) A 是，B 侵犯了赵某继承人的发表权和保护作品完整权。

(9) A 是，B 侵犯了赵某继承人的发表权、许可权和获酬权。

因为李某等人的表演本身即属侵权行为，故无表演者权利可言。

(10) A 是，B 侵犯了赵某继承人的发表权、许可权和获酬权。

(11) A 是，B 侵犯了赵某继承人的发表权、许可权和获酬权。

(12) A 是，B 侵犯了赵某继承人的发表权、许可权和获酬权；也侵犯了孙某继承人的转播许可权和获酬权。

第三章　著作权的内容

✅ 单项选择题

1. **答案**：D。著作人身权，也称精神权利，是指作品的发表权、署名权、修改权和保护作品内容完整权。该权利由作者终身享有，不可转让、限制、剥夺。

2. **答案**：C。《著作权法》第23条第1款规定，自然人的作品，其发表权、本法第10条第1款第5项至第17项规定的权利的保护期为作者终生及其死亡后50年，截止于作者死亡后第50年的12月31日；如果是合作作品，截止于最后死亡的作者死亡后第50年的12月31日。

3. **答案**：A。《著作权法》第18条第2款规定，有下列情形之一的职务作品，作者享有署名权，著作权的其他权利由法人或者非法人组织享有，法人或者非法人组织可以给予作者奖励：（1）主要是利用法人或者非法人组织的物质技术条件创作，并由法人或者非法人组织承担责任的工程设计图、产品设计图、地图、示意图、计算机软件等职务作品；（2）报社、期刊社、通讯社、广播电台、电视台的工作人员创作的职务作品；（3）法律、行政法规规定或者合同约定著作权由法人或者非法人组织享有的职务作品。

4. **答案**：D。《著作权法》第23条第1款规定，自然人的作品，其发表权、本法第10条第1款第5项至第17项规定的权利的保护期为作者终生及其死亡后50年，截止于作者死亡后第50年的12月31日；如果是合作作品，截止于最后死亡的作者死亡后第50年的12月31日。

5. **答案**：A。《著作权法实施条例》第18条规定，作者身份不明的作品，其《著作权法》第10条第1款第5项至第17项规定的权利的保护期截止于作品首次发表后第50年的12月31日。

6. **答案**：D。《著作权法》第31条规定："出版者、表演者、录音录像制作者、广播电台、电视台等依照本法有关规定使用他人作品的，不得侵犯作者的署名权、修改权、保护作品完整权和获得报酬的权利。"

7. **答案**：C。公民的作品，其发表权、使用权和获得报酬权的保护期为作者终生及其死亡后50年，截止于作者死亡后第50年的12月31日。如果是合作作品，以最后死亡的作者的死亡时间为计算依据。

8. **答案**：D。见《著作权法》第23条。

9. **答案**：C。《著作权法》第3条规定，本法所称的作品，是指文学、艺术和科学领域内具有独创性并能以一定形式表现的智力成果，包括：（1）文字作品；（2）口述作品；（3）音乐、戏剧、曲艺、舞蹈、杂技艺术作品；（4）美术、建筑作品；（5）摄影作品；（6）视听作品；（7）工程设计图、产品设计图、地图、示意图等图形作品和模型作品；（8）计算机软件；（9）符合作品特征的其他智力成果。篮球比赛本身不是作品，不能成为著作权的客体，因此也就无所谓侵犯了哪一主体的著作权，A项错误。《著作权法》第38条规定，使用他人作品演出，表演者应当取得著作权人许可，并支付报酬。演出组织者组织演出，由该组织者取得著作权人许可，并支付报酬。由此可见，表演应该是表演者以自己的表演活动将他人的作品再现的过程，篮球比赛并没有事先编好的剧本，也不是将事先编好的作品进行再现，因此篮球比赛的运动员不是著作权法规定的表演者，B项错误。《著作权法》第39条规定，表演者对其表演享有下列权利：（1）表明表演者身份；（2）保护表演形象不受歪曲；（3）许可他人从现场直播和公开传送其现场表演，并获得报酬；（4）许可他人录音录像，并获得报酬；（5）许可他人复制、发行、出租录有其表演的录音录像制品，并获得报酬；（6）许可他人通过信息网络向公众传播其表演，并获得报酬。被许可人以前款第（3）项至第（6）项规定的方式使用作品，还应当取得著作权人许可，并支付报酬。由本法条第1款第（3）项可以看出，表演者有许可他人从现场直播和公开传送其现场表演，并获得报酬的权利，因此乙电视台侵犯了舞蹈演员的表演者权，C项正确。《著作权法》第47条第1款规定，广播电台、电视台有权禁止未经其许可的下列行为：（1）将其播放的广播、电视以有线或者无线方式转播；（2）将其播放的广播、电视录制以及复制；（3）将其播放的广播、电视通过信息网络向公众传播。本题中，主办方没有广播组织权，乙电视台的行为侵犯了甲电视台的广播组织权，故选项D说法错误。

10. **答案**：B。改编权，即改编作品，创作出具有独创性的新作品的权利。保护作品完整权是指保护作品不受歪曲、篡改的权利。改编权是著作财产权中的使用权，可以依法转让；保护作品完整权是著作人身权，不能转让，因此A项说法错误，B项说法正确。另外，甲和乙约定的专有改编权表明改编该小说的权利由乙专属，甲在3年内不得许可其他人改编该小说，但并不意味着乙可以将改编权再许可他人使用，故选项D说法错误。著作财产权的使用权并不限于改编权一种，甲还可以将该小说的其他使用权许可第三人使用，故C项说法错误。本题的正确答案是B。

11. **答案**：B。A选项中临摹作品的行为属于复制，是比较直接的侵权行为。《著作权法》第10条第1款第7项规定的出租权是指有偿许可他人临时使用视听作品、计算机软件的原件或者复制件的权利，计算机软件不是出租的主要标的的除外。出租权的对象仅是视听作品、计算机软件，B选项中图书作者的著作权中没有出租权，故不侵犯著作权。未经录音录像制品的著作权人或者与著作权有关的权利人许可，出租其作品或者录音录像制品的，以及未经表演者许可，从现场直播或者公开传送其现场表演，或者录制其表演的，均属于侵权行为，但前者侵犯的是著作邻接权，后者侵犯的是著作权人的机械表演权。综上，本题B为正确选项。

12. **答案**：C。（1）署名权作为一种著作人身权，是指表明作者身份，在作品上署名的权利。本题中，艺术馆只是收藏古代名家绘画，非作者，故不享有署名权，他人也就不可能侵犯其署名权，A选项错误。

（2）著作权人或者邻接权人为了防止他人假冒其作品或者进行非法复制，往往在其作品、制品或者复制品上注明有关权利管理信息。根据《世界知识产权组织版权条约》第12条的规定，权利管理信息是指"识别作品、作品的作者、对作品拥有任何权利的所有人的信息，或有关作品使用的条款和条件的信息，和代表此种信息的任何数字或代码，各该项信息均附于作品的每件复制品上或在作品向公众进行传播时出现"。由此可以看出，非法删除或者改变权利管理电子信息，是指未经著作权人或者著作邻接权人的许可，故意删除或者改变作品、录音录像制品等的权利管理电子信息的行为。本题中，因为艺术馆非著作权人或者著作邻接权人，所以唐某、郑某将其中"清风艺术馆珍藏、复制必究"的标记清除，或者未注明来源于艺术馆的行为，不能认定为删除权利管理信息的行为。故B选项错误。

（3）清风艺术馆在入场券上以醒目方式提示"不得拍照、摄影"，唐某购票后双方即成立合同关系，"不得拍照、摄影"便成为约定义务，但唐某购票观展乘机拍摄了展品，其未经许可拍摄的行为构成违约。由此，C选项正确。

（4）网络用户利用网络服务实施侵权行为的，被侵权人有权通知网络服务提供者采取删除、屏蔽、断开链接等必要措施。而本题中，唐某和郑某的行为涉嫌构成对著作权人和邻接权人的侵权，对清风艺术馆而言，其非被侵权人，故电商网站收到通知后如不采取措施阻止唐某、郑某销售该高仿品，也无须向艺术馆承担赔偿责任。故D选项错误。

13. **答案**：B。结合现行法可有如下判断：（1）发表权截止于2023年12月31日；（2）署名权、修改权、保护作品完整权永远受保护，著作权人死后由其继承人、受遗赠人保护；（3）著作财产权截止于2023年12月31日。据此，书店在2024年仍售卖该书，不会侵害张某作品的发表权与著作财产权，由于书店的行为也并不构成对署名权、修改权、保护作品完整权的侵害，因此书店并不构成著作权侵权。CD项错误。

出版社汇编并出版张某作品时，张某作品的著作权均尚未过期，可能构成著作权侵权。出版社对张某生前已发表的作品进行汇编出版，可能侵犯张某作品的汇编权，是对著作财产权的侵犯。由于张某生前已经将作品发表，因此，出版社的行为并未侵犯其发表权。因此，出版社的行为只侵犯了张某作品的著作财产权中的汇编权。由于张某已经死亡，其作品的著作财产权由其儿子张甲与张乙继承，因此出版社侵犯了张甲和张乙的著作财产权。A项错误，B项正确。

☑ 多项选择题

1. **答案**：AB。《著作权法》第23条规定，自然人的作品，其发表权、本法第10条第1款第5项至第17项规定的权利的保护期为作者终生及其死亡后50年，截止于作者死亡后第50年的12月31日；如果是合作作品，截止于最后死亡的作者死亡后第50年的12月31日。法人或者非法人组织的作品、著作权（署名权除外）由法人或者非法人组织享有的职务作品，其发表权的保护期为50年，截止于作品创作完成后第50年的12月31日；本法第10条第1款第5项至第17项规定的权利的保护期为50年，截止于作品首次发表后第50年的12月31日，但作品自创作完成后50年内未发表的，本法不再保护。视听作品，其发表权的保护期为50年，截止于作品创作完成后第50年的12月31日；本法第10条第1款第5项至第17项规定的权利的保护期为50年，截止于作品首次发表后第50年的12月31日，但作品自创作完成后50年内未发表的，本法不再保护。

2. **答案**：ABC。D项中，若未经他人同意，署他人姓名即为侵害他人姓名权。

3. **答案**：ABCD。《著作权法》第10条列举了复制、发行、出租、展览、表演、放映、广播、信息网络传播、摄制、改编、翻译、汇编等著作权的使用方式。

4. **答案**：ABCD。参见《著作权法》第10条列举的权利。

5. **答案**：BCD。见《著作权法》第23条规定的保护期限。署名权、修改权、保护作品完整权的保护期不受限制。

6. **答案**：AB。发表权是指决定是否将作品公之于众的权利。发表是指著作权人或者经著作权人许可将作品向不特定人公开。

7. **答案**：ABCD。见《著作权法》第3条、第10条。软件著作权人享有同样的权利。

8. **答案**：BCD。见《著作权法》第22条。作者的署名权、修改权、保护作品完整权的保护期不受限制。

9. **答案**：AC。《著作权法实施条例》第13条规定，作者身份不明的作品，由作品原件的所有人行使除署名权以外的著作权。作者身份确定后，由作者或者其继承人行使著作权。第18条规定，作者身份不明的作品，其《著作权法》第10条第1款第5项至第17项规定的权利的保护期截止于作品首次发表后第50年的12月31日。作者身份确定后，适用《著作权法》第21条的规定。

10. **答案**：ABCD。见《著作权法》第3条规定。

11. **答案**：AC。本题中的评书《巫山神女》属于经过整理者提炼、加工的民间文学艺术作品，其著作权主体是民间文学艺术作品的整理者，即著作权归整理者所有。杨某未经许可，将录音记录作为自己的作品出版，侵犯了刘教授的著作权。B错，民间传说也是作品，其著作权主体是创作民间文学艺术作品的某个民族或某个地区的社会群体，不是特定的个人或几个人。D错，杨某根据评书录音记录成书，未取得刘教授的同意，侵犯了刘教授的著作权。

12. **答案**：ABCD。参见《著作权法》第10条规定。

13. **答案**：ABCD。《著作权法》第 10 条第 1 款第 5 项规定，复制权，即以印刷、复印、拓印、录音、录像、翻录、翻拍、数字化等方式将作品制作一份或者多份的权利。

14. **答案**：ABC。由题意可知，网站并没有代王琪琪决定是否公之于众，也没有行使专属于王琪琪的以有线或者无线方式向公众提供作品的权利，因此选项 A、B 正确；作者的署名权由其自己决定，网站代其决定署名，侵犯了王琪琪的署名权，C 项正确；题目中作品未受歪曲篡改，D 项错误。

15. **答案**：AC。信息网络传播权是指以有线或者无线方式向公众提供，使公众可以在其选定的时间和地点获得作品的权利。乙公司的行为侵害了甲的信息网络传播权，A 正确。发行权是指以出售或者赠与方式向公众提供作品的原件或者复制件的权利，发行权针对的是作品的有形原件和复制件，而它们在本题中没有出现，故 D 错误。本题中是在网络上供用户免费下载，不存在作品的广播，因此 B 错误。关于表演者权，不一定限于著作权人以外的人，著作权人本人也可以成为表演者，C 正确。

16. **答案**：ABD。在 A 选项中，甲航空公司购买正版录音制品后在飞机上播放供乘客欣赏，侵害了著作权人王某、表演者张某及录音录像制作者花园公司的广播权，构成侵权。所以，A 选项应选。在 B 选项中，录音录像制作者对其制作的录音录像制品，享有许可他人复制、发行、出租、通过信息网络向公众传播并获得报酬的权利。被许可人出租录音录像制品，还应当取得表演者许可，并支付报酬。乙公司购买该正版录音制品后进行出租，侵害了著作权人王某、表演者张某及录音录像制作者花园公司的出租权，构成侵权。所以，B 选项应选。在 C 选项中，丙学生购买正版的录音制品后用于个人欣赏，不构成侵权。所以，C 选项不选。丁学生购买正版录音制品试听后将其上传到网络上传播，侵害了著作权人王某、表演者张某及录音录像制作者花园公司的信息网络传播权，

构成侵权。所以，D 选项应选。综上，本题答案为 A、B、D。

17. **答案**：ABC。修改权是指著作权人修改或者授权他人修改作品的权利。出版社对内容的修改必须征得作者的同意，而本题中出版社擅自将狗熊改写成四只腿的动物，侵犯了作者的修改权。故 A 选项正确。保护作品完整权是指著作权人保护作品不受歪曲、篡改的权利。侵害保护作品完整权一般要求行为人基于主观故意曲解作品，使作品所表达之意与作者所想表达之意大相径庭。本题中作者特意将小说中的狗熊写成三只腿的动物，出版社将狗熊改写成四只腿的动物的改动会造成读者对作品以及作者思想观点的误认、误读，B 当选。署名权是指著作权人表明作者身份，在作品上署名的权利。本题中直接将"吹雪"改为"崔雪"，擅自改变作者署名的方式，侵犯了作者的署名权。故 C 选项正确。发行权适用一次用尽理论，故书店不可能再侵犯著作权人的发行权，故 D 选项不选。

📖 名词解释

1. **答案**：著作人身权是作者基于作品依法享有的以人身利益为内容的权利，是与著作财产权对应的人身权利。

2. **答案**：著作财产权是著作权人基于对作品的利用依法享有的财产性权利。著作财产权体现了著作权人同作品的使用人之间的以对作品的一定利用为标的的商品关系。理论上，著作权人对所有商业性的利用其作品的行为，都有权从中获得财产上的收益。

3. **答案**：署名权是指表明作者身份，在作品上署名的权利，即作者在自己创作的作品及其复制件上标记姓名的权利。包括署名或不署名的决定权、署名方式决定权、署名排列方式决定权、署名指示权。根本目的是保障不同作品来源于不同作者这一事实不被人混淆。

4. **答案**：保护作品完整权是指保护作品不受歪曲、篡改的权利。所谓歪曲，是指曲解作者原意、歪曲、破坏作品的观点的行为；所谓篡改，是指违反作者意图的增加、删节、改

动或利用，其表现形式多种多样。作者有权禁止任何人对其作品的歪曲、篡改，以维护作品思想和表现形式的完整，维护自己的社会形象不被贬损。

5. **答案**：信息网络传播权是指以有线或者无线方式向公众提供作品、表演或者录音录像制品，使公众可以在其选定的时间和地点获得作品、表演或者录音录像制品的权利。

✎ 简答题

1. **答案**：（1）两权利受不同法律保护。姓名权是自然人依法获得姓名并从中受益的人格权，同健康权、生命权、肖像权等并列，且同属《民法典》人格权编的保护范畴。署名权是指作者为表明其作者身份，在作品上署名的权利，属于《著作权法》的保护范畴。

（2）两个权利主体的范围不同。姓名权的权利主体是自然人，由于姓名是人的社会标识，是一个人区别于另一个人的代表符号，因此所有的自然人平等地拥有姓名权，且法律保护其不受侵犯。署名权是作者拥有的在其作品上表明身份的权利，署名权的拥有者是创作完成作品的自然人或者组织，始于作品完成之时。相较于姓名权，署名权的权利主体范围较小，涵盖于姓名权的权利主体范围之内。

（3）两权利所包含的具体内容不同。姓名权的内容表现为每一个自然人均有权决定使用与他人相区别的符号、标志作为自己的姓名并排除他人干涉，具体包括姓名决定权、姓名使用权和姓名变更权。署名权的权利内容包括：作者有权决定在其作品上署名、不署名，署真名或笔名、别名，以及有两个以上的作者时的署名顺序；作者有权禁止任何未参加创作的人在其作品上署名；作者对其署名的维持权，署名权从作者完成作品时开始，不受期限的限制，也不因著作财产权的转移而转移。

（4）侵害两权利的行为模式不同。传统的姓名权侵权行为有以下几种模式：干涉，即干涉公民决定和使用自己的姓名；盗用，即不经本人同意而使用他人的姓名，如盗用知名学者的名义出书、获利；假冒，即冒名顶替进行民事经济活动。随着社会的发展，现代的姓名权负载了越来越多的财产权内涵。署名权的侵权行为模式主要有：假冒他人署名，即在自己创作的作品上署他人之名的行为；发表未署作者姓名的作品，即发表作品时未署或者漏署作者姓名；未正确署名，即在创作者署名之时未能反映真实情况。

2. **答案**：作品创造完成之后，需要附加其他条件或者履行法律规定的程序才能取得。著作权的取得和产生需要条件，就条件的性质而言，可以分为实质条件和形式条件两种。

实质条件是指法律对作品的要求，大体有两种标准。一种标准是，只要特定的思想或情感被赋予一定的文学艺术形式，这种形式无论是作品的全部还是其中的局部，也不论该作品是否已经采取了一定物质形式被固定下来，都可以依法被认定为受保护的作品。另一种标准是，除具备作为作品的一般条件，即表现为某种文学艺术形式外，还要求这种形式通过物质载体被固定下来，才可以获得著作权法保护。按照这种标准，口述作品以及一些即兴创作的舞蹈、音乐、曲艺作品，就可能被排除在著作权法保护之外。我国著作权法采用第一种标准。口述作品等均可以成为著作权法的保护对象。因此，所谓实质条件，是指法律以文学艺术作品的产生为取得著作权的唯一的法律事实。

形式条件是指作品完成之后，是不附加其他条件就享有著作权，还是附加一定的条件或再履行一定的法律手续才能获得著作权。目前主要分为三种做法：第一种做法是，以作品的产生为条件自动取得著作权，即自动取得原则。第二种做法是，作品创作出来外，还须履行登记手续才能获得著作权，即注册取得原则。第三种做法是，以加注著作权标记为取得著作权的条件，此外无须履行其他手续，即加注标记取得原则。这是一种有条件的自动保护办法。

我国著作权法采用自动取得原则。作品一经产生，不论整体还是局部，只要具备了作品的属性即产生著作权，既不要求登记，也不要求发表,也无须在复制物上加注著作权标记。

3. **答案**:二者不同是由于它们各自赖以发生的法律事实构成不同。人身权多以民事主体的生命存续为前提,每个人无差别地享有。著作人身权则不是以自然人的生命现象为法律事实,而是以创作出文学艺术作品为法律事实,所以它也不因创作者的生命完结而消失。著作人身权基于作品的存在而依附其上,在理论上可能无限存在,因而其期限不受限制。

4. **答案**:署名权与姓名权是完全不同的概念:(1)产生和存在的基础不同,姓名权以自然人或法人的诞生为其产生的基础,并以自然人和法人的存在为其延续的前提;而署名权则仅发生于作品创作完成之时,并以作品的存在为其存在的前提。因此,姓名法律关系由主体和姓名构成,而署名法律关系则由作者、作品之署名构成,署名权是和作品紧密相关的一种权利。(2)姓名权的客体姓名一般是唯一的,因为一个自然人或法人只能有一个法定姓名,作为确定该自然人或法人身份的依据;而署名权的客体则可以为真名,也可以为笔名。(3)姓名权系民事权利中的人身权,其延续时间最多至民事主体消亡之后的一段时间;而署名权系知识产权中的一项精神权利,署名权的保护期一般不受限制。

5. **答案**:修改权是指修改或授权他人修改作品的权利;保护作品完整权是指保护作品不受歪曲、篡改的权利。《伯尔尼公约》和很多国家的著作权法只规定了保护作品完整权而未规定修改权。赋予作者修改权,体现了对作者创作自由的尊重,是从积极的方面赋予作者修改作品的权利;保护作品完整权是从消极的方面赋予作者禁止他人恶意改动作品的权利,因此,修改权和保护作品完整权实际上属于同一权利的两个方面。

我国著作权法规定作者享有修改权和保护作品完整权,从积极和消极两个方面保护作品的纯洁性,更好地保障了作者的利益。由于这两个权利存在内在的联系,所以行为人的一个行为可能同时侵犯这两个权利。如未经作者的同意对其作品进行改动,并且在改动过程中进行了歪曲或篡改,该改动既侵犯了修改权,也侵犯了保护作品完整权。但有的改动只可能侵犯一种权利,如经作者授权修改作品的过程中对其作品进行了歪曲或篡改,这种行为只侵犯了保护作品完整权而未侵犯修改权;未经作者同意擅自修改其作品,但未进行歪曲或篡改的,只构成对修改权的侵犯。

6. **答案**:第一,发表权是一次性权利,只能行使一次。第二,发表权可专属于作者,通常由作者行使,但在有些情况下,可由作者以外的人行使。第三,因作品而产生的权利涉及第三人的,发表权往往还受到第三人权利的制约,例如与他人的肖像权、隐私权冲突。第四,发表权与著作财产权密切相关,但它本身没有财产内容。

第四章 邻 接 权

✓ 单项选择题

1. 答案： D。邻接权是与作品传播有关的知识产权，主体是作品的传播者，通常是法人。

2. 答案： B。邻接权包括表演者权、录音录像制作者权、广播组织权及版式设计权。A、C、D 均为著作财产权。①

3. 答案： B。《著作权法》第 47 条第 1 款规定，广播电台、电视台有权禁止未经其许可的下列行为：（1）将其播放的广播、电视以有线或者无线方式转播；（2）将其播放的广播、电视录制以及复制；（3）将其播放的广播、电视通过信息网络向公众传播。故 B 项正确，C 项错误。表演者指演员、演出单位，因此 A 项不正确。丁的行为属于《著作权法》第 24 条规定的为个人欣赏的合理使用，不构成侵权。

4. 答案： A。《著作权法》第 38 条规定："使用他人作品演出，表演者应当取得著作权人许可，并支付报酬。演出组织者组织演出，由该组织者取得著作权人许可，并支付报酬。"乙的演唱活动，受到作者的约束，需要获得作者许可并付费。故 A 项正确。

《著作权法》第 42 条第 1 款规定："录音录像制作者使用他人作品制作录音录像制品，应当取得著作权人许可，并支付报酬。"第 43 条规定："录音录像制作者制作录音录像制品，应当同表演者订立合同，并支付报酬。"将他人的表演制成唱片，需要经过词曲作者和表演者的同意并向其付费，所以丙需要经过甲和乙的许可并付费。故 B 项错误。

表演权，即公开表演作品（指现场表演，比如参加各种选秀、联欢会等），以及用各种手段公开播送作品的表演（指机械表演，比如酒店、咖啡馆等经营性单位播放背景音乐）的权利。此权利只由作者享有，表演者及录制者均不享有此权利，所以丁酒店的机械表演行为需要获得甲的许可并付费。故 C 项错误。

《著作权法》第 46 条第 2 款规定："广播电台、电视台播放他人已发表的作品，可以不经著作权人许可，但应当按照规定支付报酬。"电台播放唱片，适用"法定许可"，只需要向词曲作者付费，不需要许可。故 D 项错误。

✓ 多项选择题

1. 答案： ABCD。《著作权法》第 39 条第 1 款规定，表演者对其表演享有下列权利：（1）表明表演者身份；（2）保护表演形象不受歪曲；（3）许可他人从现场直播和公开传送其现场表演，并获得报酬；（4）许可他人录音录像，并获得报酬；（5）许可他人复制、发行、出租录有其表演的录音录像制品，并获得报酬；（6）许可他人通过信息网络向公众传播其表演，并获得报酬。

2. 答案： AD。《著作权法》第 38 条规定："使用他人作品演出，表演者应当取得著作权人许可，并支付报酬。演出组织者组织演出，由该组织者取得著作权人许可，并支付报酬。"

3. 答案： ABCD。"与著作权有关的权益"即邻接权。《著作权法实施条例》第 26 条规定："著作权法和本条例所称与著作权有关的权益，是指出版者对其出版的图书和期刊的版式设计享有的权利，表演者对其表演享有的权利，录音录像制作者对其制作的录音录像制品享有的权利，广播电台、电视台对其播

---

① 注意出版者的权利与出版权，表演者的权利与表演权，录音、录像制作者的权利与摄制电视、电影、录像作品权的区别，这三组权利中，前者为邻接权，后者为著作权。

放的广播、电视节目享有的权利。"

4. **答案**：AC。《著作权法》第47条第1款规定，广播电台、电视台有权禁止未经其许可的下列行为：（1）将其播放的广播、电视以有线或者无线方式转播；（2）将其播放的广播、电视录制以及复制；（3）将其播放的广播、电视通过信息网络向公众传播。第48条规定，电视台播放他人的视听作品、录像制品，应当取得视听作品著作权人或者录像制作者许可，并支付报酬；播放他人的录像制品，还应当取得著作权人许可，并支付报酬。

   据此，本题中花江县电视台的行为侵犯了盘江县电视台的播放权，同时也侵犯了电视剧制作者的播放权。

5. **答案**：CD。《著作权法》第32条规定："图书出版者出版图书应当和著作权人订立出版合同，并支付报酬。"第33条规定："图书出版者对著作权人交付出版的作品，按照合同约定享有的专有出版权受法律保护，他人不得出版该作品。"乙未与甲签订出版合同，便无权禁止甲与丙签订合同和干涉丙的专有出版权。

6. **答案**：AB。根据《著作权法》第47条规定，A正确。根据《著作权法》第39条的规定，表演者对其表演享有下列权利：（1）表明表演者身份；（2）保护表演形象不受歪曲；（3）许可他人从现场直播和公开传送其现场表演，并获得报酬；（4）许可他人录音录像，并获得报酬；（5）许可他人复制、发行、出租录有其表演的录音录像制品，并获得报酬；（6）许可他人通过信息网络向公众传播其表演，并获得报酬。被许可人以前款第3项至第6项规定的方式使用作品，还应当取得著作权人许可，并支付报酬。B正确。《著作权法》第44条规定，录音录像制作者对其制作的录音录像制品，享有许可他人复制、发行、出租、通过信息网络向公众传播并获得报酬的权利；权利的保护期为50年，截止于该制品首次制作完成后第50年的12月31日。被许可人复制、发行、通过信息网络向公众传播录音录像制品，应当同时取得著作权人、表演者许可，并支付报酬；被许可人出租录音录像制品，还应当取得表演者许可，并支付报酬。据此，丁音像店应当同时取得录音录像制作者（经许可制作CD的丙广播电台）、表演者（某歌星）许可，并支付报酬，C错误；戊应当同时取得录音录像制作者、著作权人、表演者许可，D错误。

7. **答案**：BCD。邻接权，是指与著作权有关的权利，即作品传播者所享有的权利。根据《著作权法》的规定，邻接权包括表演者权、录音录像制作者权、广播组织权。《著作权法》第10条第1款第9项规定，表演权，即公开表演作品，以及用各种手段公开播送作品的表演的权利。某酒店虽然将合法购买的正版DVD唱片在其咖啡厅播放，但其仍侵犯了歌曲著作权人甲的表演权，因为甲并未许可酒店用播放DVD的方式公开播送作品，因此A选项正确，D选项错误。

   《著作权法》第44条第1款规定，录音录像制作者对其制作的录音录像制品，享有许可他人复制、发行、出租、通过信息网络向公众传播并获得报酬的权利。酒店是用合法购买的正版唱片播放歌曲，所以未侵犯乙的录制者权，B项说法错误。

   《著作权法》第39条第1款规定："表演者对其表演享有下列权利：（一）表明表演者身份；（二）保护表演形象不受歪曲；（三）许可他人从现场直播和公开传送其现场表演，并获得报酬；（四）许可他人录音录像，并获得报酬；（五）许可他人复制、发行、出租录有其表演的录音录像制品，并获得报酬；（六）许可他人通过信息网络向公众传播其表演，并获得报酬。"酒店并没有通过信息网络方式播送歌曲，所以没有侵犯丙的表演者权，故C选项错误。

   综上所述，本题的正确答案为B、C、D。

名词解释

1. **答案**：邻接权原意是指相邻、相近或者相联系的权利。在国际上是指表演艺术家、录音制品的制作人和广播电视组织所享有权利的称谓，我国还将出版者就其出版的图书、报刊的版式设计所享有的专有权利纳入邻接权中。

2. 答案：表演者权，是指表演者依法对其表演活动所享有的专有权利。表演者权包括表演者的人身权利和财产权利。表演者权的内容：（1）表明表演者身份；（2）保护表演形象不受歪曲；（3）许可他人从现场直播和公开传送其现场表演，并获得报酬；（4）许可他人录音录像，并获得报酬；（5）许可他人复制、发行、出租录有其表演的录音录像制品，并获得报酬；（6）许可他人通过信息网络向公众传播其表演，并获得报酬。被许可人以上述第（3）项至第（6）项规定的方式使用作品，还应当取得著作权人许可，并支付报酬。

简答题

1. 答案：邻接权，亦称作品传播者权，指作品的传播者在传播作品的过程中，对其传播作品依法享有的权利。

邻接权与著作权的相同点在于：

（1）它们都与作品相联系，著作权与作品存在直接联系，作品之创作是著作权产生的前提。邻接权则与作品存在间接联系，表演者表演的对象是作品，而录制者录制的对象是作品表演，广播组织者广播的对象是作品表演。脱离了作品，这些邻接权就会荡然无存。

（2）它们都是法律规定的权利。

（3）它们都具有严格的地域性，著作权和邻接权都只有在法律承认这些权利的国家才能受到保护。

邻接权与著作权的不同点在于：

（1）权利主体不同。著作权的主体是创作者或依法取得著作权的人，主要为自然人；邻接权的主体是出版者、表演者、音像制作者、广播电视组织，除表演者外，几乎都是法人。这些传播者传播作品时，通过自己的创造性劳动，改变了原作品的表现形式，因而有必要给予保护。

（2）权利的保护对象不同。著作权保护的对象是文学、艺术和科学作品，邻接权保护的对象是传播作品所产生的劳动成果。

（3）权利的内容不同。著作权的内容主要是作者对其作品享有发表、署名等人身权和复制、发行等财产权；邻接权的内容主要是出版者对其出版的书刊的权利、表演者对其表演的权利、音像制作者对其音像制品的权利、广播电视组织对其广播、电视节目的权利等。除表演者权外，邻接权不包括人身权利。

（4）权利产生的原因不同。著作权的产生基于作品的创作；邻接权的产生则基于传播活动中投入的资金和劳动。

（5）保护期限不同。作者的署名权、修改权、保护作品完整权的保护期限不受限制。公民的作品，其发表权、使用权和获得报酬权等权利的保护期限为作者终生及其死后50年。法人或者非法人单位的作品、著作权（署名权除外）由法人或其他组织享有的职务作品，其发表权、使用权和获得报酬权等权利的保护期限为50年。影视作品等作品的发表权、使用权和获得报酬权的保护期限为50年。邻接权的保护期限从表演发生后，录音录像制品首次制作完成时起计算，享受50年的保护。

2. 答案：表演者是指以朗诵、歌唱、演奏以及其他方式表演文学艺术作品或者民间文学艺术的自然人。表演者权是指表演者对其表演活动享有的专有权利，分为表演者的人身权利和财产权利两类。（1）表演者的人身权利：①表明表演者身份；②保护表演形象不受歪曲。（2）表演者的财产权利：①许可他人从现场直播和公开传送其现场表演，并获得报酬；②许可他人对表演录音录像，并获得报酬；③许可他人复制、发行、出租录有其表演的录音录像制品，并获得报酬；④许可他人通过信息网络向公众传播其表演，并获得报酬。

3. 答案：邻接权是指与著作权相邻近的权利，是指作品传播者对其传播作品过程中的创造性劳动成果所享有的权利。在我国，邻接权主要是指出版者的权利、表演者的权利、录像制品制作者的权利、录音制品制作者的权利、电视台对其制作的非作品的电视节目的权利、广播电台的权利。

案例分析题

1. 答案：根据《著作权法》第24条的规定，电视台录制并播放金某演唱的三个镜头，是为报道新闻之用，属于合理使用。因此，电视台的行为不构成侵权。

表演者属于邻接权人，根据我国的《著作权法》享有相应的邻接权。具体如下：

（1）人身权利：表明表演者身份权；保护表演形象不受歪曲权。以上权利的保护期不受限制。

（2）财产权利：许可他人现场直播，公开传送其现场表演并获报酬；许可他人录音录像，并获报酬；许可他人复制、发行录有其表演的录音、录像制品并获报酬；许可他人通过信息网络向公众传播其表演并获报酬。以上权利的保护期为50年，截止于该表演发生后第50年的12月31日。

但是，演员的表演权同样应当容忍符合法定条件的对其作品的"合理使用"。根据《著作权法》第24条第1款第3项的规定，为报道新闻，在报纸、期刊、广播电台、电视台等媒体中不可避免地再现或者引用已经发表的作品的，可以不经著作权人许可，不向其支付报酬。电视台录制并播放金某演唱时的三个镜头是为报道新闻，属合理使用。因此，电视台的行为不构成侵权。

2. 答案：《著作权法》第17条规定，视听作品中的电影作品、电视剧作品的著作权由制作者享有，但编剧、导演、摄影、作词、作曲等作者享有署名权，并有权按照与制作者签订的合同获得报酬。前款规定以外的视听作品的著作权归属由当事人约定；没有约定或者约定不明确的，由制作者享有，但作者享有署名权和获得报酬的权利。视听作品中的剧本、音乐等可以单独使用的作品的作者有权单独行使其著作权。

据此，电视台对电视剧享有除导演、编剧、作词、作曲、摄影的署名权外的其他著作权权利。电视台的做法不合法，侵犯了甲在影视作品中的署名权。对甲的行为，电视台可依合同追究其违约责任。

甲在该影视作品中享有作词、作曲的署名权，演唱的表演权及依法获得的报酬权。此外，对于可独立使用的4首插曲，享有全部著作权，可以单独行使其著作权。

第五章　著作权的限制

✓ **单项选择题**

1. **答案：C**。《著作权法》第 36 条规定："图书出版者经作者许可，可以对作品修改、删节。报社、期刊社可以对作品作文字性修改、删节。对内容的修改，应当经作者许可。"

2. **答案：C**。《著作权法》第 24 条规定："在下列情况下使用作品，可以不经著作权人许可，不向其支付报酬，但应当指明作者姓名或者名称、作品名称……"具体规定见下道题答案。

3. **答案：C**。《著作权法》第 24 条第 1 款规定："在下列情况下使用作品，可以不经著作权人许可，不向其支付报酬，但应当指明作者姓名或者名称、作品名称，并且不得影响该作品的正常使用，也不得不合理地损害著作权人的合法权益：（一）为个人学习、研究或者欣赏，使用他人已经发表的作品；（二）为介绍、评论某一作品或者说明某一问题，在作品中适当引用他人已经发表的作品；（三）为报道新闻，在报纸、期刊、广播电台、电视台等媒体中不可避免地再现或者引用已经发表的作品；（四）报纸、期刊、广播电台、电视台等媒体刊登或者播放其他报纸、期刊、广播电台、电视台等媒体已经发表的关于政治、经济、宗教问题的时事性文章，但著作权人声明不许刊登、播放的除外；（五）报纸、期刊、广播电台、电视台等媒体刊登或者播放在公众集会上发表的讲话，但作者声明不许刊登、播放的除外；（六）为学校课堂教学或者科学研究，翻译、改编、汇编、播放或者少量复制已经发表的作品，供教学或科研人员使用，但不得出版发行；（七）国家机关为执行公务在合理范围内使用已经发表的作品；（八）图书馆、档案馆、纪念馆、博物馆、美术馆、文化馆等为陈列或者保存版本的需要，复制本馆收藏的作品；（九）免费表演已经发表的作品，该表演未向公众收取费用，也未向表演者支付报酬，且不以营利为目的；（十）对设置或者陈列在公共场所的艺术作品进行临摹、绘画、摄影、录像；（十一）将中国公民、法人或者非法人组织已经发表的以国家通用语言文字创作的作品翻译成少数民族语言文字作品在国内出版发行；（十二）以阅读障碍者能够感知的无障碍方式向其提供已经发表的作品；（十三）法律、行政法规规定的其他情形。"

4. **答案：A**。《著作权法》第 35 条第 2 款规定："作品刊登后，除著作权人声明不得转载、摘编的外，其他报刊可以转载或者作为文摘、资料刊登，但应当按照规定向著作权人支付报酬。"据此，欲使本报刊所采写的报道和刊登的文章不被转载、摘编，只能请作者发表不得转载、摘编的声明。

5. **答案：A**。《著作权法》第 42 条规定，录音录像制作者使用他人作品制作录音录像制品，应当取得著作权人许可，并支付报酬。录音制作者使用他人已经合法录制为录音制品的音乐作品制作录音制品，可以不经著作权人许可，但应当按照规定支付报酬；著作权人声明不许使用的不得使用。

6. **答案：B**。本题考查著作权的法定许可。《著作权法》第 24 条规定了法定许可的情形。法定许可的特点在于必须是引用已发表的作品，而且不得营利，基本上是以公益为目的。

7. **答案：D**。本题中的行为关键在于以营利为目的，而不是一般的教学、科研用途。

8. **答案：B**。《著作权法》第 24 条第 1 款规定："在下列情况下使用作品，可以不经著作权人许可，不向其支付报酬，但应当指明作者姓名或者名称、作品名称……（十）对设置或者陈列在公共场所的艺术作品进行临摹、绘画、摄影、录像……"选项 A 于法无据，首先排除；选项 C、D 不包括在法律明文允许的行为类型之内，故同样构成侵权，应予排除。正确答案是 B。
9. **答案**：A。《著作权法》第 15 条规定："汇编若干作品、作品的片段或者不构成作品的数据或者其他材料，对其内容的选择或者编排体现独创性的作品，为汇编作品，其著作权由汇编人享有，但行使著作权时，不得侵犯原作品的著作权。"杂志社经过筛选、编排将相关文章集结成册形成汇编作品，为汇编人，对于汇编作品享有著作权。《著作权法》第 16 条规定："使用改编、翻译、注释、整理、汇编已有作品而产生的作品进行出版、演出和制作录音录像制品，应当取得该作品的著作权人和原作品的著作权人许可，并支付报酬。"第三方使用汇编作品应该经过原作者和汇编人双重授权。所以网站未经许可就转载期刊中的所有文章，既侵犯了杂志社的著作权，又侵犯了原作者的著作权。故 A 项正确，B 项错误。

《著作权法》第 35 条第 2 款规定："作品刊登后，除著作权人声明不得转载、摘编的外，其他报刊可以转载或者作为文摘、资料刊登，但应当按照规定向著作权人支付报酬。"只有报纸、期刊之间转载、摘编才能适用法定许可制度，只需向著作权人付费，无须著作权人许可，但本案中甲网站并非报纸、期刊，不能适用法定许可，其未经许可就将汇编作品《天下事》上传至网络并供网民下载，侵犯了原作者和汇编人杂志社的著作权。故 C 项错误。

杂志社汇编文章时，需要取得原作者的许可并付费，否则对原作者构成侵权，但此侵权认定并不影响汇编人对汇编作品享有著作权，甲网站的行为依然构成对杂志社的侵权。故 D 项错误。

多项选择题

1. **答案**：AB。见《著作权法》第 24 条的规定。
2. **答案**：ABC。根据《著作权法》第 24 条的规定，免费表演他人已发表作品的，构成合理使用，D 的行为为营利性活动，所以不属于合理使用范围。
3. **答案**：ABCD。《著作权法》第 46 条规定，广播电台、电视台播放他人未发表的作品，应当取得著作权人许可，并支付报酬。广播电台、电视台播放他人已发表的作品，可以不经著作权人许可，但应当按照规定支付报酬。第 48 条规定，电视台播放他人的视听作品、录像制品，应当取得视听作品著作权人或者录像制作者许可，并支付报酬；播放他人的录像制品，还应当取得著作权人许可，并支付报酬。
4. **答案**：AB。参见《著作权法》第 24 条对于合理使用的规定，C 项属于大量复制，D 项已经构成发行行为。
5. **答案**：BCD。见《著作权法》第 2 条、第 10 条和第 22 条的规定，作者的署名权、修改权、保护作品完整权是不受限制的。
6. **答案**：ABC。本题考查法定许可。A 项、B 项、C 项分别为《著作权法》第 24 条第 1 款第 3 项、第 5 项、第 7 项所规定的内容。
7. **答案**：BC。本题考查著作权的法定许可。法定许可的 12 种情况具体可见《著作权法》第 24 条第 1 款。A 项中的义演并非免费表演，因免费表演必须是不收取门票的表演，而义演目的是将门票收入捐出。D 项中拍照可以，但不能未经许可制作图片发行。
8. **答案**：ABD。这三项的内容属于《著作权法》中规定的合理使用的范畴，参见《著作权法》第 24 条第 1 款。

名词解释

答案：法定许可使用是各国著作权法普遍采用的一项制度，又称"法定许可证"制度，是指根据法律的规定，以特定方式使用他人已发表的作品，可以不经著作权人许可，但应当向其支付报酬并尊重著作权人其他权利的制度。法定许可使用必须符合四个条件：（1）使用的对象必须是已经发表的作品。（2）使用的方式必须符合法律的规定。（3）必须向著作权人支付报酬。（4）使用人不得损害著作权人的人身权利和其他财产权利。

简答题

1. **答案**：根据《著作权法》的规定，著作权人以外的人在某些情况下使用他人已经发表的作品,也就是行使依法本属于著作权人行使的权利,可以不经著作权人的许可,不向其支付报酬,但应当指明作者的姓名、作品名,并且不得侵犯著作权人的其他权利。严格地讲,这些情况已经构成对著作权的侵犯,只是出于考虑社会公众的利益以及这些行为在一定的技术发展水平背景下对著作权人的利益损害不大,法律上不认为是侵权行为,并在理论上称这种使用为"合理使用"。我国《著作权法》第24条规定了合理使用的范围和具体方式:"在下列情况下使用作品,可以不经著作权人许可,不向其支付报酬,但应当指明作者姓名或者名称、作品名称,并且不得影响该作品的正常使用,也不得不合理地损害著作权人的合法权益:(一)为个人学习、研究或者欣赏,使用他人已经发表的作品;(二)为介绍、评论某一作品或者说明某一问题,在作品中适当引用他人已经发表的作品;(三)为报道新闻,在报纸、期刊、广播电台、电视台等媒体中不可避免地再现或者引用已经发表的作品;(四)报纸、期刊、广播电台、电视台等媒体刊登或者播放其他报纸、期刊、广播电台、电视台等媒体已经发表的关于政治、经济、宗教问题的时事性文章,但著作权人声明不许刊登、播放的除外;(五)报纸、期刊、广播电台、电视台等媒体刊登或者播放在公众集会上发表的讲话,但作者声明不许刊登、播放的除外;(六)为学校课堂教学或者科学研究,翻译、改编、汇编、播放或者少量复制已经发表的作品,供教学或者科研人员使用,但不得出版发行;(七)国家机关为执行公务在合理范围内使用已经发表的作品;(八)图书馆、档案馆、纪念馆、博物馆、美术馆、文化馆等为陈列或者保存版本的需要,复制本馆收藏的作品;(九)免费表演已经发表的作品,该表演未向公众收取费用,也未向表演者支付报酬,且不以营利为目的;(十)对设置或者陈列在公共场所的艺术作品进行临摹、绘画、摄影、录像;(十一)将中国公民、法人或者非法人组织已经发表的以国家通用语言文字创作的作品翻译成少数民族语言文字作品在国内出版发行;(十二)以阅读障碍者能够感知的无障碍方式向其提供已经发表的作品;(十三)法律、行政法规规定的其他情形。前款规定适用于对与著作权有关的权利的限制。"我国《著作权法实施条例》第19条同时规定,使用他人作品的,应当指 明作者姓名、作品名称;但是,当事人另有约定或者由于作品使用方式的特性无法指明的除外。

2. 答案: 法定许可是指依照法律的规定,可不经作者或其他著作权人的同意而使用其已经发表的作品。法定许可是对著作权的一种限制。

法定许可使用作品必须具备以下条件:第一,许可使用的作品必须是已经发表的作品;第二,使用作品应当向著作权人支付报酬;第三,著作权人未发表不得使用的声明;第四,不得损害被使用作品和著作权人的权利。

法定许可使用的类型包括五类:(1)为实施义务教育和国家教育规划而编写出版教科书,在教科书中汇编已经发表的作品片段或者短小的文字作品。(2)报纸、期刊转载或者摘编其他报刊已经登载的作品。(3)录音制作者使用他人已经合法录制为录音制品的音乐作品制作录音制品。(4)广播电台、电视台播放他人已经发表的作品。(5)广播电台、电视台公开传播或者播放录音制品。

3. 答案: 著作权法定许可制度与合理使用制度的相通之处表现在:(1)制度目的都是侧重于促进社会公共利益,限制著作权人的权利;(2)都只能使用他人已经发表的作品,凡未公开发表的作品不在法定许可使用与合理使用的范围之内;(3)使用他人作品时都无须取得著作权人的许可;(4)都必须注明作者姓名、作品名称。

两者的不同之处表现为:(1)法定许可的使用者只能是法律规定的特定主体,而合理使用人却无主体范围的限制;(2)合理使用的情况下,不需要向著作权人支付报酬,而在法定许可的情况下,使用作品后应向著作权人支付报酬;(3)在法定许可使用的情况下,著作权人声明不许使用的,不得使用,但合理使用没有附加这样的条件。

第六章 著作权的利用

✅ **单项选择题**

1. **答案**：D。《著作权法》第21条第2款规定，著作权属于法人或者非法人组织的，法人或者非法人组织变更、终止后，其本法第10条第1款第5项至第17项规定的权利在本法规定的保护期内，由承受其权利义务的法人或者非法人组织享有；没有承受其权利义务的法人或者非法人组织的，由国家享有。

2. **答案**：C。A项中，此类合同一般应采用书面形式，但报社、杂志社刊登作品的除外。B项中，《著作权法》中未明确规定合同有效期限。D项中，此类合同许可人为著作权人而非作者，这两个概念并不相同。

3. **答案**：C。《著作权法》第21条第1款规定，著作权属于自然人的，自然人死亡后，其本法第10条第1款第5项至第17项规定的权利在本法规定的保护期内，依法转移。第10条规定的修改权、发表权、署名权和保护作品完整权不在其内。

4. **答案**：D。本题考查主动投稿给杂志社的作者权益保护。《著作权法》第35条规定："著作权人向报社、期刊社投稿的，自稿件发出之日起十五日内未收到报社通知决定刊登的，或者自稿件发出之日起三十日内未收到期刊社通知决定刊登的，可以将同一作品向其他报社、期刊社投稿。双方另有约定的除外。作品刊登后，除著作权人声明不得转载、摘编的外，其他报刊可以转载或者作为文摘、资料刊登，但应当按照规定向著作权人支付报酬。"

5. **答案**：B。本题考查著作权的行使与合同标的物所有权的转移。

    本题中，甲与乙签订了赠与合同，该合同有效，但是标的物并没有实际交付给乙，因此乙不享有该书稿原件的所有权。后甲又与丁签订了赠与合同并交付了书稿，因此丁取得了该书稿原件的所有权。

    《著作权法实施条例》第17条规定："作者生前未发表的作品，如果作者未明确表示不发表，作者死亡后50年内，其发表权可由继承人或者受遗赠人行使；没有继承人又无人受遗赠的，由作品原件的所有人行使。"据此可知，甲书稿原件的发表权应该由其继承人丙行使，而非由原件的所有人丁行使，只有在没有继承人或受遗赠人的情况下，才由原件所有人行使。因此，本题的正确答案是B。

6. **答案**：B。《著作权法实施条例》第9条规定："合作作品不可以分割使用的，其著作权由各合作作者共同享有，通过协商一致行使；不能协商一致，又无正当理由的，任何一方不得阻止他方行使除转让以外的其他权利，但是所得收益应当合理分配给所有合作作者。"据此，本题中甲与乙行使的不是转让权，而是许可使用权，丙无正当理由，不得阻止甲与乙行使，答案B是正确的。

✅ **多项选择题**

1. **答案**：ABCD。《著作权集体管理条例》第2条规定："本条例所称著作权集体管理，是指著作权集体管理组织经权利人授权，集中行使权利人的有关权利并以自己的名义进行的下列活动：（一）与使用者订立著作权或者与著作权有关的权利许可使用合同（以下简称许可使用合同）；（二）向使用者收取使用费；（三）向权利人转付使用费；（四）进行涉及著作权或者与著作权有关的权利的诉讼、仲裁等。"

2. **答案**：ABCD。《著作权集体管理条例》第7条规定："依法享有著作权或者与著作权有关的权利的中国公民、法人或者其他组织，可以发起设立著作权集体管理组织。设立著作权集体管理组织，应当具备下列条件：（一）发起设立著作权集体管理组织的权利人不少于50人；（二）不与已经依法登记的著作权集体管理组织的业务范围交叉、重合；（三）能在全国范围代表相关权利人的利益；（四）有著作权集体管理组织的章程草案、使用费收取标准草案和向权利人转付使用费的办法（以下简称使用费转付办法）草案。"

3. **答案**：AC。《著作权法》第20条规定，作品原件所有权的转移，不改变作品著作权的归属，但美术、摄影作品原件的展览权由原件所有人享有。作者将未发表的美术、摄影作品的原件所有权转让给他人，受让人展览该原件不构成对作者发表权的侵犯。

4. **答案**：ABD。见《著作权法实施条例》第15条。

5. **答案**：AB。《著作权法》第21条第2款规定，著作权属于法人或者非法人组织的，法人或者非法人组织变更、终止后，其本法第10条第1款第5项至第17项规定的权利在本法规定的保护期内，由承受其权利义务的法人或者非法人组织享有；没有承受其权利义务的法人或者非法人组织的，由国家享有。

6. **答案**：ABD。《著作权法实施条例》第13条规定，作者身份不明的作品，由作品原件的所有人行使除署名权以外的著作权。作者身份确定后，由作者或者其继承人行使著作权。

7. **答案**：ABC。《著作权法》第25条第1款规定，为实施义务教育和国家教育规划而编写出版教科书，可以不经著作权人许可，在教科书中汇编已经发表的作品片段或者短小的文字作品、音乐作品或者单幅的美术作品、摄影作品、图形作品，但应当按照规定向著作权人支付报酬，指明作者姓名或者名称、作品名称，并且不得侵犯著作权人依照本法享有的其他权利。

8. **答案**：ACD。（1）《信息网络传播权保护条例》第14条规定："对提供信息存储空间或者提供搜索、链接服务的网络服务提供者，权利人认为其服务所涉及的作品、表演、录音录像制品，侵犯自己的信息网络传播权或者被删除、改变了自己的权利管理电子信息的，可以向该网络服务提供者提交书面通知，要求网络服务提供者删除该作品、表演、录音录像制品，或者断开与该作品、表演、录音录像制品的链接。通知书应当包含下列内容：（一）权利人的姓名（名称）、联系方式和地址；（二）要求删除或者断开链接的侵权作品、表演、录音录像制品的名称和网络地址；（三）构成侵权的初步证明材料。权利人应当对通知书的真实性负责。"依该规定，A选项表达正确，当选。

（2）《信息网络传播权保护条例》第15条规定："网络服务提供者接到权利人的通知书后，应当立即删除涉嫌侵权的作品、表演、录音录像制品，或者断开与涉嫌侵权的作品、表演、录音录像制品的链接，并同时将通知书转送提供作品、表演、录音录像制品的服务对象；服务对象网络地址不明、无法转送的，应当将通知书的内容同时在信息网络上公告。"依该规定，B选项表达错误，不选。

（3）《信息网络传播权保护条例》第16条规定："服务对象接到网络服务提供者转送的通知书后，认为其提供的作品、表演、录音录像制品未侵犯他人权利的，可以向网络服务提供者提交书面说明，要求恢复被删除的作品、表演、录音录像制品，或者恢复与被断开的作品、表演、录音录像制品的链接。书面说明应当包含下列内容：（一）服务对象的姓名（名称）、联系方式和地址；（二）要求恢复的作品、表演、录音录像制品的名称和网络地址；（三）不构成侵权的初步证明材料。服务对象应当对书面说明的真实性负责。"依该规定，C选项表达正确，当选。

（4）《信息网络传播权保护条例》第17条规定："网络服务提供者接到服务对象的书面说明后，应当立即恢复被删除的作品、表演、录音录像制品，或者可以恢复与被断开的作品、表演、录音录像制品的链接，同时将服务对象的书面说明转送权利人。权利人不得再通知网络服务提供者删除该作品、表演、录音录像制品，或者断开与该作品、表演、录音录像制品的链接。"依该规定，D选项表达正确，当选。

📚 名词解释

1. 答案： 著作权集体管理是指著作权人和邻接权人通过一种组织系统，对某些受著作权和邻接权保护的对象的使用予以许可、收取相应报酬。著作权集体管理可以切实保障著作权人和邻接权人的利益，提高著作权的许可效率，避免著作权人和邻接权人陷于经常性的维权诉讼中。

2. 答案： 著作权许可使用是指著作权人授权他人以一定的方式、在一定的时期和一定的地域范围内商业性使用其作品的行为，是著作财产权的许可使用。著作权的许可使用是一种重要的法律行为，可以在许可人和被许可人之间产生权利义务关系。通常表现为许可使用合同。著作权人可以通过许可使用合同将著作财产权中的一项或多项内容许可他人使用。

3. 答案： 著作财产权的转让是指著作权人将著作财产权中的一项或多项内容转移他人所有，包括复制权、发行权、展览权、公开表演权、播放权、改编权、翻译权、汇编权以及整理权和注释权等或者是其中的任何一项或几项权能，从一个民事主体合法地转移到另一个民事主体支配下的行为。其法律后果是，著作权一经转让，出让人便丧失了该权利。

✏️ 简答题

1. 答案： 著作权集体管理组织是依法成立的非营利法人，享有著作权或者邻接权的人都可以发起设立著作权集体管理组织。著作权人和与著作权有关的权利人可以授权著作权集体管理组织行使著作权或者与著作权有关的权利。著作权集体管理组织被授权后，可以自己的名义为著作权人和与著作权有关的权利人主张权利，并可作为当事人进行涉及著作权或者与著作权有关的权利的诉讼、仲裁、调解活动。一般情况下，著作权集体管理组织是民间组织，具有非官方性。对著作权集体管理组织的设立，我国实行批准主义，任何人申请设立著作权集体管理组织，必须获得有关部门的批准。

2. 答案： 著作权许可使用可分为独占许可使用、排他许可使用和普通许可使用三类。独占许可使用是指著作权人授权仅一个被许可人在一定期限和地域范围内以特定的方式使用该作品，即使著作权人本人也不能使用。排他许可使用是指著作权人授权仅一个被许可人在一定期限和地域范围内以特定的方式使用该作品，但著作权人本人可以使用。普通许可使用是指著作权人授权被许可人在一定期限和地域范围内以特定的方式使用该作品，著作权人可以授权多人使用作品，著作权人本人也可以使用该作品。

3. 答案： 著作权许可使用合同有如下几个特点：（1）通过著作权许可使用合同，被许可人所获得的仅仅是在一定的期间，在约定的范围内以一定方式对作品的使用权，著作权仍然全部属于著作权人；（2）著作权许可使用合同中的被许可人对作品的使用，不能超出合同约定的范围；（3）被许可人对第三人侵犯自己权益的行为，有权根据著作权许可使用合同，以自己的名义向侵权行为人提起诉讼；（4）著作权许可使用合同保障演绎作品中的原始著作权人的权利。

4. 答案： 著作权合同当事人承担违约责任，除了有损害事实之外，还应当同时具备以下两个条件：（1）当事人一方违反合同义务和他方受损害之间有因果关系；（2）行为人的过错是构成承担民事责任的主观要件。免除违反著作权合同民事责任的条件：（1）根据《民法典》第180条第1款的规定，因不可抗力不能履行民事义务的，不承担民事责任。法律另有规定的，依照其规定。所以，当因不可抗力造成合同不能履行时，免除责任。（2）当违反合同的义务是由于另一方的故意或过失所造成时，应免除违约方的民事责任。（3）在合同中约定免责条件，当构成约定的条件时，当事人即使不履行合同中的义务，也可免予承担民事责任。

5. 答案： 卡拉OK厅使用的供用户唱歌娱乐的音像制品可以大致分为视听作品（如音乐录影带）和录音录像制品（如现场演唱会视频）。对于前者，《著作权法》第17条规定，视听作品中的电影作品、电视剧作品的著作权由制作者享有，但编剧、导演、摄影、作词、作曲等作者享有署名权，并有权按照与制作者签订的合同获得报酬。前款规定以外的视听作品的著作权归属由当事人约定；没有约定或者约定不明确的，由制作者享有，但作者享有署名权和获得报酬的权利。视听作品中的剧本、音乐等可以单独使用的作品的作者有权单独行使其著作权。对于后者，《著作权法》第44条规定，录音录像制作者对其制作的录音录像制品，享有许可他人复制、发行、出租、通过信息网络向公众传播并获得报酬的权利；权利的保护期为50年，截止于该制品首次制作完成后第50年的12月31日。被许可人复制、发行、通过信息网络向公众传播录音录像制品，应当同时取得著作权人、表演者许可，并支付报酬；被许可人出租录音录像制品，还应当取得表演者许可，并支付报酬。因此，卡拉OK厅对于视听作品（如音乐录影带）和录音录像制品（如现场演唱会视频）都应当支付报酬，即版权费。

第七章 侵害著作权的法律责任

☑ **单项选择题**

1. 答案：A。《著作权法》第11条第1款、第2款规定："著作权属于作者，本法另有规定的除外。创作作品的自然人是作者。"

2. 答案：A。根据《著作权法》第39条的规定，表演者对其表演有表明其表演者身份及保护表演形象不受歪曲的权利。保护表演形象不受歪曲，主要是指歪曲形象本身，改变了该形象的意义。

3. 答案：D。本案为民事纠纷，不应当追究当事人的刑事责任。

《著作权法》第52条规定，有下列侵权行为的，应当根据情况，承担停止侵害、消除影响、赔礼道歉、赔偿损失等民事责任：（1）未经著作权人许可，发表其作品的；（2）未经合作作者许可，将与他人合作创作的作品当作自己单独创作的作品发表的；（3）没有参加创作，为谋取个人名利，在他人作品上署名的；（4）歪曲、篡改他人作品的；（5）剽窃他人作品的；（6）未经著作权人许可，以展览、摄制视听作品的方法使用作品，或者以改编、翻译、注释等方式使用作品的，本法另有规定的除外；（7）使用他人作品，应当支付报酬而未支付的；（8）未经视听作品、计算机软件、录音录像制品的著作权人、表演者或者录音录像制作者许可，出租其作品或者录音录像制品的原件或者复制件的，本法另有规定的除外；（9）未经出版者许可，使用其出版的图书、期刊的版式设计的；（10）未经表演者许可，从现场直播或者公开传送其现场表演，或者录制其表演的；（11）其他侵犯著作权以及与著作权有关的权利的行为。

4. 答案：C。《著作权法》第20条规定，作品原件所有权的转移，不改变作品著作权的归属，但美术、摄影作品原件的展览权由原件所有人享有。作者将未发表的美术、摄影作品的原件所有权转让给他人，受让人展览该原件不构成对作者发表权的侵犯。

5. 答案：B。本题考查委托作品著作权的归属。《著作权法》第19条规定："受委托创作的作品，著作权的归属由委托人和受托人通过合同约定。合同未作明确约定或者没有订立合同的，著作权属于受托人。"本案中该画的著作权应属于甲。乙、丙、丁均只取得该画的所有权，无权擅自复制出售。

6. 答案：C。本题考查使用他人作品的条件。《著作权法》第26条第1款规定，使用他人作品应当同著作权人订立许可使用合同，本法规定可以不经许可的除外。第13条规定，改编、翻译、注释、整理已有作品而产生的作品，其著作权由改编、翻译、注释、整理人享有，但行使著作权时不得侵犯原作品的著作权。

本案并不在法律规定的可以不经许可情形之列。丙将依据乙的小说改编的电影剧本再改编为电视剧本，同时涉及甲、乙两人的著作权问题，故须分别征得甲、乙两人的同意。

7. 答案：D。《著作权法》第2条是对《著作权法》适用范围的规定，依据该条的规定，无国籍人的作品要想受到我国《著作权法》的保护，只需要具备下列条件之一即可：第一，无国籍人经常居住地国与我国有签订的协议或者共同参加的国际条约享有的著作权；第二，无国籍人的作品首次在中国参加的国际条约的成员国出版，或者在成员国和非成员国同时出版。本题中，乙国为无国籍人甲的经常居住地国，如果丙国加入了《伯尔尼公约》，则丙国为中国参加的国际条约的成员国，我国是《伯尔尼公约》的成员国，因此D项正确，A项、B项、C项错误。

8. 答案：D。本题考查著作权的侵权与合理使用。

《著作权法》第35条第2款规定,作品刊登后,除著作权人声明不得转载、摘编的外,其他报刊可以转载或者作为文摘、资料刊登,但应当按照规定向著作权人支付报酬。本题中,报刊、网站对甲的作品进行转载需要向其支付报酬,否则构成侵权。因此,A项错误。

乙将杂文译成法文在国内出版的行为不属于《著作权法》第24条规定的合理使用的范围。因此,乙的行为构成侵权。从《著作权法》第24条第1款第11项可知,本题中丙将甲已经发表的杂文译成维吾尔文在国内出版的行为不构成侵权。因此,B项和C项错误,D项正确。

9. 答案:B。本题考查知识产权的侵权行为。

《计算机软件保护条例》第30条规定:"软件的复制品持有人不知道也没有合理理由应当知道该软件是侵权复制品的,不承担赔偿责任;但是,应当停止使用、销毁该侵权复制品。如果停止使用并销毁该侵权复制品将给复制品使用人造成重大损失的,复制品使用人可以在向软件著作权人支付合理费用后继续使用。"

根据上述规定可知,盗版软件的持有人知道或应当知道该软件是侵权复制品的,构成对知识产权的侵犯。B项中,李某明知是盗版软件而购买并安装使用的行为构成对知识产权的侵犯。因此,B项正确。

对于A项、C项、D项中的情况,相关知识产权法没有规定上述行为构成侵权,所以法无明文规定不认为是侵权。

10. 答案:A。本题考查著作权侵权及商标侵权的相关规定。

《著作权法》第10条第1款第5项规定,复制权,即以印刷、复印、拓印、录音、录像、翻录、翻拍、数字化等方式将作品制作一份或者多份的权利。著作权人对自己的作品享有复制权,本题中,甲创作的《大灰狼》已经超过了著作权的保护期限,不再对此享有著作财产权中的复制权。因此,丙的出版行为并没有侵犯甲的复制权,A项说法错误。

《著作权法》第22条规定:"作者的署名权、修改权、保护作品完整权的保护期不受限制。"因此,丙的行为侵犯了甲的署名权,B项说法正确。

《民法典》第1014条规定,任何组织或者个人不得以干涉、盗用、假冒等方式侵害他人的姓名权或者名称权。本题中,丙将甲创作的《大灰狼》童话署上丁姓名的行为侵犯了丁的姓名权。因此,C项说法正确。

本题中,乙已将"大灰狼"文字及图形申请注册在"书籍"等商品类别上并获准注册。丙擅自在"书籍"商品上使用"大灰狼"文字及图形的行为侵犯了乙的商标权。因此,D项说法正确。

11. 答案:B。《著作权法》第20条第1款规定,作品原件所有权的转移,不改变作品著作权的归属,但美术、摄影作品原件的展览权由原件所有人享有。甲从书画市场上合法购入乙的摄影作品《鸟巢》的原件所有权,因此,甲享有该作品的展览权,A项错误,不选;丙偷偷将《鸟巢》翻拍后以自己的名义刊登在某杂志上的行为构成剽窃,因此,B项正确,当选;根据《著作权法》第10条第1款第1项的规定,发表权,即决定作品是否公之于众的权利。发表权只能行使一次,而乙已经将作品发表并出售,因此,丙不可能再侵犯乙的发表权了,C项错误,不选;《最高人民法院关于审理著作权民事纠纷案件适用法律若干问题的解释》第19条规定,出版者、制作者应当对其出版、制作有合法授权承担举证责任,发行者、出租者应当对其发行或者出租的复制品有合法来源承担举证责任。举证不能的,依据相应规定承担法律责任。根据该司法解释的规定可知,丁应该对其出版、制作有合法授权承担举证责任,如果举证不能则应当承担赔偿责任,而非因无过错免予承担赔偿责任,D项错误,不选。

12. 答案:C。在A项中,著作权人有署名权,其可以自由署名,所以该选项错误。在B项中,在著作权人通过网络发表之际,《天堂向左》已被正式发表,所以该选项错误。在

C 项中，《著作权法》第 25 条第 1 款规定，为实施义务教育和国家教育规划而编写出版教科书，可以不经著作权人许可，在教科书中汇编已经发表的作品片段或者短小的文字作品、音乐作品或者单幅的美术作品、摄影作品、图形作品，但应当按照规定向著作权人支付报酬，指明作者姓名或者名称、作品名称，并且不得侵犯著作权人依照本法享有的其他权利。所以，C 项正确。在 D 项中，丁文学网站未经著作权人诗人同意而转载，侵害了其信息网络传播权，构成侵权行为。但是，仅诗人是著作权人，甲网站不享有相应权利，丁文学网站转载并不需要甲网站的同意，所以 D 项错误。

✓ 多项选择题

1. **答案**：ABC。《著作权法》第 52 条规定："有下列侵权行为的，应当根据情况，承担停止侵害、消除影响、赔礼道歉、赔偿损失等民事责任……（三）没有参加创作，为谋取个人名利，在他人作品上署名的……（五）剽窃他人作品的……"

2. **答案**：AB。《著作权法》第 16 条规定，使用改编、翻译、注释、整理、汇编已有作品而产生的作品进行出版、演出和制作录音录像制品，应当取得该作品的著作权人和原作品的著作权人许可，并支付报酬。

3. **答案**：ABC。A 正确，著作权保护的是作品，而不是作品载体。《著作权法实施条例》第 2 条规定："著作权法所称作品，是指文学、艺术和科学领域内具有独创性并能以某种有形形式复制的智力成果。"

    B 项正确，复制是指以印刷、复印、拓印、录音、录像、翻录、翻拍等方式将作品制作一份或者多份，无论是源于作品原件还是作品复制件，再现作品都属于复制。

    C 项正确，本题所述情形不属于著作权法规定可以不经许可的情形。《著作权法》第 52 条规定："有下列侵权行为的，应当根据情况，承担停止侵害、消除影响、赔礼道歉、赔偿损失等民事责任：（一）未经著作权人许可，发表其作品的……"

    综上所述，本题中被告未经许可使用了原告的作品，侵犯了原告的著作权。

    D 项错，法定许可，是指在法律明文规定的范围内可以不经过著作权人许可而使用其作品，但应当向著作权人支付报酬的制度。本题中所述情形不属于法定许可。

4. **答案**：CD。A 项错，根据《著作权法》第 3 条的规定，计算机软件属于受著作权法保护的作品，从开发完成之日起即享有著作权。B 错，进行软件登记的意义在于，软件登记管理机构发放的登记证明文件，是软件著作权有效或者登记申请文件中所述事实属实的初步证明。但软件著作权登记是自愿性质的，根据有关司法解释的规定，凡当事人以计算机软件著作权纠纷提起诉讼的，经审查符合《民事诉讼法》第 122 条的规定，无论其软件是否经过登记，人民法院均应予以受理。根据《计算机软件保护条例》第 24 条的规定，可以请求软件著作权行政管理部门处理侵权纠纷。因此，C 项、D 项均正确。

5. **答案**：ABC。见《著作权法》第 52 条规定。

6. **答案**：ABD。《最高人民法院关于审理侵害信息网络传播权民事纠纷案件适用法律若干问题的规定》第 15 条规定，侵害信息网络传播权民事纠纷案件由侵权行为地或者被告住所地人民法院管辖。侵权行为地包括实施被诉侵权行为的网络服务器、计算机终端等设备所在地。侵权行为地和被告住所地均难以确定或者在境外的，原告发现侵权内容的计算机终端等设备所在地可以视为侵权行为地。

7. **答案**：AD。未经著作权人许可通过信息网络向公众传播其作品的构成侵权，A 项正确，当选。未经与著作权有关的权利人许可，故意避开或者破坏权利人为其作品采取的保护著作权或者与著作权有关的权利的技术措施的，构成侵权，乙网站属于与著作权有关的权利人，在其采取的技术防范措施被避开后，有权以自己的名义起诉侵权行为人，D 项正确，当选。《著作权法》第 24 条第 1 款第 1 项规定，在下列情况下使用作品，可以不经著作权人许可，不向其支付报酬，但应当指明作者姓名、作品名称，并且不得不合理地损害著作权人的合法权益：为个人学习、研究或者欣赏，使用他人已经发表的作品。学生丁利用该软件免费下载了《愿者上钩》供个人观看属于合理使用，并没有侵犯著作权，B 项错误，不当选。甲公司作为电影《愿者上钩》的著作权人，在保护期内其著作权当然受保护，甲公司并没有丧失著作权人主体资格，C 项错误，不当选。综上所述，本题正确答案为 A、D。

8. **答案：ABCD**。本题考查受《著作权法》保护的权利类型及其认定。根据《著作权法》第 2 条、第 13 条、第 39 条、第 42 条的规定，本题所有选项均当选。

9. **答案：BD**。本题考查著作权侵权行为的责任。需要注意的是，本题考查的是《著作权法》第 53 条规定的情形，这些情形不仅需要承担民事责任，还需要承担行政责任甚至刑事责任；而《著作权法》第 52 条规定的情形仅需承担民事责任，所以在本题中不当选。

10. **答案：BD**。本题考查所有权转移后的著作权归属。《著作权法》第 20 条规定，作品原件所有权的转移，不改变作品著作权的归属，但美术、摄影作品原件的展览权由原件所有人享有。作者将未发表的美术、摄影作品的原件所有权转让给他人，受让人展览该原件不构成对作者发表权的侵犯。根据此条，本案中该画的发表权、姓名权、作品使用权和获得报酬权属于吴某，谢某和出版社未经同意即出版对吴某构成了侵权。

11. **答案：AB**。关于著作权的保护期限，《著作权法》第 22 条规定："作者的署名权、修改权、保护作品完整权的保护期不受限制。"所以 A 项是正确的。

    著作权具有无形性，并不因其载体的转移而必然转移。根据《著作权法》第 20 条第 1 款的规定，作品原件所有权的转移，不改变作品著作权的归属，但美术、摄影作品原件的展览权由原件所有人享有。本案中，虽然回忆录的所有权因为赠与、继承等原因而由丙享有，但并不必然导致回忆录的著作权由丙享有，所以 B 项正确。

    使用权和获得报酬权，即以复制、表演、播放、展览、发行、摄制电影、电视、录像或者改编、翻译、注释、编辑等方式使用作品的权利；以及许可他人以上述方式使用作品，并由此获得报酬的权利。使用权和获得报酬权是可以依法转让的，本案中该回忆录的使用权首先经过赠与，由乙享有，后又因为继承由丙享有。但是丁只是被许可使用该作品，并不是由此享有了作品的使用权。所以 C 项是错误的。

    甲在赠与时附加了不得发表的条件，根据甲的遗嘱，丙、戊皆不得将该作品发表，所以 D 项是错误的。

12. **答案：ABD**。本题中，甲公司使用乙画家创作的绘画作品注册商标，并未经其许可，侵害了乙的著作权，若乙许可甲继续使用该注册商标，甲应赔偿损失和支付报酬，因此，选项 D 是正确的。《商标法》第 32 条规定："申请商标注册不得损害他人现有的在先权利，也不得以不正当手段抢先注册他人已经使用并有一定影响的商标。"第 45 条第 1 款规定："已经注册的商标，违反本法第十三条第二款和第三款、第十五条、第十六条第一款、第三十条、第三十一条、第三十二条规定的，自商标注册之日起五年内，在先权利人或者利害关系人可以请求商标评审委员会宣告该注册商标无效。对恶意注册的，驰名商标所有人不受五年的时间限制。"本题中，甲公司侵犯了乙的著作权，因此，乙可以请求国家知识产权局裁定撤销甲的注册商标，选项 B 是正确的。《商标法》第 34 条规定，当事人对商标评审委员会的决定不服的，可以自收到通知之日起 30 日内向人民法院起诉。因此，选项 C 的说法是不成立的。《民事诉讼法》第 29 条规定："因侵权行为提起的诉讼，由侵权行为地或者被告住所地人民法院管辖。"选项 A 向甲公司所在地基层法院提起著作权侵权之诉是正确的。

13. **答案：AD**。除《著作权法》第 24 条规定的合理使用以及录音制作者使用他人已经合法录制为录音制品的音乐作品制作录音制品外，他人使用著作权人的作品均需经过许可且支付报酬，未经许可且未支付报酬的，为侵犯著作权人著作权的行为。A项中某公司的行为系复制行为，未经许可，侵犯了甲的著作权。《著作权法》第39条第1款规定，表演者对其表演享有下列权利：（1）表明表演者身份；（2）保护表演形象不受歪曲；（3）许可他人从现场直播和公开传送其现场表演，并获得报酬；（4）许可他人录音录像，并获得报酬；（5）许可他人复制、发行、出租录有其表演的录音录像制品，并获得报酬；（6）许可他人通过信息网络向公众传播其表演，并获得报酬。由此可见，A项中某公司的行为也侵犯了表演者丙的表演者权。又由《著作权法》第42条、第44条可知，A项中某公司的行为同样也侵犯了乙公司的录音录像制作者权。因此，A项当选。选项B中的某公司未侵犯甲的著作权。因此，B项不当选。选项C中的某商场没有侵犯甲的著作权，C项不当选。而选项D中某电影公司的行为构成侵权。因此，D项当选。

14. **答案**：AB。本题考查著作权侵权行为。

《著作权法》第38条规定："使用他人作品演出，表演者应当取得著作权人许可，并支付报酬。演出组织者组织演出，由该组织者取得著作权人许可，并支付报酬。"第24条第1款第9项规定，免费表演已经发表的作品，该表演未向公众收取费用，也未向表演者支付报酬，且不以营利为目的的，使用作品可以不经著作权人许可，不向其支付报酬，但应当指明作者、作品名称，并且不得侵犯著作权人依照本法享有的其他权利。本题中，郝某在赈灾义演中演唱，虽然收取观众的费用没有自己占有而捐给灾区，但是不满足法律规定的"未向公众收取费用"的条件，不属于合理使用的范围，郝某演唱叶某创作的《星光灿烂》应征得叶某的同意并向其支付报酬。因此，A项正确。

《著作权法》第39条第1款第4项规定，表演者对其表演享有许可他人录音录像，并获得报酬的权利。本题中，南极熊唱片公司录制郝某的歌曲，应征得郝某的同意并向其支付报酬。因此，B项正确。

《著作权法》第46条第2款规定："广播电台、电视台播放他人已发表的作品，可以不经著作权人许可，但应当按照规定支付报酬。"据此可知，星星电台播放该歌曲不需要征得著作权人即郝某和南极熊唱片公司的同意，但是应当向他们支付报酬。因此，C项、D项错误。

15. **答案**：BC。本题考查知识产权的侵权行为。

《著作权法》第10条第1款第7项规定，出租权，即有偿许可他人临时使用视听作品、计算机软件的原件或者复制件的权利，计算机软件不是出租的主要标的的除外。据此可知，并非所有的著作权人都对自己的作品享有出租权，享有出租权的主体是电影作品和以类似摄制电影的方法创作的作品及其计算机软件的著作权人。

图书的著作权人不享有出租权，甲对其购买的正版图书进行出租的行为不构成对知识产权的侵犯。因此，A项错误。

杀毒软件是计算机软件，其著作权人享有对该作品的出租权。乙将购买的正版杀毒软件进行出租需要再次得到著作权人的许可，否则构成侵权。因此，B项正确。

《著作权法》第44条第1款规定："录音录像制作者对其制作的录音录像制品，享有许可他人复制、发行、出租、通过信息网络向公众传播并获得报酬的权利；权利的保护期为五十年，截止于该制品首次制作完成后第五十年的12月31日。"据此可知，唱片的著作权人享有对唱片的出租权，丙购买的虽然是正版唱片，但是没有经过著作权人同意而擅自用于出租的，构成对著作权人出租权的侵犯。因此，C项正确。

《专利法》没有对出租权进行规定，专利权人对自己的专利产品不享有出租权。因此，丁将购买的正宗专利产品用于出租的行为不构成侵权，D项错误。

16. **答案**：ABD。发表权是指决定作品是否公之于众的权利，发表权是著作人身权，只有著作权人享有。本题中，谢某属于求爱信的著作权人，有权决定是否将其公之于众，而何某未经谢某同意将署有谢某真实姓名的求爱信在网络上公布，侵犯了谢某的发表权，故选项A正确。

信息网络传播权，即以有线或无线方式向公众提供作品，使公众可以在其个人选定的时间和地点获得作品的权利。何某未经许可，将谢某的求爱信在网络上公开，侵犯了谢某的信息网络传播权，故选项B正确。

《民法典》第1031条第1款规定，民事主体享有荣誉权。任何组织或者个人不得非法剥夺他人的荣誉称号，不得诋毁、贬损他人的荣誉。何某在互联网上公布谢某的求爱信，并不会导致谢某的某种荣誉称号被非法剥夺，因此何某的行为并未侵犯谢某的荣誉权。故选项C错误。

隐私权，是指自然人享有的私人生活安宁与私人生活信息依法受到保护，不受他人侵扰、知悉、使用、披露和公开的权利。求爱信属于个人情感，是隐私，何某将其公开在互联网上侵犯了谢某的隐私权，故选项D正确。

17. 答案：CD。《著作权法》第19条规定："受委托创作的作品，著作权的归属由委托人和受托人通过合同约定。合同未作明确约定或者没有订立合同的，著作权属于受托人。"据此，A项错误。《最高人民法院关于审理著作权民事纠纷案件适用法律若干问题的解释》第27条规定，侵害著作权的诉讼时效为3年，自著作权人知道或者应当知道权利受到损害以及义务人之日起计算。权利人超过3年起诉的，如果侵权行为在起诉时仍在持续，在该著作权保护期内，人民法院应当判决被告停止侵权行为；侵权损害赔偿数额应当自权利人向人民法院起诉之日起向前推算3年计算。据此，乙向丙要求其停止侵权的请求权，不存在诉讼时效期间超过的问题，B项错误。《计算机软件保护条例》第30条规定："软件的复制品持有人不知道也没有合理理由应当知道该软件是侵权复制品的，不承担赔偿责任；但是，应当停止使用、销毁该侵权复制品。如果停止使用并销毁该侵权复制品将给复制品使用人造成重大损失，复制品使用人可以在向软件著作权人支付合理费用后继续使用。"据此，C项、D项均正确。

18. 答案：BCD。《著作权法》第19条规定："受委托创作的作品，著作权的归属由委托人和受托人通过合同约定。合同未作明确约定或者没有订立合同的，著作权属于受托人。"本题中，甲和乙未就产品包装盒著作权的归属问题作出约定，因此受托人乙依法享有著作权，A项错误。乙公司擅自将丙的美术作品作为其产品包装盒美术作品的背景进行批量印制，侵犯了《著作权法》第10条第1款第5项规定的著作权人的复制权，B项正确。甲公司虽对乙的行为不知情，但其客观上仍然构成擅自以改编方式使用丙作品的侵权行为（《著作权法》第52条），C项正确。《专利法》第23条第3款规定："授予专利权的外观设计不得与他人在申请日以前已经取得的合法权利相冲突。"因此，甲不能以侵权作品获得外观设计专利权，D项正确。故选B项、C项、D项。

19. 答案：BC。甲电视台模仿某境外电视节目创作并录制了一档新娱乐节目，尚未播放，其因未播放不能取得邻接权，但其创作及录制的节目构成以类似电影方式制作的作品，其享有狭义的著作权。乙电视台未经甲电视台同意而复制其节目，侵害了甲电视台的复制权；乙电视台未经甲电视台许可播放其非法的复制品，侵害了甲电视台的广播权，而非播放权，故A项说法不确切；贺某与乙电视台共同故意侵权，应承担连带责任。本题正确答案为B项、C项。

20. 答案：BCD。乙转让《春天》的著作财产权的行为是否构成无权处分取决于其是否为《春天》的著作权人。《著作权法》第19条规定："受委托创作的作品，著作权的归属由委托人和受托人通过合同约定。合同未作明确约定或者没有订立合同的，著作权属于受托人。"据此，《春天》的著作权人为受托人乙，因此乙转让《春天》的著作财产权的行为属于有权处分。故A项错误。

《著作权法》第49条规定："为保护著作权和与著作权有关的权利，权利人可以采取技术措施。未经权利人许可，任何组织或者个人不得故意避开或者破坏技术措施，不得以避开或者破坏技术措施为目的制造、进口或者向公众提供有关装置或者部件，不得故意为他人避开或者破坏技术措施提供技术服务。但是，法律、行政法规规定可以避开的情形除外。本法所称的技术措施，是指用于防止、限制未经权利人许可浏览、欣赏作品、表演、录音录像制品或者通过信息网络向公众提供作品、表演、录音录像制品的有效技术、装置或者部件。"据此，技术措施本身是受保护的，但是对于技术措施，采取技术措施的主体并不享有著作权或邻接权。故 B 项正确。

根据《著作权法》第 10 条第 1 款第 5 项的规定，复制权是指以印刷、复印、拓印、录音、录像、翻录、翻拍、数字化等方式将作品制作一份或者多份的权利。本题中，戊公司避开了该音乐平台的技术措施下载该歌曲，并将该歌曲用在本公司生产的玩具狗上，属于对乙《春天》作品的复制行为，侵犯了乙的复制权。故 C 项正确。

根据《著作权法》第 10 条第 1 款第 6 项的规定，发行权是指以出售或者赠与方式向公众提供作品的原件或者复制件的权利。己公司从戊公司进了一批玩具狗用于销售，构成对歌曲《春天》的发行行为。该玩具狗流入市场自始就没有取得著作权人乙的同意，因此发行权用尽原则并不适用。己公司的行为仍构成对乙发行权的侵犯。故 D 选项正确。

简答题

1. **答案**：《著作权法》第 52 条列举了应当承担民事责任的侵权行为的十一种形式："有下列侵权行为的，应当根据情况，承担停止侵害、消除影响、赔礼道歉、赔偿损失等民事责任：（一）未经著作权人许可，发表其作品的；（二）未经合作作者许可，将与他人合作创作的作品当作自己单独创作的作品发表的；（三）没有参加创作，为谋取个人名利，在他人作品上署名的；（四）歪曲、篡改他人作品的；（五）剽窃他人作品的；（六）未经著作权人许可，以展览、摄制视听作品的方法使用作品，或者以改编、翻译、注释等方式使用作品的，本法另有规定的除外；（七）使用他人作品，应当支付报酬而未支付的；（八）未经视听作品、计算机软件、录音录像制品的著作权人、表演者或者录音录像制作者许可，出租其作品或者录音录像制品的原件或者复制件的，本法另有规定的除外；（九）未经出版者许可，使用其出版的图书、期刊的版式设计的；（十）未经表演者许可，从现场直播或者公开传送其现场表演，或者录制其表演的；（十一）其他侵犯著作权以及与著作权有关的权利的行为。"

2. **答案**：我国《信息网络传播权保护条例》第 22 条规定："网络服务提供者为服务对象提供信息存储空间，供服务对象通过信息网络向公众提供作品、表演、录音录像制品，并具备下列条件的，不承担赔偿责任：（一）明确标示该信息存储空间是为服务对象所提供，并公开网络服务提供者的名称、联系人、网络地址；（二）未改变服务对象所提供的作品、表演、录音录像制品；（三）不知道也没有合理的理由应当知道服务对象提供的作品、表演、录音录像制品侵权；（四）未从服务对象提供作品、表演、录音录像制品中直接获得经济利益；（五）在接到权利人的通知书后，根据本条例规定删除权利人认为侵权的作品、表演、录音录像制品。"

3. **答案**：根据《最高人民法院关于审理侵害信息网络传播权民事纠纷案件适用法律若干问题的规定》第 7 条第 2 款的规定，网络服务提供者以言语、推介技术支持、奖励积分等方式诱导、鼓励网络用户实施侵害信息网络传播权行为的，人民法院应当认定其构成教唆侵权行为。网络服务提供者的上述行为可认定为教唆侵权行为。

根据《最高人民法院关于审理侵害信息网络传播权民事纠纷案件适用法律若干问题的规定》第 7 条第 3 款的规定，网络服务提供者明知或者应知网络用户利用网络服务侵害信息网络传播权，未采取删除、屏蔽、断开链接等必要措施，或者提供技术支持等帮助行为的，人民法院应当认定其构成帮助侵权行为。网络服务提供者的上述行为可认定为帮助侵权行为。

论述题

1. 答案：（1）全部赔偿原则。全部赔偿原则，是指著作权损害赔偿责任的范围和数额，应以著作权人因侵权行为受到的物质损失和精神损害的全部损失为标准，由侵权行为人承担全部责任。对财产损失给予赔偿是损害赔偿案件的根本目的，在侵害著作权案件中更多地体现为对权利人可得利益损失的赔偿。

（2）法定赔偿原则。法定赔偿原则，是指著作权人的实际损失或者侵权行为人的违法所得不能确定时，人民法院按照法律规定并结合侵权行为的情节，在法律规定的幅度内具体确定赔偿数额。

（3）公平、公正原则。公平、公正原则是民事活动应当普遍遵循的基本原则，从侵权责任归责原则的依据到确定具体的损害赔偿数额都应体现这一原则。公平、公正原则包含两层含义：首先，在确定损害赔偿数额问题上体现公平、公正。法官确定赔偿数额必须依据客观事实，分析具体案件的情况。其次，确定赔偿数额的程序要公平、公正。法院在确定赔偿数额时，应告知当事人适用何种赔偿原则，允许当事人针对此项赔偿原则充分举证、质证、发表意见，对于赔偿计算方法也应明示，让损害赔偿工作透明化，以便各方监督，避免法官自由裁量权的滥用。

2. 答案： 技术措施，是指用于防止、限制未经权利人许可浏览、欣赏作品、表演、录音录像制品的或者通过信息网络向公众提供作品、表演、录音录像制品的有效技术、装置或者部件。

《信息网络传播权保护条例》第4条规定，为了保护信息网络传播权，权利人可以采取技术措施。任何组织或者个人不得故意避开或者破坏技术措施，不得故意制造、进口或者向公众提供主要用于避开或者破坏技术措施的装置或者部件，不得故意为他人避开或者破坏技术措施提供技术服务。但是，法律、行政法规规定可以避开的除外。

我国《著作权法》第53条第6项将未经著作权人或者与著作权有关的权利人许可，故意避开或者破坏权利人为其作品、录音录像制品等采取的保护著作权或者与著作权有关的权利的技术措施的行为规定为违法行为，行为人应当承担法律责任。

技术措施分为控制访问的技术措施和控制作品使用的技术措施。规避技术措施分为规避访问控制技术措施和规避控制作品使用技术措施。规避行为通常表现为：未经权利人许可，对加密的作品进行解密；对技术措施进行破解等。除法律、行政法规有明确规定外，规避行为均是侵权行为。

技术措施必须符合著作权法律、行政法规的规定，主要包括：（1）权利人采取的技术保护措施只能是防御性的，不能是攻击性的；（2）技术措施给侵权盗版活动制造障碍，但是不能超出制止侵权行为所必需的限度；（3）技术保护措施只能被用来保护法律赋予的权利，不应被用来取消法律规定的权利限制，破坏权利保护与公众利益之间的平衡；（4）除著作权法律、行政法规另有规定外，所采取的技术措施不得侵害他人合法权益和公共利益，如侵害消费者知悉权、选择权等权益。

法律法规对技术措施的保护并不是绝对的，存在限制和例外。例如，《信息网络传播权保护条例》第12条规定了可以避开技术措施的情形：属于下列情形的，可以避开技术措施，但不得向他人提供避开技术措施的技术、装置或者部件，不得侵犯权利人依法享有的其他权利：（1）为学校课堂教学或者科学研究，通过信息网络向少数教学、科研人员提供已经发表的作品、表演、录音录像制品，而该作品、表演、录音录像制品只能通过信息网络获取；（2）不以营利为目的，通过信息网络以盲人能够感知的独特方式向盲人提供已经发表的文字作品，而该作品只能通过信息网络获取；（3）国家机关依照行政、司法程序执行公务；（4）在信息网络上对计算机及其系统或者网络的安全性能进行测试。

案例分析题

答案：甲的诉求成立。软件开发商和销售商应在未发行的游戏软件的光盘和说明书中为其署名第一顺位的主策划和剧情策划，并在相关媒体上刊登向甲致歉的声明。

根据《著作权法》第 18 条第 2 款的规定，主要利用法人或者非法人组织的物质技术条件创作，并由法人或者非法人组织承担责任的职务作品，作者享有署名权和受奖励权，法人或者非法人组织享有著作权的其他权利。而本案的关键在于 A 公司在游戏软件上的署名并未正确表明甲在该游戏的开发中所起到的作用，是不适当的，应当予以纠正。

第二编 专利权与其他技术成果权

第八章 专利权的对象

单项选择题

1. 答案：D。 根据我国《专利法》第5条、第25条的规定，专利法不予保护的对象包括：（1）违反法律、社会公德或者妨害公共利益的发明创造；（2）违反法律、行政法规的规定获取或者利用遗传资源，并依赖该遗传资源完成的发明创造；（3）科学发现；（4）智力活动的规则和方法；（5）疾病的诊断和治疗方法；（6）动物和植物品种；（7）原子核变换方法以及用原子核变换方法获得的物质；（8）对平面印刷品的图案、色彩或者二者的结合作出的主要起标识作用的设计。相对论属于科学发现，赌博器的发明创造违反了国家法律、社会公德或公共利益，风湿病的治疗方法是疾病的治疗方法，因此A项、B项、C项都不可授予专利权。杂交水稻的生产方法是植物品种的生产方法，可以授予专利权。

2. 答案：D。 乙公司在与甲公司签订书面的专利申请权转让合同之后，即可以按照《专利法》的规定提供相关材料，申请专利，所以A项、B项错误。《专利法》第9条第1款规定："同样的发明创造只能授予一项专利权。但是，同一申请人同日对同样的发明创造既申请实用新型专利又申请发明专利，先获得的实用新型专利权尚未终止，且申请人声明放弃该实用新型专利权的，可以授予发明专利权。"乙公司无权就该技术方案同时获得发明专利和实用新型专利，但是可以提出申请。所以，C项错误，D项正确。

名词解释

1. 答案： 发明是指人类在利用自然、改造自然的过程中创造出的具有积极意义并表现为技术形式的新的智力成果。发明需要满足下列三个条件：首先，发明中应当包含创新；其次，发明必须利用自然规律，不得违背自然规律也不能是自然规律本身；最后，发明是具体的技术性方案。我国《专利法》第2条第2款规定，发明，是指对产品、方法或者其改进所提出的新的技术方案。

2. 答案： 按照参与发明创造的人数来划分，可将发明分为独立发明和合作发明（共同发明）。共同发明是指由数人合作、分工、共同完成的发明。对这类发明，其处分权由共同发明人共有，在申请专利时，应当由全部共有人达成一致意见。若有一方不同意申请专利，其他各方均不得擅自申请专利。当一方转让其共有份额时，其他各共有方在相同条件下有优先购买权。共有一方声明放弃其专利申请权的，其他共有各方可共同申请，但依照我国法律在发明被授予专利后，放弃申请权的一方可以免费实施该项专利。

3. 答案： 我国《专利法》第2条第3款对实用新型进行了定义，实用新型是指对产品的形状、构造或者形状和构造的结合所提出的适于实用的新的技术方案。

4. 答案： 外观设计也被称作工业品外观设计，或者简称工业设计。我国《专利法》第2条第4款对外观设计进行了定义，外观设计是指对产品的整体或者局部的形状、图案或者其结合以及色彩与形状、图案的结合所作出的富有美感并适于工业应用的新设计。从外观设计的定义可以分析出其特点。第一，外观设计必须以产品为依托，离开了具体的产品也就无所谓外观设计了。第二，外观设计以产品的形状、图案和色彩等为要素，以美感目的为核心，而不去追求实用功能。第三，外观设计应当具备美感。第四，外观设计必须适用于工业应用。

5. **答案**：发明分为产品发明和方法发明，专利法意义上的产品发明（包括物质发明）是人们通过研究开发出来的关于各种新产品、新材料、新物质等的技术方案。专利法意义上的产品，可以是一个独立、完整的产品，也可以是一个设备或仪器中的零部件。其主要内容包括：（1）制造品，如机器、设备以及各种用品；（2）材料，如化学物质、组合物等；（3）具有新用途的产品。

方法发明，是指人们为制造产品或解决某个技术课题而研究开发出来的操作方法、制造方法以及工艺流程等技术方案。方法可以是由一系列步骤构成的一个完整过程，也可以是一个步骤，它主要包括：（1）制造方法，即制造特定产品的方法；（2）以及其他方法，如测量方法、分析方法、通信方法等；（3）产品的新用途。

要严格地区分产品和方法是很困难的。一般来说，方法和产品的一个主要区别在于方法在其实施过程中具有时间因素，即方法通常是由多个行为或若干现象在时间上按一定规则排列组合而构成，其中包含着时间的延续因素。当然，虽然有的方法也可能是整个行为或现象同时进行或发生的，但是总归都需要一个时间过程才能完成。产品和方法之间确实存在一个模糊地带，有的发明既可以作为产品，也可以作为方法。

6. **答案**："实用新型专利"是指对产品的形状、构造或者其结合所提出的适于实用的新的技术方案，外观设计专利是指对产品的形状、图案、色彩或其结合做出的富有美感并适于工业上应用的新设计。

产品的内部形状、构造、内部连接关系、零配件、电路的工作原理等都可以通过申请实用新型专利来取得保护。实用新型也保护产品的外部形状，但是要求产品的外部形状是出于改进性能、提高工作效率、延长使用寿命等实用的目的而作出的。

"外观设计专利"指对产品的整体或者局部的外部形状、外部图案、外部色彩或者这些组合在一起构成的一项综合的新设计，而这些设计全是为了美观而作出的。

简单地说，"实用新型专利"与"外观设计专利"是互相补充的关系，实用新型专利保护产品的技术方案，外观设计专利保护产品的外观。

简答题

1. **答案**：《专利法》第64条规定："发明或者实用新型专利权的保护范围以其权利要求的内容为准，说明书及附图可以用于解释权利要求的内容。外观设计专利权的保护范围以表示在图片或者照片中的该产品的外观设计为准，简要说明可以用于解释图片或者照片所表示的该产品的外观设计。"

2. **答案**：实用新型与发明一样，作为专利的一个种类规定在《专利法》中。实用新型是指对产品的形状、构造或者形状和构造的结合所提出的适于实用的新的技术方案。它们的共同之处在于都属于技术方案，在申请手续、授权条件、保护方式等许多方面非常相似。两者之间也存在较大的差异：第一，实用新型专利与发明专利的保护主体不同。申请实用新型专利的主体只能是产品；而申请发明专利的主体既可以是产品，也可以是方法。第二，即使对产品而言，也不是所有的产品都可以申请实用新型。由于实用新型是对产品形状、构造所作出的新设计，因此申请实用新型专利的产品必须有确定的形状、固定的三维构造。第三，实用新型专利对创造性的要求比发明专利低。建立实用新型保护制度的目的之一，就是保护那些达不到发明专利的创造高度要求的一些简单的小发明创造。实用新型专利保护期为10年，较发明专利20年的保护期更短。第四，实用新型专利的审查程序比发明专利简单、快捷。与发明相比，实用新型不作实质审查。[①]

3. **答案**：我国《专利法》第5条及第25条规定了专利法不予保护的对象。具体为8类：（1）对违反法律、社会公德或者妨害公共利益的发

---

① 专利权的对象包括发明、实用新型、外观设计三类。其中发明与实用新型较易混淆，应熟练掌握其区别。

明创造，不授予专利权；（2）对违反法律、行政法规的规定获取或者利用遗传资源，并依赖该遗传资源完成的发明创造，不授予专利权；（3）对科学发现不授予专利权；（4）对智力活动的规则和方法不授予专利权；（5）对疾病的诊断和治疗方法不授予专利权；（6）对动物和植物品种不授予专利权，但动物和植物品种的生产方法，可以依照本法规定授予专利权；（7）对原子核变换方法以及用原子核变换方法获得的物质不授予专利权；（8）对平面印刷品的图案、色彩或者二者的结合作出的主要起标识作用的设计不授予专利权。

第九章 专利权取得的实质条件

✅ 单项选择题

答案：D。（1）根据《专利法》第25条的规定："对下列各项，不授予专利权：（一）科学发现；（二）智力活动的规则和方法；（三）疾病的诊断和治疗方法；（四）动物和植物品种；（五）原子核变换方法以及用原子核变换方法获得的物质；（六）对平面印刷品的图案、色彩或者二者的结合作出的主要起标识作用的设计。对前款第（四）项所列产品的生产方法，可以依照本法规定授予专利权。"根据该规定，本题A项中甲设计的新交通规则，能缓解道路拥堵，但属于智力活动的规则和方法，不可以被授予专利权，故A选项错误；本题B项中乙设计的新型医用心脏起搏器，能迅速使心脏重新跳动，该起搏器属于医疗器械，非疾病的诊断和治疗方法，可以被授予专利权，故B项错误；从出题人的角度出发，C项应考查细菌的生产方法，根据上述规定，该生产方法应授予专利权，故C项错误，C项的语言不严谨，很容易造成歧义。

（2）根据《专利法》第2条的规定，实用新型，是指对产品的形状、构造或者其结合所提出的适于实用的新的技术方案。外观设计，是指对产品的整体或者局部的形状、图案或者其结合以及色彩与形状、图案的结合所作出的富有美感并适于工业应用的新设计。实用新型解决的是技术问题，外观设计是对产品整体或局部的形状、图案（以及色彩）及其组合的设计。本题D项中丁设计的儿童水杯，其新颖而独特的造型既富美感，又能防止杯子滑落，所以丁既可以申请实用新型专利权，也可以申请外观设计专利权。故D项正确。

✅ 多项选择题

1. 答案：ACD。提出专利申请的发明和实用新型要在申请日以前没有同样的发明或者实用新型在国内外出版物上公开发表过、在国内公开使用过或者以其他方式为公众所知。申请专利的发明创造在申请日前6个月，有下列情形之一的，不丧失新颖性：第一，在中国政府主办或者承认的国际展览会上首次展出的；第二，在规定的学术会议或者技术会议上首次发表的；第三，他人未经申请人同意而泄露其内容的，选项B在国外出版物上公开发表过，丧失新颖性，不能授予专利权，选项A、C、D不丧失新颖性，该发明仍可被授予专利权。

2. 答案：BD。《专利法》第25条规定："对下列各项，不授予专利权：（一）科学发现；（二）智力活动的规则和方法；（三）疾病的诊断和治疗方法；（四）动物和植物品种；（五）原子核变换方法以及用原子核变换方法获得的物质；（六）对平面印刷品的图案、色彩或者二者的结合作出的主要起标识作用的设计。对前款第（四）项所列产品的生产方法，可以依照本法规定授予专利权。"可知，A项中"导致骨癌的特殊遗传基因"属于上述第一项"科学发现"，因此不能在我国申请专利。故A项不选。C项中"精确诊断股骨头坏死的方法"属于上述第三项规定的"疾病的诊断和治疗方法"，也不能在我国申请专利。故C项不选。B项中"一套帮助骨折病人尽快康复的理疗器械"以及D项中"一种高效治疗软骨病的中药制品"都不属于上述规定的范围，可在我国申请专利。故B项、D项当选。

❌ 不定项选择题

答案：（1）C。《专利法》第24条规定："申请专利的发明创造在申请日以前六个月内，有下列情形之一的，不丧失新颖性：（一）在国家出现紧急状态或者非常情况时，为公共利益目的首次公开的；（二）在中国政府主办或者承认的国际展览会上首次展出的；（三）在规定的学术会议或者技术会议上首次发表的；（四）他人未经申请人同意而泄露其内容的。"

按照该规定，虽然乙未经单位同意，在向某国外杂志的投稿论文中透露了该装置的核心技术，该杂志将论文全文刊载，但由于该发表未经过专利权人甲的同意，所以，即使在丙公司已研制出样品，丁公司已开始生产的情况下，甲公司的发明仍因具有新颖性而被授予专利权。

（2）D。《专利法》第75条规定："有下列情形之一的，不视为侵犯专利权……（二）在专利申请日前已经制造相同产品、使用相同方法或者已经作好制造、使用的必要准备，并且仅在原有范围内继续制造、使用的……"按照该条规定，即使发明人获得了专利权，但如果其他人在其申请专利之前已经制造相同产品、使用相同方法或者已经作好制造、使用的必要准备，并且仅在原有范围内继续制造、使用的，专利权人不得主张侵权责任，也不得组织他人在原有范围内继续使用。本题中，甲公司于2021年7月向我国专利局递交专利申请书，而丙公司同年6月即研制了样品，并作好了批量生产的必要准备，因此不承担侵权责任，并有权在原有范围内继续制造该专利产品。D为正确选项。

（3）C。发明专利申请人向国务院专利行政部门提出专利申请，并经实质审查没有发现驳回理由的，由国务院专利行政部门作出授予发明专利权的决定，发给发明专利证书，同时予以登记和公告。发明专利权自公告之日起生效。专利权人享有实施专利技术的独占性权利，并有权禁止他人实施其专利技术。《专利法》第11条第1款规定："发明和实用新型专利权被授予后，除本法另有规定的以外，任何单位或者个人未经专利权人许可，都不得实施其专利，即不得为生产经营目的制造、使用、许诺销售、销售、进口其专利产品，或者使用其专利方法以及使用、许诺销售、销售、进口依照该专利方法直接获得的产品。"本题中，甲公司于2024年5月7日被国务院专利行政部门授予发明专利权，从此时开始，除法律特别规定的不视为侵权的情形外，任何人未经专利权人许可都不得使用该专利。所以，丁公司在2024年5月7日后的实施行为构成侵权行为。选项C为正确答案。

（4）AD。专利权人的权利受到法律保护，在权利受到侵害时，其可以通过诉讼等形式请求对方赔偿损失。但是，在法院作出判决前，侵权人可能采取其他手段转移财产或者如果不及时采取措施将导致损失的扩大，因此法律规定了一些诉前的救济措施。《专利法》第72条规定，专利权人或者利害关系人有证据证明他人正在实施或者即将实施侵犯专利权、妨碍其实现权利的行为，如不及时制止将会使其合法权益受到难以弥补的损害的，可以在起诉前依法向人民法院申请采取财产保全、责令作出一定行为或者禁止作出一定行为的措施。《专利法》第73条规定，为了制止专利侵权行为，在证据可能灭失或者以后难以取得的情况下，专利权人或者利害关系人可以在起诉前依法向人民法院申请保全证据。因此，本案原告可以在起诉前向法院申请诉前禁令和诉前证据保全，选项A、D正确。

名词解释

1. 答案：《专利法》第22条对授予专利权的发明和实用新型的新颖性有明确规定。新颖性，是指该发明或者实用新型不属于现有技术；也没有任何单位或者个人就同样的发明或者实用新型在申请日以前向国务院专利行政部门提出过申请，并记载在申请日以后公布的专利申请文件或者公告的专利文件中。现有技术，是指申请日以前在国内外为公众所知的技术。外观设计专利权的新颖性是指授予专利权的外观设计，应当不属于现有设计；也没有任何单位或者个人就同样的外观设计在申请日以前向国务院专利行政部门提出过申请，并记载在申请日以后公告的专利文件中。

2. 答案：我国《专利法》第22条对授予专利

权的发明和实用新型的创造性有明确规定。创造性，是指与现有技术相比，该发明具有突出的实质性特点和显著的进步，该实用新型具有实质性特点和进步。本法所称现有技术，是指申请日以前在国内外为公众所知的技术。

3. 答案：我国《专利法》第22条对授予专利权的发明和实用新型的实用性有明确规定。实用性，是指该发明或者实用新型能够制造或者使用，并且能够产生积极效果。

简答题

1. 答案：新颖性的判断主要以该技术是否公开为标准，从空间和时间两个维度去判断。（1）在专利法上，技术的新颖性是以现有技术为参照的。这里所谓现有技术是指在某一个时间之前，在特定技术领域内的已经公开的技术和知识的总和。如果申请专利的发明属于现有技术范围，则该发明不具备新颖性。（2）判断一项技术是否属于现有技术的范围就是看该技术的内容是否在某一特定时间之前已经公开为公众所知。故专利法中的公开必须是针对非特定人的公开。（3）公开的方式有多种：第一，以出版物方式公开。第二，以使用方式公开。第三，以其他方式公开。所谓其他方式即为"出版物"和"使用"外的其他任何方式，包括口头、广播电台、电视台或电子网络等传播方式。（4）空间维度有相对标准和绝对标准，相对标准是指把在本国领域内公开的技术作为现有技术，绝对标准是指以全世界范围内是否公开作为公开的标准。

2. 答案：创造性，是指与现有技术相比，该发明具有突出的实质性特点和显著的进步，该实用新型具有实质性特点和进步。创造性的判断标准可以分为主体标准和客体标准。主要从以下几个方面考虑：

（1）判断创造性的人应是发明创造性所属专业的普通技术人员。（2）开拓性的发明创造具备创造性。（3）发明创造的目的和效果具有不可预测性。（4）创造性应按照发明创造的难易程度区分判断。（5）解决了长期渴望解决但未能解决的技术问题。实质性特点，通常是指该技术方案对熟练技术人员而言，非显而易见。显著的进步则是指发明具有有益的技术效果，如改善产品质量及性能、提高生产效率、降低能源消耗等，或代表某种新的技术的发展趋势。

论述题

1. 答案：所谓在先取得，是指该权利产生之日早于外观设计专利的申请日或者优先权日。对于著作权、知名商品特有包装或者装潢的使用权等自动产生的知识产权而言，作品产生之日即为权利取得之日；而商标权、企业名称权等必须经批准授权才能产生的知识产权，其批准授权之日即为权利取得之日；对外观设计专利而言，自专利被授予之日即为权利取得之日，如果外观设计专利被授予，虽然该外观设计取得了专利权，但是第三人有证据证明其与他人在先取得的专利合法权益相冲突，可申请宣告该专利无效。

外观设计是指对产品的形状、图案或者其结合以及色彩与形状、图案的结合所作出的富有美感并适于工业应用的新设计。依据该规定的外观设计的特点，与外观设计产生专利在先取得权利的冲突应当设定在以下范围内：（1）商标权；（2）著作权；（3）企业名称权；（4）知名商品特有包装或者装潢使用权；（5）肖像权等。

发生外观设计专利与知识产权的在先取得权利纠纷，主要是专利授权与知识产权授权的单位不同，在授权时未作在先权利审查所致。因此，发生在先取得权利纠纷时，当事人可以向侵权发生地人民法院提起诉讼。

2. 答案：实质性条件是指专利法所规定的作为专利技术的发明创造所应当满足的关于其本身特征、构成以及类型等内在要素的条件。实质性条件分为消极条件和积极条件。

消极条件：（1）违反法律、社会公德或者妨害公共利益的发明创造；（2）违反法律、行政法规的规定获取或者利用遗传资源，并依赖该遗传资源完成的发明创造；（3）科学发现；（4）智力活动的规则和方法；（5）疾病的诊断和治疗方法；（6）动物和植物品种；（7）原子核变换方法以及用原子核变换方法获得的物质；（8）对平面印刷品的图案、色彩或者二者的结合作出的主要起标识作用的设计。以上各项，不授予专利权。

积极条件：授予专利权的发明和实用新型，应当具备新颖性、创造性和实用性。

新颖性，是指该发明或者实用新型不属于现有技术；也没有任何单位或者个人就同样的发明或者实用新型在申请日以前向国务院专利行政部门提出过申请，并记载在申请日以后公布的专利申请文件或者公告的专利文件中。

创造性，是指与现有技术相比，该发明具有突出的实质性特点和显著的进步，该实用新型具有实质性特点和进步。

实用性，是指该发明或者实用新型能够制造或者使用，并且能够产生积极效果。

授予专利权的外观设计，应当不属于现有设计；也没有任何单位或者个人就同样的外观设计在申请日以前向国务院专利行政部门提出过申请，并记载在申请日以后公告的专利文件中。

授予专利权的外观设计与现有设计或者现有设计特征的组合相比，应当具有明显区别。

授予专利权的外观设计不得与他人在申请日以前已经取得的合法权利相冲突。

第十章　专利权的归属、取得与消灭

✓ 单项选择题

1. **答案：A。** 根据《专利法实施细则》第 13 条第 1 款的规定，执行本单位的任务所完成的职务发明创造包括：(1) 在本职工作中作出的发明创造；(2) 履行本单位交付的本职工作之外的任务所作出的发明创造；(3) 退休、调离原单位后或者劳动、人事关系终止后 1 年内作出的，与其在原单位承担的本职工作或者原单位分配的任务有关的发明创造。由此可见，选项 B、C、D 是职务发明创造。职务发明创造还包括主要利用本单位的物质技术条件所完成的发明创造，选项 A 不能确定是否主要是利用本单位的物质技术条件所完成的，所以应选 A。

2. **答案：A。** 委托发明是指以合同方式委托他人完成的发明创造。对这类发明的权利归属，我国立法均采取了合同优先的原则，即合同有约定的，从约定，合同未约定或约定不明的，归受托方，故选 A。具体条文可参见《专利法》第 8 条："两个以上单位或者个人合作完成的发明创造、一个单位或者个人接受其他单位或者个人委托所完成的发明创造，除另有协议的以外，申请专利的权利属于完成或者共同完成的单位或者个人；申请被批准后，申请的单位或者个人为专利权人。"

3. **答案：A。** 该技术虽然是由小刘单独完成的，但是应当属于职务发明，是两个单位的合作成果，所以由 A、B 两个单位共同享有专利申请权。

4. **答案：A。**《专利法》第 6 条第 1 款规定，执行本单位的任务或者主要是利用本单位的物质技术条件所完成的发明创造为职务发明创造。职务发明创造申请专利的权利属于该单位，申请被批准后，该单位为专利权人。该单位可以依法处置其职务发明创造申请专利的权利和专利权，促进相关发明创造的实施和运用。《专利法实施细则》第 13 条第 1 款规定："专利法第六条所称执行本单位的任务所完成的职务发明创造，是指：（一）在本职工作中作出的发明创造；（二）履行本单位交付的本职工作之外的任务所作出的发明创造；（三）退休、调离原单位后或者劳动、人事关系终止后 1 年内作出的，与其在原单位承担的本职工作或者原单位分配的任务有关的发明创造。"根据法律规定，本题中李某研制的冷藏机属于职务发明创造，专利权属于甲公司享有，乙公司不享有该冷藏机的专利权。A 项说法正确，B 项、C 项说法错误。在专利申请日前已经制造相同产品、使用相同方法或者已经作好制造、使用的必要准备，并且仅在原有范围内继续制造、使用的，不视为侵犯专利权。故 D 项说法错误。本题的正确答案是 A。

5. **答案：A。**《专利法》第 41 条第 2 款规定，专利申请人对国务院专利行政部门的复审决定不服的，可以自收到通知之日起三个月内向人民法院起诉。

6. **答案：A。** 权利要求书是具体说明申请专利的发明创造请求专利法保护范围的书面文件。在专利申请被批准后，权利要求书即成为具体说明专利权限范围的书面文件，也是判定他人是否侵权的根据。

✓ 多项选择题

1. **答案：ABD。** 职务发明创造虽然由单位取得专利申请权和专利权，但发明人或设计人仍享有署名权和获得奖金、报酬的权利。即发明人或者设计人有权在专利文件中写明自己是发明人或者设计人，被授予专利权的单位应当对职务发明创造的发明人或者设计人给予奖励，发明创造专利实施后，根据其推广应用的范围和取得的经济效益，对发明人或者设计人给予合理的报酬，所以选项 A、B、

D正确。对专利的许可实施予以同意或否决是专利权人的权利，选项C错误。

2. **答案**：BCD。《专利法》第6条第1款规定，执行本单位的任务或者主要是利用本单位的物质技术条件所完成的发明创造为职务发明创造。职务发明创造申请专利的权利属于该单位，申请被批准后，该单位为专利权人。该单位可以依法处置其职务发明创造申请专利的权利和专利权，促进相关发明创造的实施和运用。因此A项错误。《专利法》第15条第1款规定，被授予专利权的单位应当对职务发明创造的发明人或者设计人给予奖励；发明创造专利实施后，根据其推广应用的范围和取得的经济效益，对发明人或者设计人给予合理的报酬。因此B项、C项正确。

   根据《民法典》第847条规定，职务技术成果的使用权、转让权属于法人或者非法人组织的，法人或者非法人组织可以就该项职务技术成果订立技术合同。法人或者非法人组织订立技术合同转让职务技术成果时，职务技术成果的完成人享有以同等条件优先受让的权利。职务技术成果是执行法人或者非法人组织的工作任务，或者主要是利用法人或者非法人组织的物质技术条件所完成的技术成果。因此，D项正确。

3. **答案**：BCD。《民法典》第860条规定，合作开发完成的发明创造，申请专利的权利属于合作开发的当事人共有；当事人一方转让其共有的专利申请权的，其他各方享有以同等条件优先受让的权利。但是，当事人另有约定的除外。合作开发的当事人一方声明放弃其共有的专利申请权的，除当事人另有约定外，可以由另一方单独申请或者由其他各方共同申请。申请人取得专利权的，放弃专利申请权的一方可以免费实施该专利。合作开发的当事人一方不同意申请专利的，另一方或者其他各方不得申请专利。本题中，乙不同意申请专利但是并没有声明放弃其共有的专利申请权，因此甲、丙不得申请专利，A项正确，不当选；B项、C项、D项错误，当选。

4. **答案**：BCD。《专利法》第6条第1款规定，执行本单位的任务或者主要是利用本单位的物质技术条件所完成的发明创造为职务发明创造。职务发明创造申请专利的权利属于该单位，申请被批准后，该单位为专利权人。该单位可以依法处置其职务发明创造申请专利的权利和专利权，促进相关发明创造的实施和运用。《专利法实施细则》第13条第1款规定："专利法第六条所称执行本单位的任务所完成的职务发明创造，是指……（三）退休、调离原单位后或者劳动、人事关系终止后1年内作出的，与其在原单位承担的本职工作或者原单位分配的任务有关的发明创造。"因此，调动工作后1年内作出的与其在原单位承担的本职工作有关的发明创造是职务发明创造，申请被批准后，单位为专利权人。本题中，乙于2023年3月辞职到丙公司，2024年1月开发出新型汽车节油装置技术，此时并没有超过1年，因此乙开发出的新型汽车节油装置技术仍然属于职务发明创造，申请专利的权利属于甲公司，申请被批准后，甲公司为专利权人。A项正确，不当选；B项、C项、D项错误，当选。

5. **答案**：BCD。《民法典》第853条规定，委托开发合同的研究开发人应当按照约定制定和实施研究开发计划，合理使用研究开发经费，按期完成研究开发工作，交付研究开发成果，提供有关的技术资料和必要的技术指导，帮助委托人掌握研究开发成果。第859条规定，委托开发完成的发明创造，除法律另有规定或者当事人另有约定外，申请专利的权利属于研究开发人。研究开发人取得专利权的，委托人可以依法实施该专利。研究开发人转让专利申请权的，委托人享有以同等条件优先受让的权利。由此，本题B项、C项、D项的说法是正确的。

6. **答案**：BCD。《专利法》第6条规定，执行本单位的任务或者主要是利用本单位的物质技术条件所完成的发明创造为职务发明创造。职务发明创造申请专利的权利属于该单位，申请被批准后，该单位为专利权人。该单位可以依法处置其职务发明创造申请专利的权利和专利权，促进相关发明创造的实施和运用。非职务发明创造，申请专利的权利属于发明人或者设计人；申请被批准后，该发明人或者设计人为专利权人。利用本单位的物质技术条件所完成的发明创造，单位与发明人或者设计人订有合同，对申请专利的权利和专利权的归属作出约定的，从其约定。《专利法实施细则》第13条规定："专利法第六条所称执行本单位的任务所完成的职务发明创造，是指：（一）在本职工作中作出的发明创造；（二）履行本单位交付的本职工作之外的任务所作出的发明创造；（三）退休、调离原单位后或者劳动、人事关系终止后1年内作出的，与其在原单位承担的本职工作或者原单位分配的任务有关的发明创造。专利法第六条所称本单位，包括临时工作单位；专利法第六条所称本单位的物质技术条件，是指本单位的资金、设备、零部件、原材料或者不对外公开的技术信息和资料等。"在A选项中，王某虽利用业余时间研发新鼠标，但王某在公司的职责就是研发鼠标，属于在本职工作中作出的发明创造，应为职务发明创造，专利申请权属于甲公司。所以，A选项正确，不选。B选项的道理同A选项，虽然王某没有利用甲公司的物质技术条件研发出新鼠标，但研发鼠标仍是其职责，是执行甲公司的任务，在本职工作中完成研发，因此专利申请权仍属于甲公司，所以B选项错误。在C选项中，只要主要是利用本单位的物质技术条件所完成的发明创造，均为职务发明创造，该新型手机的专利申请权也属于甲公司。所以，C选项错误。在D选项中，若王某在辞职后的1年内研发出新鼠标，其专利申请权仍属于甲公司，选项中并未交代时间界限，所以，D选项错误。综上，本题答案为B、C、D。

7. **答案**：AC。国际优先权是指申请人就发明、实用新型在外国首次提出专利申请之日起12个月内，或外观设计6个月内，又在中国就相同主题提出专利申请，依照该外国同中国签订的协议或者共同参加的国际条约，或者依照相互承认优先权的原则，可以要求优先权。优先权日视为申请日。发明的优先权期限为12个月，因此约翰在我国申请专利时，其申请日是2021年9月20日，我国发明专利权的期限为20年，自申请日起计算，专利权有效期截止于2041年9月20日，选项A、C是正确答案。

名词解释

1. **答案**：优先权包括本国优先权和外国优先权。所谓本国优先权是指申请人自发明或者实用新型在中国第一次提出专利申请之日起12个月内，或者自外观设计在中国第一次提出专利申请之日起6个月内又向国务院专利行政部门就相同主题提出专利申请的，可以享有优先权。所谓外国优先权是指申请人自发明或者实用新型在外国第一次提出专利申请之日起12个月内，或者自外观设计在外国第一次提出专利申请之日起6个月内，又在中国就相同主题提出专利申请的，依照该外国同中国签订的协议或者共同参加的国际条约，或者依照相互承认优先权的原则，可以享有优先权。

2. **答案**：职务发明创造是指本单位员工执行本单位的任务或者主要是利用本单位的物质技术条件所完成的发明创造。职务发明创造可分为两类，一类是执行本单位的任务所完成的发明创造，另一类主要是利用本单位的物质技术条件所完成的发明创造。执行本单位的任务或者主要是利用本单位的物质条件所完成的职务发明创造申请专利的权利属于该单位。

3. **答案**：委托发明是指以合同方式委托他人完成的发明创造。对于这类发明的权利归属，专利法和有关合同法均采取了合同优先的原则，即完全依照合同约定来确定委托开发的技术成果权利归属。如果合同约定不明或合同未对权利归属予以约定，法律作出了对受托方更为有利的规定，即权利归完成发明创造的一方。

4. **答案**：发明人是指完成发明创造的人。我国《专利法》将完成发明和实用新型的主体称为发明人，将完成外观设计的主体称为设计人。专利权人是指享有专利权的人。成为发明人必须满足如下条件：第一，发明人必须是直接参加发明创造活动的人。第二，发明人必须是对发明创造的实质性特点有创造性贡献的人。总之，只有在发明创造完成过程中对发明创造的构思以及构思的结构形式提出了具体的创造性见解的人才能被称作发明人。

5. **答案**：先发明制作为专利法授予专利的一条原则，也被称作先发明原则，其含义是当存在两个或两个以上申请人就相同发明申请专利时，专利局将按完成发明创造构思的时间先后决定将专利授予首先完成发明的人。

6. **答案**：合作发明或共同发明是指当一项发明创造为两人或两人以上共同完成时，这一发明创造即合作发明或称共同发明。完成发明创造的人即合作发明人。通常情况下合作发明的权利为合作发明人共有。

简答题

1. **答案**：优先权原则是指申请人在任一《巴黎公约》成员国首次提出正式专利申请后的一定期限内，又在其他《巴黎公约》成员国就同一内容的发明创造提出专利申请的，可将其首次申请日作为其后续申请的申请日。这种将后续申请的申请日提前至首次申请的申请日的权利便是优先权；在要求优先权时，首次申请日被称作优先权日；享有优先权的一定期限被称作优先权期。

   要求优先权必须具备一定的条件，依照《巴黎公约》，主要有这样几个条件：第一，主体合格，即提出优先权请求的人必须是享有优先权的人。在国际技术贸易中，专利权一般是不允许部分转让的，但优先权却可以独立于首次专利申请单独转让。这就是说，优先权人除可能是首次申请的申请人外，还可能是优先权的继受人。第二，首次专利申请必须是正式申请。根据《巴黎公约》第4条A（3），正式申请是指"足以确定在有关国家中提出申请的日期的申请，而不问该申请以后的结局如何"。只要申请符合申请地的专利法对专利申请的形式要求，甚至在形式上也可以不完全符合合格申请的要求。这是因为优先权一旦产生便独立于首次专利申请而存在，也正因如此，优先权才可以单独转让。第三，要求优先权的发明创造必须与首次申请属同一内容。如果要求优先权的内容超出首次申请中所记载的范围，这对公众来讲是不公平的。因为其超出部分可能是新提出的，故而不能将新提出的内容的申请日提前至优先权日。第四，必须在《巴黎公约》成员国范围内提出优先权请求，由于优先权原则是《巴黎公约》所确立的，因此其效力也只在巴黎公约成员国范围内。对于在非《巴黎公约》成员国是否可以提出优先权请求，则需视其国内法和国家间双边条约而定。第五，优先权请求只能在优先权期内提出。优先权的效力有一定的时间期限，超过了这一特定期限，优先权自然失效。不同的专利种类的优先权期限是不同的，发明专利和实用新型专利的优先权期限为12个月，外观设计专利的优先权期限为6个月，均从首次申请日（优先权日）起算。

   优先权制度的建立为国际专利申请提供了便利，但仅就一国内部而言，其设立优先权制度似乎仅仅是为首次在外国申请专利的人提供了方便，并未给在本国提交首次申请的人带来直接的利益。为此，不少国家的专利法在这种国际优先权制度的基础上，又建立了本国优先权制度。所谓本国优先权制度就是指在本国首次提出专利申请后，又就相同的主题再次向本国专利局提出申请的，可以在优先权期内享有优先权。外国人依照《巴黎公约》在公约成员国提出专利申请后可在优先权期内将改进后的技术方案一并在另一成员国申请专利，并可享受部分或多项优先权；引入本国优先权制度后，本国人同样也可以在本国就改进方案的专利申请享受同样的待遇。同时本国优先权制度还为本国人实现不同专利种类间转换创造了条件。

   优先权的效力体现在两个方面：一是在优先权期内，发明创造不因任何将该发明创造公布于世的行为而丧失新颖性；二是可以排除他人在优先权日后就同样的发明创造提出专利申请。

2. **答案**：专利权人是指享有专利的主体，专利申请人是指向国务院专利行政部门提交申请的主体。专利申请人在申请的专利获得授权后相应地成为专利权人，被驳回的则不能成为专利权人。同时专利权人可能不曾是专利申请人，专利权可以通过继承或转让获得。

3. **答案**：发明人，是指对发明创造的实质性特点作出创造性贡献的人。专利权人是指在国家知识产权局专利登记簿上记载的专利权的所有人。成为专利权人，有两种方法：（1）自己提出申请，经国家知识产权局审查合格，符合授权的条件，依法授予专利权。（2）通过继承或交易成为专利权人。专利权人可以是发明人，也可以是发明人以外的人。

4. **答案**：专利申请原则是指在专利申请的程序中应该遵守的原则。具体包括：第一，书面原则，是指申请人为获得专利权所需履行的手续都必须以书面形式办理。在实务中发明专利申请的申请文件主要有发明专利请求书、权利要求书、说明书等。第二，单一性原则，是指一件专利申请的内容只能包含一项发明创造，在一件专利申请中不能提出两项或者两项以上的发明创造。第三，先申请原则，是指两个以上的申请人分别就同样的发明创造申请专利的专利权授予最先申请的人。第四，优先权原则，是指申请人自发明或者实用新型在中国第一次提出专利申请之日起12个月内，或者自外观设计在中国第一次提出专利申请之日起6个月内，又向国务院专利行政部门就相同主题提出专利申请的，可以享有优先权。

案例分析题

答案：（1）乙公司具有提起行政诉讼的原告资格，或乙公司有权对恢复专利权的行政行为提起行政诉讼。因为专利局恢复甲公司的专利权将要或必然对乙公司产生损害，乙公司与恢复专利权的行政行为具有法律上的利害关系或法律上的权利义务关系。

《专利法》第65条规定："未经专利权人许可，实施其专利，即侵犯其专利权，引起纠纷的，由当事人协商解决；不愿协商或者协商不成的，专利权人或者利害关系人可以向人民法院起诉，也可以请求管理专利工作的部门处理。管理专利工作的部门处理时，认定侵权行为成立的，可以责令侵权人立即停止侵权行为，当事人不服的，可以自收到处理通知之日起十五日内依照《中华人民共和国行政诉讼法》向人民法院起诉……"《最高人民法院关于适用〈中华人民共和国行政诉讼法〉的解释》第12条规定："有下列情形之一的，属于行政诉讼法第二十五条第一款规定的'与行政行为有利害关系'：（一）被诉的行政行为涉及其相邻权或者公平竞争权的；（二）在行政复议等行政程序中被追加为第三人的；（三）要求行政机关依法追究加害人法律责任的；（四）撤销或者变更行政行为涉及其合法权益的；（五）为维护自身合法权益向行政机关投诉，具有处理投诉职责的行政机关作出或者未作出处理的；（六）其他与行政行为有利害关系的情形。"由于专利局恢复甲公司的专利权对乙公司将要或必然产生损害，乙公司与恢复专利权的行政行为具有法律上的利害关系，因此乙公司具有提起行政诉讼的原告资格。

（2）乙公司于2019年4月提起行政诉讼已经超过起诉期限。因为乙公司自2018年3月1日起已经知道或者应当知道提起行政诉讼的诉权或起诉期限，按照行政诉讼法及最高人民法院司法解释的规定，原告的起诉期限为6个月，从知道或者应当知道具体行政行为作出之日起计算，从知道具体行政行为内容之日起最长不超过1年。

《行政诉讼法》第46条第1款规定："公民、法人或者其他组织直接向人民法院提起诉讼的，应当自知道或者应当知道作出行政行为之日起六个月内提出。法律另有规定的除外。"《最高人民法院关于适用〈中华人民共和国行政诉讼法〉的解释》第64条第1款规定，行政机关作出行政行为时，未告知公民、法人或者其他组织起诉期限的，起诉期限从公民、法人或者其他组织知道或者应当知道起诉期限之日起计算，但从知道或者应当知道行政行为内容之日起最长不得超过1年。

第十一章　专利权的内容与限制

📋 多项选择题

答案：ABCD。本题中，甲公司将智能手机显示屏的发明专利权在中国大陆以独占许可方式许可给乙公司实施，依据我国《专利法》和《专利法实施细则》的规定，不同类型的许可合同中被许可人享有本题的诉讼地位，独占被许可人可以作为当事人单独起诉，故 A 选项错误。根据《专利法》第 47 条的规定，宣告无效的专利权视为自始即不存在。宣告专利权无效的决定，对在宣告专利权无效前人民法院作出并已执行的专利侵权的判决、调解书，已经履行或者强制执行的专利侵权纠纷处理决定，以及已经履行的专利实施许可合同和专利权转让合同，不具有追溯力。但是因专利权人的恶意给他人造成的损失，应当给予赔偿。依照前款规定不返还专利侵权赔偿金、专利使用费、专利权转让费，明显违反公平原则的，应当全部或者部分返还。由此可知 C 选项错误。对于 B 选项，法律未予以明确规定，在实务中倾向于驳回原告的诉讼请求，即在专利无效宣告前，不认为丙公司侵犯了专利实施权中的销售权，故 B 选项错误。根据《最高人民法院关于审理专利纠纷案件适用法律问题的若干规定》第 11 条的规定，人民法院受理的侵犯发明专利权纠纷案件或者经专利复审委员会审查维持专利权的侵犯实用新型、外观设计专利权纠纷案件，被告在答辩期间内请求宣告该项专利权无效的，人民法院可以不中止诉讼。故 D 选项错误。本题为选非题，故 A、B、C、D 选项均当选。

📚 名词解释

1. **答案**：专利权穷竭是指专利产品或者依照专利方法直接获得的产品，由专利权人或者经其许可的单位、个人售出后，使用、许诺销售、销售、进口该产品的不视为侵犯专利权。也称为专利权用尽、首次销售原则。

2. **答案**：先行实施是指如果在专利申请日前已经开始制造与专利产品相同的产品或者使用与专利相同的技术，或者已经作好制造、使用的准备，那么依法可以在原有范围内继续制造、使用该项技术。实施者的这种权利被称作先行实施权或简称先用权。

3. **答案**：临时过境是指临时通过中国领陆、领水、领空的外国运输工具，依照其所属国同中国签订的协议或者共同参加的国际条约，或者依照互惠原则，为运输工具自身需要而在其装置和设备中使用有关专利的，不视为侵犯专利权的制度。

4. **答案**：许诺销售，亦称提供销售或为销售而提供，简言之，就是明确表示愿意出售某种产品的行为。许诺销售，是以做广告、在商店橱窗中陈列或者在展销会上展出等方式作出的销售商品的意思表示。专利法领域所称的许诺销售，是为销售目的而向特定或非特定主体作出的愿意销售或将要销售专利产品包括依照专利方法直接获得的产品、愿意提供或将要提供专利方法的表示行为。

5. **答案**：强制许可，是指国务院专利行政部门依照《专利法》规定及具备实施条件的单位或个人的申请，不经专利权人同意，直接允许其他单位或个人实施其发明创造的一种许可方式，又称非自愿许可。

✏️ 简答题

1. **答案**：专利权人的权利是指权利人依法对获得专利权的发明创造所享有的控制、利用和支配权。它大体上可以分作以下几项：第一，专利权人享有自己实施其专利技术的权利。第二，专利权人有禁止他人实施其专利技术的权利。第三，专利权人有处分其专利的权利。第四，在产品或包装上注明专利标记的权利。

2. **答案**：（1）专利实施强制许可，是指国务院专利行政部门依照《专利法》规定及具备实施条件的单位或个人的申请，不经专利权人同意，直接允许其他单位或个人实施其发明创造的一种许可方式。其他单位或个人可在履行完法定手续后取得实施专利的许可，但仍应向专利权人缴纳专利实施许可费，又称非自愿许可。从法律主体的地位和法律程序上看，其具有以下几个方面的法律特征：①被许可主观上自愿，客观上处于相对主动的地位；②许可方主观上非自愿，客观上处于服从专利行政机关的强制许可决定以及使用费数额裁决的被动地位；③专利行政机关对是否给予强制许可具有决定权，在双方未能在强制许可裁决后对许可费达成一致时，还具有许可费数额的裁决权；④就专利行政机关的决定，各方当事人都有权通过司法途径进行质疑。

从法律性质来看，专利实施的强制许可构成对专利许可权的一种限制。只有经过专利行政机关作出强制许可的决定后，这种限制才成为事实。

（2）根据《专利法》第53条、第54条、第55条、第56条的规定，有以下几种事由引发的强制许可：第一，因国家紧急状态或者非常情况或者为了公共利益的目的而引发的强制许可。第二，因无正当理由未实施或者未充分实施专利而引发的强制许可。第三，因垄断行为而引发的强制许可。第四，为了公共健康目的而引发的强制许可。第五，因从属专利实施而引发的强制许可。

第十二章 专利权的利用

不定项选择题

答案：AB。专利独占实施许可合同属于技术许可合同，《民法典》第863条第2款规定，技术许可合同包括专利实施许可、技术秘密使用许可等合同，A选项正确。独占实施许可专利权人不得许可第三人实施该专利，其本人也不能使用该专利，B选项正确。独占实施许可合同的被许可人有权以自己的名义起诉侵权人，C选项错误。在A公司与B公司签订专利独占实施许可合同时，该实用新型专利有效期不足10年，根据《民法典》第865条"专利实施许可合同仅在该专利权的存续期限内有效。专利权有效期限届满或者专利权被宣告无效的，专利权人不得就该专利与他人订立专利实施许可合同"的规定，该合同期限不得超过该实用新型专利有限期，故D选项错误。

名词解释

1. **答案**：专利实施许可合同是指就专利权人或者其授权的人作为一方许可另一方，即被许可人在约定的范围内实施专利技术，被许可人依约支付专利实施许可费所订立的合同。

2. **答案**：专利权转让合同是指就专利权人作为转让方将其发明创造专利权移交受让方，受让方支付约定的转让费所订立的合同。专利权转让合同依照法律应当向专利局登记、公告之后才能对抗第三人。

简答题

1. **答案**：专利实施许可根据授予的权利与被许可人范围的不同，可分为独占实施许可、排他实施许可和普通实施许可。独占实施许可是专利权人授权仅一个被许可人在一定期限和地域范围内以特定的方式使用该专利，即使专利权人本人也不能使用。排他实施许可是指专利权人授权仅一个被许可人在一定期限和地域范围内以特定的方式使用该作品，但专利权人本人可以使用。普通实施许可是指专利权人授权被许可人在一定期限和地域范围内以特定的方式使用该专利，专利权人可以授权多人使用该专利，专利权人本人也可以使用该专利。

2. **答案**：专利权的转让是指专利权人将其专利权转移给受让方并收取约定价款的法律行为。专利权转让的条件可分为实体条件和形式条件。实体条件是指专利权转让方和受让方必须满足专利转让合同要求的条件，即双方具有一定的民事权利和民事能力，就合同的必要条款意思表示一致。形式条件是指符合《专利法》第10条第3款的规定，转让专利申请权或者专利权的，当事人应当订立书面合同，并向国务院专利行政部门登记，由国务院专利行政部门予以公告。专利申请权或者专利权的转让自登记之日起生效。专利权转让的程序是指专利权转让合同订立之后，向国务院专利行政部门登记，由国务院专利行政部门予以公告。

第十三章 侵害专利权的法律责任

☑ **单项选择题**

1. **答案：B**。无效宣告的专利权视为自始不存在，此前法院作出并已执行的专利侵权的判决、裁定，已经履行或者强制执行的专利侵权纠纷处理决定，以及已经履行的专利实施许可合同、专利权转让合同，均不具有追溯力，所以不能要求撤销实施许可合同，选项C错误。如果专利权人恶意致人损失，应予赔偿，本题中，甲并非恶意，所以选项A错误。如果不向被许可实施专利人或者专利权受让人返还专利使用费、转让费，显失公平的，专利权人、转让人应当向被许可实施人、受让人返还全部或者部分专利使用费、转让费，所以选项D错误，选项B正确。

2. **答案：D**。《专利法》第75条规定，有下列情形之一的，不视为侵犯专利权：（1）专利产品或者依照专利方法直接获得的产品，由专利权人或者经其许可的单位、个人售出后，使用、许诺销售、销售、进口该产品的；（2）在专利申请日前已经制造相同产品、使用相同方法或者已经作好制造、使用的必要准备，并且仅在原有范围内继续制造、使用的；（3）临时通过中国领陆、领水、领空的外国运输工具，依照其所属国同中国签订的协议或者共同参加的国际条约，或者依照互惠原则，为运输工具自身需要而在其装置和设备中使用有关专利的；（4）专为科学研究和实验而使用有关专利的；（5）为提供行政审批所需要的信息，制造、使用、进口专利药品或者专利医疗器械的，以及专门为其制造、进口专利药品或者专利医疗器械的。为生产经营目的使用或者销售不知道是未经专利权人许可而制造并售出的专利产品或者依照专利方法直接获得的产品，能证明其产品合法来源的，不承担赔偿责任，但要停止侵害，选项A、B、C都是侵害专利权的行为，选项D是正确答案。

3. **答案：A**。《专利法》第71条规定，侵犯专利权的赔偿数额按照权利人因被侵权所受到的实际损失或者侵权人因侵权所获得的利益确定；权利人的损失或者侵权人获得的利益难以确定的，参照该专利许可使用费的倍数合理确定。对故意侵犯专利权，情节严重的，可以在按照上述方法确定数额的1倍以上5倍以下确定赔偿数额。权利人的损失、侵权人获得的利益和专利许可使用费均难以确定的，人民法院可以根据专利权的类型、侵权行为的性质和情节等因素，确定给予3万元以上500万元以下的赔偿。赔偿数额还应当包括权利人为制止侵权行为所支付的合理开支。人民法院为确定赔偿数额，在权利人已经尽力举证，而与侵权行为相关的账簿、资料主要由侵权人掌握的情况下，可以责令侵权人提供与侵权行为相关的账簿、资料；侵权人不提供或者提供虚假的账簿、资料的，人民法院可以参考权利人的主张和提供的证据判定赔偿数额。本题中，甲因侵权行为受到的损失可以确定，因此甲因侵权行为受到的损失为乙应对甲赔偿的额度，具体计算为：甲因乙的侵权行为少销售100台，甲销售每件专利产品获利为2万元，共损失为200万元，A项正确，当选；B项、C项、D项错误，不当选。

4. **答案：B**。《专利法》第67条规定："在专利侵权纠纷中，被控侵权人有证据证明其实施的技术或者设计属于现有技术或者现有设计的，不构成侵犯专利权。"据此，本题中的乙公司可以无偿使用该技术而不构成侵犯专利权，D项表述合法；而既然可以使用该技术，那么便意味着当然可以在该技术基础上继续开发新技术，A项表述亦合法。《专利法》第45条规定："自国务院专利行政部门公告授予专利权之日起，任何单位或者个人认为该专利权的授予不符合本法有关规定的，可以请求国务院专利行政部门宣告该专利权无效。"第46条第2款规定："对国务院专利行政部门宣告专利权无效或者维持专利权的决定不服的，可以自收到通知之日起三个月内向人民法院起诉。人民法院应当通知无效宣告请求程序的对方当事人作为第三人参加诉讼。"由此可见，如果欲宣告专利权无效，不能直接诉请法院解决，而是必须先请求专利复审委员会宣告该专利无效；对专利复审委员会宣告专利权无效或者维持专利权的决定不服，才可以诉请法院。据此，B项表述不合法，C项表述合法。

5. 答案：D。《专利法》第11条第1款规定："发明和实用新型专利权被授予后，除本法另有规定的以外，任何单位或者个人未经专利权人许可，都不得实施其专利，即不得为生产经营目的制造、使用、许诺销售、销售、进口其专利产品，或者使用其专利方法以及使用、许诺销售、销售、进口依照该专利方法直接获得的产品。"由此，A项首先排除。《专利法》第77条规定："为生产经营目的使用、许诺销售或者销售不知道是未经专利权人许可而制造并售出的专利侵权产品，能证明该产品合法来源的，不承担赔偿责任。"可见，丙、丁的不知情销售和使用行为如能证明产品合法来源，可以不承担赔偿责任，但仍然构成侵权，应当停止相应行为。由此，B项、C项两项排除，D项正确。

6. 答案：A。《专利法》第29条第1款规定："申请人自发明或者实用新型在外国第一次提出专利申请之日起十二个月内，或者自外观设计在外国第一次提出专利申请之日起六个月内，又在中国就相同主题提出专利申请的，依照该外国同中国签订的协议或者共同参加的国际条约，或者依照相互承认优先权的原则，可以享有优先权。"所以本题中药品专利的保护期从2020年12月1日起计算，答案A正确。《专利法》第42条规定，发明专利权的期限为二十年，实用新型专利权和外观设计专利权的期限为十年，均自申请日起计算，由此，D项错误，不当选。

7. 答案：C。《专利法》第77条规定："为生产经营目的的使用、许诺销售或者销售不知道是未经专利权人许可而制造并售出的专利侵权产品，能证明该产品合法来源的，不承担赔偿责任。"《商标法》第64条第2款规定："销售不知道是侵犯注册商标专用权的商品，能证明该商品是自己合法取得并说明提供者的，不承担赔偿责任。"由此，本题的正确答案是C，即虽然该商场的行为构成侵权，应停止销售，但不需要承担赔偿责任。

8. 答案：D。《民法典》第867条规定，专利实施许可合同的被许可人应当按照约定实施专利，不得许可约定以外的第三人实施该专利，并按照约定支付使用费。按照该规定，甲公司不得许可其子公司乙公司实施该专利技术。所以，选项A错误。《专利法》第61条规定："取得实施强制许可的单位或者个人不享有独占的实施权，并且无权允许他人实施。"按照该规定，获得强制许可实施权的甲公司许可他人实施该专利技术，构成侵权。所以，选项B错误。《专利法》第77条规定："为生产经营目的的使用、许诺销售或者销售不知道是未经专利权人许可而制造并售出的专利侵权产品，能证明该产品合法来源的，不承担赔偿责任。"按照该规定，甲公司销售不知道是侵犯他人专利的产品并能证明该产品来源合法，无须承担赔偿责任，但是其仍构成侵权，应当承担停止侵害即停止销售的侵权责任。所以，C选项错误。《专利法》第75条规定："有下列情形之一的，不视为侵犯专利权……（五）为提供行政审批所需要的信息，制造、使用、进口专利药品或者专利医疗器械的，以及专门为其制造、进口专利药品或者专利医疗器械的。"所以，选项D正确。综上，本题正确答案为D。

9. 答案：A。《专利法》第11条第1款规定："发明和实用新型专利权被授予后，除本法另有规定的以外，任何单位或者个人未经专利权人许可，都不得实施其专利，即不得为生产经营目的制造、使用、许诺销售、销售、进口其专利产品，或者使用其专利方法以及使用、许诺销售、销售、进口依照该专利方法直接获得的产品。"依此规定，本题中，乙公司侵权属实，故尽管甲公司并不知情，但未经许可使用侵权设备，也构成侵犯专利权。再根据《专利法》第77条的规定，为生产经营目的使用、许诺销售或者销售不知道是未经专利权人许可而制造并售出的专利侵权产品，能证明该产品合法来源的，不承担赔偿责任；《最高人民法院关于审理侵犯专利权纠纷案件应用法律若干问题的解释（二）》第25条第1款规定："为生产经营目的使用、许诺销售或者销售不知道是未经专利权人许可而制造并售出的专利侵权产品，且举证证明该产品合法来源的，对于权利人请求停止上述使用、许诺销售、销售行为的主张，人民法院应予支持，但被诉侵权产品的使用者举证证明其已支付该产品的合理对价的除外。"本题中，甲公司与乙公司签订买卖合同，甲以市场价格购买乙公司生产的设备一台，甲公司对乙公司侵权的事实并不知情，这些事实意味着甲已经支付该产品的合理对价，所以对于丙提出的要求甲公司停止使用专利产品的主张，人民法院不应再予以支持。综上，本题"判令甲公司支付专利许可使用费""判令甲公司与乙公司承担连带责任""判令先由甲公司支付专利许可使用费，再由乙公司赔偿甲公司损失"的表述均错误，只有A选项表述正确。

10. **答案**：A。(1)《专利法》第11条第2款规定："外观设计专利权被授予后，任何单位或者个人未经专利权人许可，都不得实施其专利，即不得为生产经营目的制造、许诺销售、销售、进口其外观设计专利产品。"由该规定观之，实施外观设计专利的行为中不包含使用行为和许诺销售行为。本题中，M公司就其生产的一款高档轿车造型和颜色组合获得了外观设计专利权，某车行应车主陶某的请求，将陶某低价位的旧车改装成该高档轿车的造型和颜色，其中，车行的行为属于是为生产经营目的而制造，陶某则属于使用，所以，陶某的行为未侵犯M公司的专利权，而车行的行为则侵犯了M公司的专利权。由此可知本题A选项表达错误，B选项表达正确。

(2)《商标法》第57条规定："有下列行为之一的，均属侵犯注册商标专用权：（一）未经商标注册人的许可，在同一种商品上使用与其注册商标相同的商标的；（二）未经商标注册人的许可，在同一种商品上使用与其注册商标近似的商标，或者在类似商品上使用与其注册商标相同或者近似的商标，容易导致混淆的；（三）销售侵犯注册商标专用权的商品的；（四）伪造、擅自制造他人注册商标标识或者销售伪造、擅自制造的注册商标标识的；（五）未经商标注册人同意，更换其注册商标并将该更换商标的商品又投入市场的；（六）故意为侵犯他人商标专用权行为提供便利条件，帮助他人实施侵犯商标专用权行为的；（七）给他人的注册商标专用权造成其他损害的。"本题中，车行从报废的轿车上拆下"飞天神马"标志安装在改装车上，属于故意为侵犯他人商标专用权行为提供便利条件，帮助他人实施侵犯商标专用权的行为；陶某使用该改装车提供专车服务，属于未经商标注册人的许可，在同一种商品上使用与其注册商标相同的商标的行为。所以，陶某的行为和车行的行为均侵犯了M公司的商标权。由此，本题C、D选项表达均正确。

因为本题为选非题，所以A选项当选。

11. **答案**：C。《专利法》第11条第1款规定："发明和实用新型专利权被授予后，除本法另有规定的以外，任何单位或者个人未经专利权人许可，都不得实施其专利，即不得为生产经营目的制造、使用、许诺销售、销售、进口其专利产品，或者使用其专利方法以及使用、许诺销售、销售、进口依照该专利方法直接获得的产品。"第75条规定："有下列情形之一的，不视为侵犯专利权：（一）专利产品或者依照专利方法直接获得的产品，由专利权人或者经其许可的单位、个人售出后，使用、许诺销售、销售、进口该产品的；（二）在专利申请日前已经制造相同产品、使用相同方法或者已经作好制造、使用的必要准备，并且仅在原有范围内继续制造、使用的；（三）临时通过中国领陆、领水、领空的外国运输工具，依照其所属国同中国签订的协议或者共同参加的国际条约，或者依照互惠原则，为运输工具自身需要而在其装置和设备中使用有关专利的；（四）专为科学研究和实验而使用有关专利的；（五）为提供行政审批所需要的信息，制造、使用、进口专利药品或者专利医疗器械的，以及专门为其制造、进口专利药品或者专利医疗器械的。"

（1）A 选项"在 L 国购买由乙公司制造销售的该发动机，进口至我国销售"以及 B 选项"在我国购买由甲公司制造销售的该发动机，将发动机改进性能后销售"，均属于上述规定第 1 项规定的因"专利权用尽"而不构成侵犯专利权的情形，故不选。

（2）C 选项"在我国未经甲公司许可制造该发动机，用于各种新型汽车的碰撞实验，以测试车身的防撞性能"虽然属于上述规定第 4 项进行科学研究和实验，但是该规定中未经专利权人许可只有为科学研究和实验"使用"有关专利才不构成侵犯专利权，而本表述是属于"制造"，所以仍然构成侵犯专利权，C 选项当选。

（3）D 选项"在 L 国未经乙公司许可制造该发动机，安装在 L 国客运公司汽车上，该客车曾临时通过我国境内"属于上述规定第 3 项不构成侵犯专利权的情形。

由上可知，A、B、D 选项在我国均不属于侵犯专利权的情形。根据题目要求，C 选项为正确选项。

12. 答案：D。《最高人民法院关于审理侵犯专利权纠纷案件应用法律若干问题的解释（二）》第 25 条第 1 款规定："为生产经营目的使用、许诺销售或者销售不知道是未经专利权人许可而制造并售出的专利侵权产品，且举证证明该产品合法来源的，对于权利人请求停止上述使用、许诺销售、销售行为的主张，人民法院应予支持，但被诉侵权产品的使用者举证证明其已支付该产品的合理对价的除外。"本案中，甲公司获得专利权，乙公司在甲公司获得专利权后自主研发的技术不属于先用权，所以乙公司未经许可制造和销售的行为应认定为侵权行为，且需停止侵权，并承担赔偿责任，故 A 项错误。

丙公司和丁公司作为"善意销售者"，其销售行为虽然侵权，需停止侵权行为，但不承担赔偿责任，也不应被行政处罚，故 B、C 项错误。

戊公司作为"善意使用者"，其行为构成为生产经营目的的使用专利侵权产品，但有合法购货来源并支付了合理对价，因此不承担赔偿责任，且可以不停止使用，也无须支付费用，故 D 项正确。

✓ 多项选择题

1. 答案：BD。《最高人民法院关于适用〈中华人民共和国民事诉讼法〉的解释》第 2 条第 1 款规定："专利纠纷案件由知识产权法院、最高人民法院确定的中级人民法院和基层人民法院管辖。"所以，A 项错误。《专利法》第 66 条第 2 款规定，专利侵权纠纷涉及实用新型专利或者外观设计专利的，人民法院或者管理专利工作的部门可以要求专利权人或者利害关系人出具由国务院专利行政部门对相关实用新型或者外观设计进行检索、分析和评价后作出的专利权评价报告，作为审理、处理专利侵权纠纷的证据；专利权人、利害关系人或者被控侵权人也可以主动出具专利权评价报告。该条规定人民法院可以要求其提供证据，但在起诉时并非当然应该提供。所以，B 项正确。《专利法》第 64 条第 1 款规定："发明或者实用新型专利权的保护范围以其权利要求的内容为准，说明书及附图可以用于解释权利要求的内容。"所以，C 项错误。根据《民事诉讼法》的规定，当事人在法庭辩论终结前可变更其权利主张，所以 D 项正确。本题正确答案为 B、D。

2. 答案：BD。《专利法》第 12 条规定，任何单位或者个人实施他人专利的，应当与专利权人订立实施许可合同，向专利权人支付专利使用费。被许可人无权允许合同规定以外的任何单位或者个人实施该专利。由此可见，本题中乙的行为构成违约，应向甲承担违约责任，A项错误，B项正确。《专利法》第11条第1款规定，发明和实用新型专利权被授予后，除本法另有规定的以外，任何单位或者个人未经专利权人许可，都不得实施其专利，即不得为生产经营目的制造、使用、许诺销售、销售、进口其专利产品，或者使用其专利方法以及使用、许诺销售、销售、进口依照该专利方法直接获得的产品。因此，D项正确。基于合同的相对性，乙公司的专利独占实施权是针对专利权人甲公司而言的，是一种相对权。所以，戊公司的行为侵犯了甲公司的专利权，但是没有侵犯乙公司的专利独占实施权，C项错误。

3. 答案：ABC。本题考查专利侵权纠纷的相关规定。

《最高人民法院关于适用〈中华人民共和国民事诉讼法〉的解释》第2条第1款规定："专利纠纷案件由知识产权法院、最高人民法院确定的中级人民法院和基层人民法院管辖。"据此可知，专利纠纷案件由基层人民法院管辖。因此，A项错误。

《最高人民法院关于知识产权民事诉讼证据的若干规定》第3条规定："专利方法制造的产品不属于新产品的，侵害专利权纠纷的原告应当举证证明下列事实：（一）被告制造的产品与使用专利方法制造的产品属于相同产品；（二）被告制造的产品经由专利方法制造的可能性较大；（三）原告为证明被告使用了专利方法尽到合理努力。原告完成前款举证后，人民法院可以要求被告举证证明其产品制造方法不同于专利方法。"据此可知，B公司作为被告，不一定需要承担证明其产品制造方法不同于专利方法的举证责任，这取决于法院的要求。因此，B项错误。

《专利法》第67条规定："在专利侵权纠纷中，被控侵权人有证据证明其实施的技术或者设计属于现有技术或者现有设计的，不构成侵犯专利权。"据此可知，如果B公司可以证明自己实施的技术属于现有技术的，那么B公司的行为则不构成侵权，法院应当判决驳回A公司的诉讼请求，而非告知B公

司另行提起专利无效宣告程序。因此，C项说法错误。

《专利法》第71条第2款规定，权利人的损失、侵权人获得的利益和专利许可使用费均难以确定的，人民法院可以根据专利权的类型、侵权行为的性质和情节等因素，确定给予三万元以上五百万元以下的赔偿。因此，D项说法正确。

4. 答案：CD。（1）如果甲公司的专利有效，则丙公司于2022年12月至2023年11月使用甲公司的发明虽然不构成侵权，但应当支付发明专利申请公布后至专利权授予前使用该发明的适当使用费。由此，本题中A选项的说法错误。

（2）《最高人民法院关于审理专利纠纷案件适用法律问题的若干规定》第5条规定："人民法院受理的侵犯实用新型、外观设计专利权纠纷案件，被告在答辩期间内请求宣告该项专利权无效的，人民法院应当中止诉讼，但具备下列情形之一的，可以不中止诉讼：（一）原告出具的检索报告或者专利权评价报告未发现导致实用新型或者外观设计专利权无效的事由的；（二）被告提供的证据足以证明其使用的技术已经公知的；（三）被告请求宣告该项专利权无效所提供的证据或者依据的理由明显不充分的；（四）人民法院认为不应当中止诉讼的其他情形。"由此可知，本题中，如乙公司在答辩期内请求专利复审委员会宣告甲公司的专利权无效，因本领域技术人员通过拆解分析该洗衣机，即可了解其节水的全部技术特征，属于上述规定中"被告提供的证据足以证明其使用的技术已经公知"的情形，故法院可以不中止诉讼。故B选项说法错误。

（3）根据《专利法》第75条的规定，在专利申请日前已经制造相同产品、使用相同方法或者已经作好制造、使用的必要准备，并且仅在原有范围内继续制造、使用的，不视为侵犯专利权。本题中，甲公司于2021年6月申请发明专利权，专利局于2022年12月公布其申请文件，并于2023年12月授予发明专利权。乙公司于2021年5月开始销售该

种洗衣机。因此，乙公司如能证明自己在甲公司的专利申请日之前就已制造相同的洗衣机，且仅在原有制造能力范围内继续制造，则不构成侵权。由此可知 C 选项说法正确。

（4）根据《专利法》第 22 条的规定，授予专利权的发明和实用新型，应当具备新颖性、创造性和实用性：新颖性，是指该发明或者实用新型不属于现有技术，也没有任何单位或者个人就同样的发明或者实用新型在申请日以前向国务院专利行政部门提出过申请，并记载在申请日以后公布的专利申请文件或者公告的专利文件中；创造性，是指与现有技术相比，该发明具有突出的实质性特点和显著的进步，该实用新型具有实质性特点和进步；实用性，是指该发明或者实用新型能够制造或者使用，并且能够产生积极效果；本法所称现有技术，是指申请日以前在国内外为公众所知的技术。再根据《专利法》第 67 条的规定，在专利侵权纠纷中，被控侵权人有证据证明其实施的技术或者设计属于现有技术或者现有设计的，不构成侵犯专利权。本题中，甲公司和乙公司的技术完全相同，因此，丙公司如能证明自己制造销售的洗衣机在技术上与乙公司于 2021 年 5 月开始销售的洗衣机完全相同，法院即应认定丙公司的行为不侵权。由此可知 D 选项说法正确。

5. 答案：AC。《专利法》第 23 条规定："授予专利权的外观设计，应当不属于现有设计；也没有任何单位或者个人就同样的外观设计在申请日以前向国务院专利行政部门提出过申请，并记载在申请日以后公告的专利文件中。授予专利权的外观设计与现有设计或者现有设计特征的组合相比，应当具有明显区别。授予专利权的外观设计不得与他人在申请日以前已经取得的合法权利相冲突。本法所称现有设计，是指申请日以前在国内外为公众所知的设计。"冯某对其绘制的熊猫图案享有著作权，德乐公司的外观设计专利侵犯了冯某的著作权，且与此在先权利相冲突，冯某有权申请其专利无效。故 A 项正确。

《专利法》第 77 条规定："为生产经营目的的使用、许诺销售或者销售不知道是未经专利权人许可而制造并售出的专利侵权产品，能证明该产品合法来源的，不承担赔偿责任。"专利的善意侵权者包括善意的使用者和销售者，不包括制造者，伯恩公司未经许可制造了专利产品，无论是否知情都应当认定为侵权且应承担赔偿责任。故 B 项错误。

《专利法》第 11 条第 2 款规定："外观设计专利权被授予后，任何单位或者个人未经专利权人许可，都不得实施其专利，即不得为生产经营目的制造、许诺销售、销售、进口其外观设计专利产品。"外观设计专利权人控制的范围是"制造、许诺销售、销售、进口"的行为，不控制使用行为，喜登公司的行为属于"使用"行为，不属于权利人控制范围，不侵权。故 C 项正确，D 项错误。

6. 答案：AB。《专利法》第 11 条第 1 款规定："发明和实用新型专利权被授予后，除本法另有规定的以外，任何单位或者个人未经专利权人许可，都不得实施其专利，即不得为生产经营目的制造、使用、许诺销售、销售、进口其专利产品，或者使用其专利方法以及使用、许诺销售、销售、进口依照该专利方法直接获得的产品。"《最高人民法院关于审理侵犯专利权纠纷案件应用法律若干问题的解释》第 13 条规定："对于使用专利方法获得的原始产品，人民法院应当认定为专利法第十一条规定的依照专利方法直接获得的产品。对于将上述原始产品进一步加工、处理而获得后续产品的行为，人民法院应当认定属于专利法第十一条规定的使用依照该专利方法直接获得的产品。"本题中，乙公司未获得授权，私自采用该方法培育 C 型对虾，构成侵权。乙公司将 C 型对虾卖给丙公司（销售原始产品），以及丙公司用 C 型对虾生产虾酱（使用原始产品加工成后续产品），都构成侵权。故 A 项、B 项当选。丁超市向丙公司批发大量虾酱用于销售，这属于对后续产品的销售行为，不构成侵犯专利权。故 C 项不当选。根据《专利法》第 75 条的规定，戊科学研究所使用甲公司的专利方法是为了提升该专利方法，属于专为科学研究和实验而使用有关专利的情形，不视为专利侵权。故 D 项不当选。

📖 名词解释

1. **答案**：相同侵权是指被侵权技术方案包含了与权利要求书记载的全部技术特征相同的对应技术特征。
2. **答案**：等同侵权是相对字面侵权而言的，是指被诉技术方案有一个或者一个以上技术特征与权利要求中的相应技术特征从字面上看不同，但是属于等同特征。
3. **答案**：先用权是指专利申请之前，已有人制造相同产品，或使用相同方法，或者已作好制造或使用的必要准备，则在批准申请人的专利权以后，上述人员有在原范围内继续制造和使用的权利。国际上一般把"先用权"当作不能视为侵犯专利的情况之一。

优先权分为外国优先权和本国优先权。所谓外国优先权是指申请人自发明或者实用新型在外国第一次提出专利申请之日起 12 个月内，或者自外观设计在外国第一次提出专利申请之日起 6 个月内，又在中国就相同主题提出专利申请的，依照该外国同中国签订的协议或者共同参加的国际条约，或者依照相互承认优先权的原则，可以享有优先权，即以其在外国第一次提出申请之日为申请日。其原则同样适用于我国申请人向外国提出专利申请。所谓本国优先权是指申请人自发明或者实用新型在中国第一次提出专利申请之日起 12 个月内，又向专利局就相同主题提出专利申请的，可以享有优先权。外观设计不享有本国优先权。

✏️ 简答题

1. **答案**：侵害专利权行为的构成要件如下。（1）须被侵害的有效专利权在专利权有效期内。对于专利权期限届满、专利权被终止、专利权被宣告无效、专利权被撤销及专利权授予以前的专利，第三人实施的行为均不构成侵权。（2）未经权利人许可或没有合法依据实施了他人专利。（3）以生产经营为目的。《专利法》第 11 条规定，不得为生产经营目的实施侵权行为。（4）有法定的实施行为。《专利法》第 11 条规定不得实施以制造、使用、许诺销售、销售、进口其专利产品，或者使用其专利方法以及使用、许诺销售、销售、进口依照该专利方法直接获得的产品的行为，不得实施制造、许诺销售、销售、进口其外观设计专利产品的行为。

2. **答案**：侵害专利权承担的民事责任主要有三类：（1）停止侵害，是指责令侵害专利权的行为人立即停止正在实施的侵权行为。（2）赔偿损失，是指侵权人在造成专利权人经济损失后，人民法院责令侵权人赔偿的一种方式。《专利法》第 71 条及《最高人民法院关于审理侵害知识产权民事案件适用惩罚性赔偿的解释》规定了惩罚性赔偿制度。（3）销毁用于实施侵犯专利的材料、设备、零部件、中间物等其他民事责任。除停止侵害和赔偿损失外，侵权人还可能承担销毁产品。我国《最高人民法院关于审理侵犯专利权纠纷案件应用法律若干问题的解释（二）》第 21 条规定了相关内容。

3. **答案**：对于侵犯专利权纠纷的解决，被侵权人可以有两种选择：一是行政程序，即请求专利管理机关调处；二是司法途径，即向人民法院起诉。选择行政程序的有关当事人对跨地区或者跨部门的侵权纠纷，可向侵权行为发生地的专利管理机关或者侵权单位的上级主管部门的专利管理机关请求处理；对于专利管理机关调处决定不服，还可向人民法院起诉。

❓ 案例分析题

答案：（1）P2 并不无效，它属于 P1 的从属专利。所谓从属专利是指前后两项专利之间在技术上存在从属关系，即一项专利技术的必要技术特征包括了前一项有效专利的必要技术特征。这样，前一项专利属于在先专利（基本专利），后一项专利称为从属专利或附属专利（在后专利）。从属专利在采用在先专利技术方案的同时，又增加了新的技术内容，从而符合专利法规定的授予专利权的条件。P2 对 P1 进行了改进，与 P1 相比具有显著经济意义的重大技术进步，因此尽管其包含了 P1 的必要技术特征，仍然能够作为 P1 的从属专利获得合法的专利授权，B 公司的专利无效请求不能成立。

（2）B 公司不能进行现有技术抗辩，因为 B 公司的设计与 P2 基本相同，意味着其与 P1 相比，也存在新的必要技术特征，这些新的必要技术特征属于 P2 的权利要求，并不属于现有技术范围。

（3）B 公司侵犯了 P2 的专利权。B 公司的设计与 P2 基本相同，即其技术特征均与 P2 的独立权利要求中记载的全部必要技术特征相同，根据全面覆盖原则，构成侵权。

（4）B 公司侵犯了 P1 的专利权。B 公司的设计和 P2 基本相同，意味着该设计也在 P1 的基础上增加了新的必要技术特征。根据专利侵权认定的全面覆盖原则，无论被控侵权物与专利独立权利要求相比增加了多少技术特征，也无论增加的技术特征本身或与其他技术特征相结合产生的功能和效果如何，只要其技术特征覆盖了专利独立权利要求中的全部必要技术特征，根据全面覆盖原则，构成侵权。

第十四章 植物新品种权和集成电路布图设计权

✓ 单项选择题

1. 答案：C。根据《植物新品种保护条例》第 34 条的规定，品种权的保护期限，自授权之日起，木本、藤本植物为 25 年，其他植物为 20 年。

2. 答案：C。根据《集成电路布图设计保护条例》第 12 条的规定，布图设计专有权的保护期为 10 年，自布图设计登记申请之日或者在世界任何地方首次投入商业利用之日起计算，以较前日期为准。但是，无论是否登记或者投入商业利用，布图设计自创作完成之日起 15 年后，不再受本条例保护。

3. 答案：B。根据《集成电路布图设计保护条例》第 8 条第 1 款的规定，布图设计专有权经国务院知识产权行政部门登记产生。

4. 答案：B。根据《植物新品种保护条例》第 15 条的规定，授予品种权的植物新品种应当具备新颖性。授予品种权的植物新品种应当具备特异性。特异性，是指申请品种权的植物新品种应当明显区别于在递交申请以前已知的植物品种。

✓ 多项选择题

1. 答案：ABD。根据《植物新品种保护条例》第 12 条第 2 项的规定，农民自繁自用授权品种的繁殖材料，可以不经品种权人许可，不向其支付使用费，但是不得侵犯品种权人依照本条例享有的其他权利。故 C 不属于侵权行为。

2. 答案：AB。《集成电路布图设计保护条例》第 7 条规定："布图设计权利人享有下列专有权：（一）对受保护的布图设计的全部或者其中任何具有独创性的部分进行复制；（二）将受保护的布图设计、含有该布图设计的集成电路或者含有该集成电路的物品投入商业利用。"

3. 答案：AC。根据《集成电路布图设计保护条例》第 4 条的规定，受保护的布图设计应当具有独创性，即该布图设计是创作者自己的智力劳动成果，并且在其创作时该布图设计在布图设计创作者和集成电路制造者中不是公认的常规设计。受保护的由常规设计组成的布图设计，其组合作为整体应当符合前款规定的条件。

4. 答案：ABC。根据《植物新品种保护条例》第 13 条第 1 款的规定，为了国家利益或者社会公共利益，国务院农业农村、林业草原主管部门可以作出实施品种权强制许可的决定，并予以登记和公告。

✎ 简答题

答案：《植物新品种保护条例》第 37 条第 1 款规定了植物新品种权在保护期限届满前终止：（1）品种权人以书面声明放弃品种权的；（2）品种权人未按照规定缴纳年费的；（3）品种权人未按照国务院农业农村、林业草原主管部门的要求提供检测、测试所需的该授权品种的繁殖材料的；（4）经检测、测试该授权品种不再符合被授予品种权时的特征和特性的。

第三编　商标权与其他商业标记权

第十五章　商标权的对象

☑ **单项选择题**

1. **答案**：A。见《商标法》第 10 条、第 11 条对于商标使用的禁止性规定。

2. **答案**：C。商标的基本功能是识别商品或服务的来源。显著性要求是由商标的基本功能决定的。

3. **答案**：C。本题考查商标的类型。服务业经营者用于其提供的服务项目上的商标为服务商标。证明商标是指用以证明使用该商标的商品或服务的原产地、原材料、制作方法、质量或其他特定品质的商标。证明商标只能由具备对使用证明商标的商品或服务的质量具有监督能力的组织注册。商品商标是指使用于商品上，用于识别商品来源的商标。集体商标是指以团体、协会或其他组织的名义注册，供本组织成员在商事活动中使用，用以表明使用者在该组织中的成员资格的商标。据此，本题选 C。

4. **答案**：C。本题考查对注册商标的撤销。《商标法实施条例》第 66 条规定："有商标法第四十九条规定的注册商标无正当理由连续 3 年不使用情形的，任何单位或者个人可以向商标局申请撤销该注册商标，提交申请时应当说明有关情况。商标局受理后应当通知商标注册人，限其自收到通知之日起 2 个月内提交该注册商标在撤销申请提出前使用的证据材料或者说明不使用的正当理由；期满未提供使用的证据材料或者证据材料无效并没有正当理由的，由商标局撤销其注册商标。前款所称使用的证据材料，包括商标注册人使用注册商标的证据材料和商标注册人许可他人使用注册商标的证据材料。以无正当理由连续 3 年不使用为由申请撤销注册商标的，应当自该注册商标注册公告之日起满 3 年后提出申请。"

   而《商标法》第 49 条规定："商标注册人在使用注册商标的过程中，自行改变注册商标、注册人名义、地址或者其他注册事项的，由地方工商行政管理部门责令限期改正；期满不改正的，由商标局撤销其注册商标。注册商标成为其核定使用的商品的通用名称或者没有正当理由连续三年不使用的，任何单位或者个人可以向商标局申请撤销该注册商标。商标局应当自收到申请之日起九个月内做出决定。有特殊情况需要延长的，经国务院工商行政管理部门批准，可以延长三个月。"因此 C 正确。

5. **答案**：C。B 是中药牙膏的主要原料，B 这一标志仅仅直接表示牙膏的主要原料，由于其缺乏显著特征，不便于识别，一般而言，是不得作为商标注册的。但根据《商标法》第 11 条第 2 款的规定，不得作为商标注册的标志经过使用取得显著特征，并便于识别的，可以作为商标注册。B 就是一个通过使用获得显著特征的典型范例。由于其具有了显著特征，可以作为商标注册，实际上商标使用人也申请了注册并得到批准，其作为商标注册人享有商标专用权，其他牙膏厂未经其同意，不得在其产品上使用该商标。

6. **答案**：D。形象商标包括文字商标、图形商标、组合商标、立体商标；气味商标属于非形象商标。

7. **答案**：A。防御商标是指商标所有人在与注册商标所指定的商品和服务不同的其他类别商品或服务上注册同一商标。

8. **答案**：B。绿色食品标志是证明商标。

9. **答案**：A。联合商标是指商标权所有人在同一种商品或类似商品上注册的与主商标相近似的一系列商标。

10. 答案：D。见《商标法》第10条、第11条。
11. 答案：B。《商标法》第10条规定，带有欺骗性，容易使公众对商品的质量等特点或产地产生误认的标志不得作为商标使用。本题中，该企业的"病必治"商标明显具有夸大和欺骗的性质，因此不得作为商标使用。本题的正确答案为B。

多项选择题

1. 答案：ABCD。本题考查商标法所保护的注册商标的种类。《商标法》第4条规定："自然人、法人或者其他组织在生产经营活动中，对其商品或者服务需要取得商标专用权的，应当向商标局申请商标注册。不以使用为目的的恶意商标注册申请，应当予以驳回。本法有关商品商标的规定，适用于服务商标。"

《商标法实施条例》第4条规定："商标法第十六条规定的地理标志，可以依照商标法和本条例的规定，作为证明商标或者集体商标申请注册。以地理标志作为证明商标注册的，其商品符合使用该地理标志条件的自然人、法人或者其他组织可以要求使用该证明商标，控制该证明商标的组织应当允许。以地理标志作为集体商标注册的，其商品符合使用该地理标志条件的自然人、法人或者其他组织，可以要求参加以该地理标志作为集体商标注册的团体、协会或者其他组织，该团体、协会或者其他组织应当依据其章程接纳为会员；不要求参加以该地理标志作为集体商标注册的团体、协会或者其他组织的，也可以正当使用该地理标志，该团体、协会或者其他组织无权禁止。"据此，A、B、C、D四项都是正确的。

2. 答案：ACD。根据《商标法》第3条第1款的规定："经商标局核准注册的商标为注册商标，包括商品商标、服务商标和集体商标、证明商标；商标注册人享有商标专用权，受法律保护。"可见，正确答案为A、C、D。B项规定的防御商标是指同一人在不同类别的商品上使用的同一个商标，虽然这也是商标的一种，但是《商标法》未作规定，所以不符合题意。

3. 答案：ABC。本题考查三维标志作为商标的条件，《商标法》第12条规定："以三维标志申请注册商标的，仅由商品自身的性质产生的形状、为获得技术效果而需有的商品形状或者使商品具有实质性价值的形状，不得注册。"

4. 答案：ABD。根据我国现行商标法律的规定，气味商标并未纳入保护的范围。

5. 答案：AB。商标法并未禁止在一种商品上使用多件商标，据此A项正确。《商标法》第3条第1款规定："经商标局核准注册的商标为注册商标，包括商品商标、服务商标和集体商标、证明商标；商标注册人享有商标专用权，受法律保护。"也就是说，商标必须经过注册，才享有注册商标专用权。甲公司拥有"美多"注册商标，因此对其享有商标专用权，但"薰衣草"未经注册，甲公司对其不享有商标专用权，故B项正确。《最高人民法院关于审理涉及驰名商标保护的民事纠纷案件应用法律若干问题的解释》第13条规定："在涉及驰名商标保护的民事纠纷案件中，人民法院对于商标驰名的认定，仅作为案件事实和判决理由，不写入判决主文；以调解方式审结的，在调解书中对商标驰名的事实不予认定。"故C项错误。《商标法》第11条规定："下列标志不得作为商标注册：（一）仅有本商品的通用名称、图形、型号的；（二）仅直接表示商品的质量、主要原料、功能、用途、重量、数量及其他特点的；（三）其他缺乏显著特征的。前款所列标志经过使用取得显著特征，并便于识别的，可以作为商标注册。"本题中，"薰衣草"已经被消费者所熟知，取得显著特征，因此D项错误。

6. 答案：ABCD。如果在商品上不便标明的，可以在包装、商品说明书以及其他附着物上标明。

7. 答案：AB。选项C、选项D的内容在商标法修改以后，可以作为商标使用，但不能作为商标注册。具体参见《商标法》第11条、第12条的规定。

8. **答案**：ABCD。本题考查注册商标标记应标记处。

《商标法实施条例》第63条规定："使用注册商标，可以在商品、商品包装、说明书或者其他附着物上标明'注册商标'或者注册标记。注册标记包括⓴和®。使用注册标记，应当标注在商标的右上角或者右下角。"其中D项答案可算作"其他附着物"。

9. **答案**：AD。集体商标是指以团体、协会或者其他组织名义注册，供该组织成员在商事活动中使用，以表明使用者在该组织中的成员资格的标志。证明商标，又称保证商标，是指由对某种商品或者服务具有监督能力的组织所控制，而由该组织以外的单位或者个人使用于其商品或者服务，用以证明该商品或者服务的原产地、原料、制造方法、质量或者其他特定品质的标志。本题中"河川"符合上面集体商标的含义，但不符合证明商标的含义。此外，虽然"河川"商标使用了县级以上行政区划名称，但因为属于集体商标，立法作为例外许可。故A选项正确；B、C选项错误。超市在销售该批荔枝时，在荔枝包装上还加贴了自己的注册商标"盛联"，这属于服务商标，不构成侵权。故D选项正确。

10. **答案**：ABCD。《商标法》第10条规定："下列标志不得作为商标使用：（一）同中华人民共和国的国家名称、国旗、国徽、国歌、军旗、军徽、军歌、勋章等相同或者近似的，以及同中央国家机关的名称、标志、所在地特定地点的名称或者标志性建筑物的名称、图形相同的；（二）同外国的国家名称、国旗、国徽、军旗等相同或者近似的，但经该国政府同意的除外；（三）同政府间国际组织的名称、旗帜、徽记等相同或者近似的，但经该组织同意或者不易误导公众的除外；（四）与表明实施控制、予以保证的官方标志、检验印记相同或者近似的，但经授权的除外；（五）同'红十字'、'红新月'的名称、标志相同或者近似的；（六）带有民族歧视性的；（七）带有欺骗性，容易使公众对商品的质量等特点或者产地产生误认的；（八）有害于社会主义道德风尚或者有其他不良影响的。县级以上行政区划的地名或者公众知晓的外国地名，不得作为商标。但是，地名具有其他含义或者作为集体商标、证明商标组成部分的除外；已经注册的使用地名的商标继续有效。"

《商标法》第11条规定："下列标志不得作为商标注册：（一）仅有本商品的通用名称、图形、型号的；（二）仅直接表示商品的质量、主要原料、功能、用途、重量、数量及其他特点的；（三）其他缺乏显著特征的。前款所列标志经过使用取得显著特征，并便于识别的，可以作为商标注册。"

名词解释

1. **答案**：商标是经营者为了使自己的商品或服务与他人的商品或服务相区别而使用的识别标记。

2. **答案**：服务商标是经营者为将自己提供的服务与他人的服务相区别而使用的商标。

3. **答案**：集体商标是指以团体、协会或其他组织的名义注册，供本组织成员在商事活动中使用，用以表明使用者在该组织中的成员资格的商标。

4. **答案**：证明商标是指由对某种商品或者服务具有监督能力的组织控制的，而由该组织以外的单位或者个人使用于其商品或者服务，用以证明该商品或者服务的原产地、原料、制造方法、质量或者其他特定品质的标志。

5. **答案**：联合商标是指同一商标所有人在同一种或类似商品上注册的若干近似商标，在这些近似商标中，首先或者主要使用的商标为主商标，其他商标为联合商标。

6. **答案**：防御商标是指同一商标所有人在不同类别的若干商品上注册的相同的商标。最先注册的商标是主商标，其他商标是防御商标。

简答题

1. **答案**：商标与其他商业标志（如商号、地理标志、商业外观）的主要区别在于：

（1）功能不同：商标用于区分商品/服务来源（如"耐克"运动鞋）；商号标识企

业主体（如"腾讯公司"）；地理标志标示产地+品质（如"法国香槟"）；商业外观保护整体视觉形象（如可口可乐瓶型）。

（2）法律依据不同：商标权依《商标法》注册取得；商号依《市场主体登记管理条例》自动获得；地理标志受《地理标志产品保护规定》约束；商业外观常通过《反不正当竞争法》保护。

（3）权利范围不同：商标保护具有跨类别、地域性（注册地有效），而商号保护限于登记辖区，地理标志由产地生产者集体共用。

（4）本质区别：商标的核心是防止商品/服务来源混淆，其他标志则侧重主体身份、产地属性或整体形象识别。

2. **答案**：商标作为一种重要的商业标识，具有以下核心功能：

（1）识别商品或服务来源。通过独特的文字、图形、字母等组合，帮助消费者快速识别商品或服务的提供者，避免与其他经营者的标识混淆。来源识别功能是商标最基本的功能。

（2）保证商品或服务质量。商标与产品质量挂钩，消费者通常会通过商标联想到企业的信誉和产品的品质，形成消费者对品牌的品质预期。企业为维护商标声誉，会持续把控产品质量，形成"商标-品质"的良性循环。

（3）传播品牌与市场推广。简洁醒目的商标便于在广告、包装、宣传中传播，降低消费者的记忆成本。通过长期使用和市场推广，商标逐渐积累知名度和美誉度，成为企业品牌资产的重要组成部分。

（4）承载企业文化与情感价值。部分商标通过设计理念、历史故事等传递企业价值观，与消费者建立情感共鸣。知名商标甚至可能成为行业或地域的文化象征，如"茅台"商标与中国白酒文化深度绑定。

商标既是商业标识，也是法律符号，兼具识别、品质保证、品牌传播、竞争保护及情感价值等多重功能，是企业经营和市场竞争中不可缺的战略资源。

3. **答案**：商标显著性是指商标标识具有显著特征，能够将使用人的商品或服务与他人的商品或服务区别开来。《商标法》第9条第1款规定："申请注册的商标，应当有显著特征，便于识别，并不得与他人在先取得的合法权利相冲突。"

商标显著性分为固有显著性和获得显著性。固有显著性是指标志本身表达的含义能够使消费者将该标志与特定商品或服务相联系的功能。一般而言，具有独创性的标志具有较强的固有显著性。获得显著性是指标志本身在第一含义上并不具有显著性，而是通过后续使用建立了与商品或者服务之间的联系。如一些原本是通用名称、描述性标志以及三维标志等可以通过长期使用获得显著性。《商标法》第11条第2款规定："前款所列标志经过使用取得显著特征，并便于识别的，可以作为商标注册。"例如"冷酸灵""两面针"本来属于用以描述所标识商品牙膏的质量特点和原材料的，缺乏显著性的标志，但是，由于长期的使用和广泛宣传，消费者已经将其视为特定牙膏的商标，取得了显著性，因此被核准注册。

4. **答案**：相同点：

（1）功能相同：都是商标的一种类型，本质上都具有识别性，在一定程度上能够帮助消费者区分不同的商品或服务，避免混淆。

（2）法律保护相同：无论是证明商标还是普通商标，只要依法注册，都受到法律的保护，未经授权使用他人的注册商标都属于侵权行为，需承担相应的法律责任。

（3）都可以转让：证明商标和普通商标在符合相关法律规定的情况下，都可以进行转让。

不同点：

（1）功能侧重不同：普通商标主要用于区分不同经营者的商品或服务来源，表明商品或服务出自某一经营者。证明商标则主要用于证明商品或服务的特定品质、特点等，如原产地、原料、制造方法、质量、精确度等。

（2）注册主体不同：普通商标的注册申

请人只需是依法登记的经营者，可以是自然人、法人或其他组织。证明商标的注册人必须是依法成立，具有法人资格，且对商品和服务的特定品质具有检测和监督能力的组织。

（3）申请要求不同：普通商标只需按《商标法》及《商标法实施条例》规定提交申请。证明商标申请注册时必须按照《集体商标、证明商标注册和管理办法》规定，提交管理规则，详细说明商标的使用条件、检测监督方式等。

（4）使用方式不同：普通商标必须在自己经营的商品或服务上使用该注册商标，注册人既可以自己使用，也可以许可他人使用，许可使用时需签订许可合同。证明商标的注册人不能在自己经营的商品或服务上使用该证明商标，只能允许符合其规定条件的人在他们提供的商品或服务上使用，且许可使用需依相关规定履行手续，发给《准用证》。

（5）受让人资格不同：普通商标的受让者包括依法登记的个体工商户、合伙人等多种主体。证明商标的受让人必须是依法成立，具有法人资格和具有检测和监督能力的组织。

（6）商标失效后限制不同：证明商标失效两年内商标局不得核准与之相同或近似的商标注册。普通商标则只需一年，商标局就可以核准与之相同或近似的商标注册。

第十六章 商标权的取得和消灭

☑ 单项选择题

1. 答案： B。见《商标法》第40条规定："注册商标有效期满，需要继续使用的，商标注册人应当在期满前十二个月内按照规定办理续展手续；在此期间未能办理的，可以给予六个月的宽展期。每次续展注册的有效期为十年，自该商标上一届有效期满次日起计算。期满未办理续展手续的，注销其注册商标。商标局应当对续展注册的商标予以公告。"

2. 答案： D。参见《商标法》第40条规定。

3. 答案： B。本题考查的是商标的续展。

《商标法》第39条规定："注册商标的有效期为十年，自核准注册之日起计算。"第40条规定："注册商标有效期满，需要继续使用的，商标注册人应当在期满前十二个月内按照规定办理续展手续；在此期间未能办理的，可以给予六个月的宽展期。每次续展注册的有效期为十年，自该商标上一届有效期满次日起计算。期满未办理续展手续的，注销其注册商标。商标局应当对续展注册的商标予以公告。"《商标法》第50条规定："注册商标被撤销、被宣告无效或者期满不再续展的，自撤销、宣告无效或者注销之日起一年内，商标局对与该商标相同或者近似的商标注册申请，不予核准。"题中该商标期满未续展尚未超过1年，因此不予核准，选B。

4. 答案： C。见《商标法》第40条。

5. 答案： D。见《商标法》第33条规定："对初步审定公告的商标，自公告之日起三个月内，在先权利人、利害关系人认为违反本法第十三条第二款和第三款、第十五条、第十六条第一款、第三十条、第三十一条、第三十二条规定的，或者任何人认为违反本法第四条、第十条、第十一条、第十二条、第十九条第四款规定的，可以向商标局提出异议。公告期满无异议的，予以核准注册，发给商标注册证，并予公告。"

6. 答案： C。《商标法》第34条规定："对驳回申请、不予公告的商标，商标局应当书面通知商标注册申请人。商标注册申请人不服的，可以自收到通知之日起十五日内向商标评审委员会申请复审。商标评审委员会应当自收到申请之日起九个月内做出决定，并书面通知申请人。有特殊情况需要延长的，经国务院工商行政管理部门批准，可以延长三个月。当事人对商标评审委员会的决定不服的，可以自收到通知之日起三十日内向人民法院起诉。"

7. 答案： B。《商标法实施条例》第18条规定："商标注册的申请日期以商标局收到申请文件的日期为准。商标注册申请手续齐备、按照规定填写申请文件并缴纳费用的，商标局予以受理并书面通知申请人；申请手续不齐备、未按照规定填写申请文件或者未缴纳费用的，商标局不予受理，书面通知申请人并说明理由。申请手续基本齐备或者申请文件基本符合规定，但是需要补正的，商标局通知申请人予以补正，限其自收到通知之日起30日内，按照指定内容补正并交回商标局。在规定期限内补正并交回商标局的，保留申请日期；期满未补正的或者不按照要求进行补正的，商标局不予受理并书面通知申请人。本条第二款关于受理条件的规定适用于办理其他商标事宜。"

8. 答案： D。注册商标变更注册人地址必须提出变更申请。见《商标法》第41条。

9. 答案： C。《商标法》第33条规定，商标的异议应向商标局提出。异议的对象，是初步审定的商标。异议的期限，是公告之日起三个月内。对于不得作为商标使用或注册的标志，提起异议的主体可以是任何人。因此，本题正确选项为C。

10. **答案**：B。《商标法》第28条至第38条规定了商标注册申请的审查、核准，其程序为确定申请日→实质审查→初步审定并公告→异议→核准注册。

11. **答案**：B。本题考查商标注册的申请日期的确定。我国一直采用"到达主义"。

12. **答案**：D。根据《商标法实施条例》第18条第1款的规定，商标注册的申请日期以商标局收到申请文件的日期为准，因此选项D是正确的。选项A、B、C是确定当事人向商标局或者国家知识产权局提交文件或者材料的日期的标准。

13. **答案**：C。《商标法》第30条规定"申请注册的商标，凡不符合本法有关规定或者同他人在同一种商品或者类似商品上已经注册的或者初步审定的商标相同或者近似的，由商标局驳回申请，不予公告"，可知选项C是正确的。根据《商标法》第33条的规定，对初步审定的商标，任何人都可以提出异议，所以选项A错误。根据《商标法》第33条的规定，3个月的异议期间是从公告之日起计算的，因此选项B不正确。《商标法》第34条规定，当事人对商标评审委员会的决定或者裁定不服的，可以自收到通知之日起30日内向人民法院起诉。

14. **答案**：C。《商标法》第50条规定："注册商标被撤销、被宣告无效或者期满不再续展的，自撤销、宣告无效或者注销之日起一年内，商标局对与该商标相同或者近似的商标注册申请，不予核准。"

15. **答案**：D。《商标法》第18条第2款规定："外国人或者外国企业在中国申请商标注册和办理其他商标事宜的，应当委托依法设立的商标代理机构办理。"据此，外国企业在我国申请注册商标，委托依法设立的商标代理机构代理即可，并非必须委托在我国依法成立的律师事务所代理，选项A错误。《商标法》第17条规定："外国人或者外国企业在中国申请商标注册的，应当按其所属国和中华人民共和国签订的协议或者共同参加的国际条约办理，或者按对等原则办理。"按照该规定，外国企业在我国申请注册商标，可以按照其所属国与我国签订的协议办理，或按照对等原则办理，选项B、C错误。在我国申请注册商标，只要符合授予注册商标的标准，即可获准注册，选项D正确。综上，本题正确答案为D。

16. **答案**：D。依《商标法》第57条以及《商标法实施条例》第75条、第76条的规定，本题中A、B、C选项均为合法正常的销售行为，不属于侵犯注册商标专用权，但D选项中丁的行为属于侵犯注册商标专用权的行为。故D选项当选。

17. **答案**：A。《商标法》第15条规定："未经授权，代理人或者代表人以自己的名义将被代理人或者被代表人的商标进行注册，被代理人或者被代表人提出异议的，不予注册并禁止使用。就同一种商品或者类似商品申请注册的商标与他人在先使用的未注册商标相同或者近似，申请人与该他人具有前款规定以外的合同、业务往来关系或者其他关系而明知该他人商标存在，该他人提出异议的，不予注册。"第32条规定："申请商标注册不得损害他人现有的在先权利，也不得以不正当手段抢先注册他人已经使用并有一定影响的商标。"第19条规定："商标代理机构应当遵循诚实信用原则，遵守法律、行政法规，按照被代理人的委托办理商标注册申请或者其他商标事宜；对在代理过程中知悉的被代理人的商业秘密，负有保密义务。委托人申请注册的商标可能存在本法规定不得注册情形，商标代理机构应当明确告知委托人。商标代理机构知道或者应当知道委托人申请注册的商标属于本法第四条、第十五条和第三十二条规定情形的，不得接受其委托。商标代理机构除对其代理服务申请商标注册外，不得申请注册其他商标。"根据上述规定，本题中A选项"乙公司委托注册'实耐'商标"属于以不正当手段抢先注册他人已经使用并有一定影响的商标，违反第32条的规定，所以该商标代理机构不得接受委托，A选项表达正确，当选；D选项"该商标代理机构自行注册'捷驰'商标，用于转让给经营汽车轮胎的企业"属于商标代理机构不得申请注册的范围，违反第19条的规定，行为不正确，应排除该选项。

《商标法》第11条第1款规定："下列标志不得作为商标注册：（一）仅有本商品的通用名称、图形、型号的；（二）仅直接表示商品的质量、主要原料、功能、用途、重量、数量及其他特点的；（三）其他缺乏显著特征的。"第12条规定："以三维标志申请注册商标的，仅由商品自身的性质产生的形状、为获得技术效果而需有的商品形状或者使商品具有实质性价值的形状，不得注册。"第16条规定："商标中有商品的地理标志，而该商品并非来源于该标志所标示的地区，误导公众的，不予注册并禁止使用；但是，已经善意取得注册的继续有效。前款所称地理标志，是指标示某商品来源于某地区，该商品的特定质量、信誉或者其他特征，主要由该地区的自然因素或者人文因素所决定的标志。"再依上述第19条的规定可知，本题B选项"乙公司委托注册'营盘轮胎'商标"以及C选项"乙公司委托注册普通的汽车轮胎图形作为商标"，均属于委托人申请注册的商标可能存在本法规定不得注册情形的，商标代理机构应当明确告知委托人，而非"商标代理机构不得接受委托"，故B、C选项表达不正确，应排除该两个选项。

18. 答案：B。（1）根据《商标法》第7条的规定，申请注册和使用商标，应当遵循诚实信用原则。依《商标法》第15条第2款的规定，就同一种商品或者类似商品申请注册的商标与他人在先使用的未注册商标相同或者近似，申请人与该他人具有前款规定以外的合同、业务往来关系或者其他关系而明知他人商标存在，该他人提出异议的，不予注册。《商标法》第32条还规定，申请商标注册不得损害他人现有的在先权利，也不得以不正当手段抢先注册他人已经使用并有一定影响的商标。这些规定的目的即主要在于防止将他人已经在先使用的商标抢先进行注册，更加有效地遏制频发的商标抢注现象。本题中，韦某开设了"韦老四"煎饼店，在当地颇有名气，肖某就餐饮服务注册了"韦老四"商标，显然是违反上述规定的非法商标抢注行为，如肖某注册"韦老四"商标后立即起诉韦某侵权，韦某并不需要承担赔偿责任。故A选项说法错误，B选项说法正确。

（2）根据《商标法》第44条的规定，已经注册的商标，如果是以欺骗手段或者其他不正当手段取得注册的，由商标局宣告该注册商标无效；其他单位或者个人可以请求商标评审委员会宣告该注册商标无效。再依《商标法》第45条的规定，已经注册的商标，违反《商标法》第32条规定的，自商标注册之日起5年内，在先权利人或者利害关系人可以请求商标评审委员会宣告该注册商标无效；对恶意注册的，驰名商标所有人不受5年的时间限制。由此可知，本题中C、D选项说法错误。

综上可知本题只有B选项说法正确，当选。

19. 答案：A。《商标法》第6条规定："法律、行政法规规定必须使用注册商标的商品，必须申请商标注册，未经核准注册的，不得在市场销售。"目前的理解是人用药品和烟草制品必须使用注册商标。另外，根据《烟草专卖法》第19条第1款的规定，卷烟、雪茄烟和有包装的烟丝必须申请商标注册，未经核准注册的，不得生产、销售。所以正确答案是A。

20. 答案：A。本题考查外国企业在中国如何申请商标注册。B项，H国该公司若在中国设立独资公司，则该公司为中国法人，当然可以申请商标注册；C项，独资公司申请商标注册，自然是以自己独资公司的名义；D项则指的是受让注册商标，这不违反商标法。唯有A项错误，因为我国《商标法》第17条规定："外国人或者外国企业在中国申请商标注册的，应当按其所属国和中华人民共和国签订的协议或者共同参加的国际条约办理，或者按对等原则办理。"

21. 答案：C。本题考查有关商标申请注册的法律规定。《商标法实施条例》第5条规定：

"当事人委托商标代理机构申请商标注册或者办理其他商标事宜,应当提交代理委托书。代理委托书应当载明代理内容及权限;外国人或者外国企业的代理委托书还应当载明委托人的国籍。外国人或者外国企业的代理委托书及与其有关的证明文件的公证、认证手续,按照对等原则办理。申请商标注册或者转让商标,商标注册申请人或者商标转让受让人为外国人或者外国企业的,应当在申请书中指定中国境内接收人负责接收商标局、商标评审委员会后继商标业务的法律文件。商标局、商标评审委员会后继商标业务的法律文件向中国境内接收人送达。商标法第十八条所称外国人或者外国企业,是指在中国没有经常居所或者营业所的外国人或者外国企业。"因此 A 项不对。《商标法》第 22 条第 1 款规定:"商标注册申请人应当按规定的商品分类表填报使用商标的商品类别和商品名称,提出注册申请。"因此 B 项不对。《商标法》第 31 条规定:"两个或者两个以上的商标注册申请人,在同一种商品或者类似商品上,以相同或者近似的商标申请注册的,初步审定并公告申请在先的商标;同一天申请的,初步审定并公告使用在先的商标,驳回其他人的申请,不予公告。"《商标法实施条例》第 19 条规定:"两个或者两个以上的申请人,在同一种商品或者类似商品上,分别以相同或者近似的商标在同一天申请注册的,各申请人应当自收到商标局通知之日起 30 日内提交其申请注册前在先使用该商标的证据。同日使用或者均未使用的,各申请人可以自收到商标局通知之日起 30 日内自行协商,并将书面协议报送商标局;不愿协商或者协商不成的,商标局通知各申请人以抽签的方式确定一个申请人,驳回其他人的注册申请。商标局已经通知但申请人未参加抽签的,视为放弃申请,商标局应当书面通知未参加抽签的申请人。"因此 C 项正确。《商标法实施条例》第 6 条规定:"申请商标注册或者办理其他商标事宜,应当使用中文。依照商标法和本条例规定提交的各种证件、证明文件和证据材料是外文的,应当附送中文译文;未附送的,视为未提交该证件、证明文件或者证据材料。"

22. **答案**:B。《商标法》第 54 条规定:"对商标局撤销或者不予撤销注册商标的决定,当事人不服的,可以自收到通知之日起十五日内向商标评审委员会申请复审。商标评审委员会应当自收到申请之日起九个月内做出决定,并书面通知当事人。有特殊情况需要延长的,经国务院工商行政管理部门批准,可以延长三个月。当事人对商标评审委员会的决定不服的,可以自收到通知之日起三十日内向人民法院起诉。"2019 年 2 月 15 日,国家知识产权局网站发布了《关于变更业务用章及相关表格/书式的公告》,公告中提到了"根据中央机构改革部署,国家知识产权局原专利复审委员会并入国家知识产权局专利局,原国家工商行政管理总局商标局、商标评审委员会、商标审查协作中心整合为国家知识产权局商标局,不再保留专利复审委员会、商标评审委员会、商标审查协作中心。"因此,应向国家知识产权局申请复审。

23. **答案**:B。《商标法》第 24 条规定:"注册商标需要改变其标志的,应当重新提出注册申请。"第 41 条规定:"注册商标需要变更注册人的名义、地址或者其他注册事项的,应当提出变更申请。"可见,改变注册标志需要重新提出注册申请,而变更注册人的名义、地址或者其他注册事项的需要提出变更申请。甲公司要将"霞露"商标改成"露霞"属于改变注册标志,应当重新提出注册申请,A 项错误,不当选。《商标法》第 57 条第 2 项规定:"有下列行为之一的,均属侵犯注册商标专用权:……(二)未经商标注册人的许可,在同一种商品上使用与其注册商标近似的商标,或者在类似商品上使用与其注册商标相同或者近似的商标,容易导致混淆……"甲公司的"霞露"用于日用化妆品上,乙公司在化妆品上擅自使用"露霞"为商标,属于在同一种商品上使用与其注册商标近似的商标,构成侵权,甲公司有权禁止,B 项正确,当选。《商标法》第49条第2款规定："注册商标成为其核定使用的商品的通用名称或者没有正当理由连续三年不使用的，任何单位或者个人可以向商标局申请撤销该注册商标。商标局应当自收到申请之日起九个月内做出决定。有特殊情况需要延长的，经国务院工商行政管理部门批准，可以延长三个月。"因此，甲公司因经营不善连续三年停止使用该商标，该商标可能被撤销而不是注销，C项错误，不当选。《商标法》第42条第1款规定："转让注册商标的，转让人和受让人应当签订转让协议，并共同向商标局提出申请。受让人应当保证使用该注册商标的商品质量。"D项认为甲公司应单独向商标局提出转让申请是错误的。综上所述，本题正确答案为B。

24. **答案**：C。《商标法》第5条规定："两个以上的自然人、法人或者其他组织可以共同向商标局申请注册同一商标，共同享有和行使该商标专用权。"

25. **答案**：C。《商标法》第32条规定："申请商标注册不得损害他人现有的在先权利，也不得以不正当手段抢先注册他人已经使用并有一定影响的商标。"所谓的"在先权利"包括外观设计专利权、著作权、姓名权、肖像权、商号权、特殊标志专用权、奥林匹克标志专有权、知名商品特有名称、包装、装潢专用权等。本题中，甲公司的"乐翻天"商品名称很知名，乙公司不得注册"乐翻天"作为其商标，否则就侵犯了甲公司的在先权利。故A、D两项说法错误。乙公司注册的是"乐翻天"商标，并没有侵犯甲公司对其注册商标"熊猫"的专用权，因此C的说法正确。《商标法》第45条第1款规定："已经注册的商标，违反本法第十三条第二款和第三款、第十五条、第十六条第一款、第三十条、第三十一条、第三十二条规定的，自商标注册之日起五年内，在先权利人或者利害关系人可以请求商标评审委员会宣告该注册商标无效。对恶意注册的，驰名商标所有人不受五年的时间限制。"甲公司可请求国家知识产权局宣告乙公司的注册

商标无效，而非申请撤销。故B项说法错误。本题的正确答案是C。

✓ 多项选择题

1. **答案**：AD。《商标法》第40条规定："注册商标有效期满，需要继续使用的，商标注册人应当在期满前十二个月内按照规定办理续展手续；在此期间未能办理的，可以给予六个月的宽展期。每次续展注册的有效期为十年，自该商标上一届有效期满次日起计算。期满未办理续展手续的，注销其注册商标。商标局应当对续展注册的商标予以公告。"对于人用药品，行政法规规定必须使用注册商标。而C项只需提出变更申请即可。B项受让人获得了商标专用权。

2. **答案**：AD。《商标法》第39条、第40条规定，注册商标的有效期为十年，自核准注册之日起计算。注册商标有效期满，需要继续使用的，应当在期满前十二个月内申请注册；在此期间未能提出申请的，可以给予六个月的宽展期。

3. **答案**：AD。《商标法》第40条规定续展商标有六个月宽展期，到2013年12月1日，续展注册仍需核准。

4. **答案**：ABC。《商标法》第25条第1款规定的是申请商标的优先权，该条规定，商标注册申请人自其商标在外国第一次提出商标注册申请之日起六个月内，又在中国就相同商品以同一商标提出商标注册申请的，依照该外国同中国签订的协议或者共同参加的国际条约，或者按照相互承认优先权的原则，可以享有优先权。可见，享有优先权限于以下三种情形：第一，该外国同中国签订有协议；第二，该外国同中国共同参加有国际条约；第三，该外国同中国相互承认优先权。因此，A、B、C正确，当选；D项错误，不当选。

5. **答案**：BC。《商标法》第40条规定："注册商标有效期满，需要继续使用的，商标注册人应当在期满前十二个月内按照规定办理续展手续；在此期间未能办理的，可以给予六个月的宽展期。每次续展注册的有效期为十年，自该商标上一届有效期满次日起计算。

期满未办理续展手续的，注销其注册商标。商标局应当对续展注册的商标予以公告。"甲公司的注册商标于 2024 年 4 月 10 日有效期届满，其续展期为 2023 年 4 月 10 日至 2024 年 4 月 10 日，宽展期为 2024 年 4 月 11 日至 2024 年 10 月 10 日，在这两个期限内提出续展注册的申请，经过核准公告后甲公司可以继续享有该商标的专用权，选项 A、D 在这两个期限之外，所以 B、C 是正确答案。

6. **答案**：ABD。《商标法》第 8 条规定："任何能够将自然人、法人或者其他组织的商品与他人的商品区别开的标志，包括文字、图形、字母、数字、三维标志、颜色组合和声音等，以及上述要素的组合，均可以作为商标申请注册。"

7. **答案**：ABCD。见《商标法》第 10 条、第 11 条的禁止性规定。

8. **答案**：ABD。本题考查关于注册商标被撤销的知识。

《商标法》第 11 条规定："下列标志不得作为商标注册：（一）仅有本商品的通用名称、图形、型号的；（二）仅直接表示商品的质量、主要原料、功能、用途、重量、数量及其他特点的；（三）其他缺乏显著特征的。前款所列标志经过使用取得显著特征，并便于识别的，可以作为商标注册。"该条与本题有关。不得使用的原因是它不具有显著性。

《商标法》第 44 条规定："已经注册的商标，违反本法第四条、第十条、第十一条、第十二条、第十九条第四款规定的，或者是以欺骗手段或者其他不正当手段取得注册的，由商标局宣告该注册商标无效；其他单位或者个人可以请求商标评审委员会宣告该商标无效。商标局做出宣告注册商标无效的决定，应当书面通知当事人。当事人对商标局的决定不服的，可以自收到通知之日起十五日内向商标评审委员会申请复审。商标评审委员会应当自收到申请之日起九个月内做出决定，并书面通知当事人。有特殊情况需要延长的，经国务院工商行政管理部门批准，可以延长三个月。当事人对商标评审委员会的决定不服的，可以自收到通知之日起三十日内向人民法院起诉。其他单位或者个人请求商标评审委员会宣告注册商标无效的，商标评审委员会收到申请后，应当书面通知有关当事人，并限期提出答辩。商标评审委员会应当自收到申请之日起九个月内做出维持注册商标或者宣告注册商标无效的裁定，并书面通知当事人。有特殊情况需要延长的，经国务院工商行政管理部门批准，可以延长三个月。当事人对商标评审委员会的裁定不服的，可以自收到通知之日起三十日内向人民法院起诉。人民法院应当通知商标裁定程序的对方当事人作为第三人参加诉讼。"

《商标法》第 47 条规定："依照本法第四十四条、第四十五条的规定宣告无效的注册商标，由商标局予以公告，该注册商标专用权视为自始即不存在。宣告注册商标无效的决定或者裁定，对宣告无效前人民法院做出并已执行的商标侵权案件的判决、裁定、调解书和工商行政管理部门做出并已执行的商标侵权案件的处理决定以及已经履行的商标转让或者使用许可合同不具有追溯力。但是，因商标注册人的恶意给他人造成的损失，应当给予赔偿。依照前款规定不返还商标侵权赔偿金、商标转让费、商标使用费，明显违反公平原则的，应当全部或者部分返还。"

由此，除 C 项外的答案全对。

9. **答案**：AD。本题考查必须使用注册商标的商品。

《商标法》第 6 条规定："法律、行政法规规定必须使用注册商标的商品，必须申请商标注册，未经核准注册的，不得在市场销售。"

10. **答案**：ABC。根据《商标法》第 32 条的规定："申请商标注册不得损害他人现有的在先权利，也不得以不正当手段抢先注册他人已经使用并有一定影响的商标。"王某的外观设计专利权是在先权利，甲公司对这一权利不得损害。针对甲公司的行为，王某采取 A、B、C 三项所列做法都是可以的。对国家知识产权局的裁定不服，可以向人民法院起诉，是《商标法》修改的一个主要内容，所以 D 项错误。

11. **答案**：AB。《商标法》第 48 条规定："本法所称商标的使用，是指将商标用于商品、商品包装或者容器以及商品交易文书上，或者将商标用于广告宣传、展览以及其他商业活动中，用于识别商品来源的行为。"C 项中，将商标用在食品上与该注册商标所依附的商品性质不符，D 项也不能证明该商标使用过。因此，A、B 项正确。

12. **答案**：ABD。《商标法》第 49 条第 2 款规定："注册商标成为其核定使用的商品的通用名称或者没有正当理由连续三年不使用的，任何单位或者个人可以向商标局申请撤销该注册商标。商标局应当自收到申请之日起九个月内做出决定。有特殊情况需要延长的，经国务院工商行政管理部门批准，可以延长三个月。"

《商标法实施条例》第 66 条规定："有商标法第四十九条规定的注册商标无正当理由连续 3 年不使用情形的，任何单位或者个人可以向商标局申请撤销该注册商标，提交申请时应当说明有关情况。商标局受理后应当通知商标注册人，限其自收到通知之日起 2 个月内提交该商标在撤销申请提出前使用的证据材料或者说明不使用的正当理由；期满未提供使用的证据材料或者证据材料无效并没有正当理由的，由商标局撤销其注册商标。前款所称使用的证据材料，包括商标注册人使用注册商标的证据材料和商标注册人许可他人使用注册商标的证据材料。以无正当理由连续 3 年不使用为由申请撤销注册商标的，应当自该注册商标注册公告之日起满 3 年后提出申请。"C 项中，营业执照对证明该商标被使用不具有证明力，因此，不应当选。

13. **答案**：BD。《商标法》第 32 条规定，申请商标注册不得损害他人现有的在先权利，也不得以不正当手段抢先注册他人已经使用并有一定影响的商标。第 33 条规定："对初步审定公告的商标，自公告之日起三个月内，在先权利人、利害关系人认为违反本法第十三条第二款和第三款、第十五条、第十六条第一款、第三十条、第三十一条、第三十二条规定的，或者任何人认为违反本法第四条、第十条、第十一条、第十二条、第十九条第四款规定的，可以向商标局提出异议。公告期满无异议的，予以核准注册，发给商标注册证，并予公告。"第 35 条规定，对初步审定、予以公告的商标提出异议的，商标局应当听取异议人和被异议人陈述事实和理由，经调查核实后，做出裁定。商标局做出准予注册决定，异议人不服的，可以向商标评审委员会请求宣告该注册商标无效。甲公司使用"逍遥乐"商标，使其具有一定影响力，根据《商标法》第 32 条、第 33 条的规定，甲公司有权在异议期内向商标局提出异议，反对核准乙公司的注册申请，所以，A 选项正确。《商标法》第 45 条第 1 款规定："已经注册的商标，违反本法第十三条第二款和第三款、第十五条、第十六条第一款、第三十条、第三十一条、第三十二条规定的，自商标注册之日起五年内，在先权利人或者利害关系人可以请求商标评审委员会宣告该注册商标无效。对恶意注册的，驰名商标所有人不受五年的时间限制。"依据上述第 45 条的规定，如果"逍遥乐"被核准注册，甲公司有权向国家知识产权局请求宣告该商标无效，C 项正确。甲公司的救济手段要么异议，要么申请宣告无效，主张先用权于法无据，所以 B 项错误。D 选项没有法律依据，所以也错误。

14. **答案**：BCD。A 项，《商标法》第 18 条第 2 款规定，外国人或者外国企业在中国申请商标注册和办理其他商标事宜的，应当委托依法设立的商标代理机构办理。其表述正确，不选。B 项，《商标法》第 22 条规定，商标注册申请人应当按规定的商品分类表填报使用商标的商品类别和商品名称，提出注册申请。商标注册申请人可以通过一份申请就多个类别的商品申请注册同一商标。商标注册申请等有关文件，可以以书面方式或者数据电文方式提出。因此 B 项错误，当选。C 项，《商标法》第 25 条第 1 款规定，商标注册申请人自其商标在外国第一次提出商标注册申请之日起6个月内,又在中国就相同商品以同一商标提出商标注册申请的,依照该外国同中国签订的协议或者共同参加的国际条约,或者按照相互承认优先权的原则,可以享有优先权。据此C项错误,当选。D项,《商标法》第14条第5款规定,生产、经营者不得将"驰名商标"字样用于商品、商品包装或者容器上,或者用于广告宣传、展览以及其他商业活动中。据此D项错误,当选。

15. **答案**：ABCD。《商标法》第44条第1款规定："已经注册的商标,违反本法第四条、第十条、第十一条、第十二条、第十九条第四款规定的,或者是以欺骗手段或者其他不正当手段取得注册的,由商标局宣告该注册商标无效；其他单位或者个人可以请求商标评审委员会宣告该注册商标无效。"

16. **答案**：ABCD。见《商标法》第49条的具体规定。

17. **答案**：AD。《商标法》第44条第1款规定,已经注册的商标,违反本法第4条、第10条、第11条、第12条、第19条第4款规定的,或者是以欺骗手段或者其他不正当手段取得注册的,由商标局宣告该注册商标无效；其他单位或者个人可以请求商标评审委员会宣告该注册商标无效。选项AB中以"OCR"作为注册商标的标志违反了《商标法》第11条的规定,对该注册商标的宣告无效可以由国家知识产权局依职权进行。选项B错误。《商标法》第45条第1款规定,已经注册的商标,违反本法第13条第2款和第3款、第15条、第16条第1款、第30条、第31条、第32条规定的,自商标注册之日起五年内,在先权利人或者利害关系人可以请求商标评审委员会宣告该注册商标无效。对恶意注册的,驰名商标所有人不受五年的时间限制。驰名商标所有人认为他人的注册商标违反了《商标法》第13条关于驰名商标保护的规定,自商标注册之日起五年内,可以向国家知识产权局申请宣告该注册商标无效。

18. **答案**：CD。《商标法》第50条要求自注册商标被撤销、被宣告无效或者被注销之日起1年内,商标局不得核准与该商标相同或者近似的商标的注册申请。选项A中甲公司未提出续展申请,其注册商标于2012年1月31日被注销,在2013年2月1日以后,可以对"太阳花"申请商标注册,所以选项A所述是正确的。卷烟是必须使用注册商标的商品,选项B所述内容符合《商标法》第51条的规定,是正确的。选项C中虽然甲公司的商标经过了商标局的初步审定,但其并没有取得商标专用权,此时,其申请注册的商标还不是注册商标,不可以在其商品上标注"注册商标",C项内容是错误的。"红新月"标志属于不得作为商标使用的标志,不论是否申请商标注册,都不得作为商标使用,因此,选项D的内容是错误的。由于本题要求选择错误的,所以正确答案应是C、D。

19. **答案**：BD。(1)《商标法》第15条规定："未经授权,代理人或者代表人以自己的名义将被代理人或者被代表人的商标进行注册,被代理人或者被代表人提出异议的,不予注册并禁止使用。就同一种商品或者类似商品申请注册的商标与他人在先使用的未注册商标相同或者近似,申请人与该他人具有前款规定以外的合同、业务往来关系或者其他关系而明知该他人商标存在,该他人提出异议的,不予注册。"第45条第1款规定："已经注册的商标,违反本法第十三条第二款和第三款、第十五条、第十六条第一款、第三十条、第三十一条、第三十二条规定的,自商标注册之日起五年内,在先权利人或者利害关系人可以请求商标评审委员会宣告该注册商标无效。对恶意注册的,驰名商标所有人不受五年的时间限制。"依该两条规定,本题中,甲可自商标注册之日起五年内,请求宣告乙注册的果汁类"香香"商标无效。由此可知,A选项中"甲可随时请求宣告乙注册的果汁类'香香'商标无效"的表达错误,不选。

(2)《商标法》第42条第2款规定："转让注册商标的,商标注册人对其在同一种商品上注册的近似的商标，或者在类似商品上注册的相同或者近似的商标，应当一并转让。"依该规定，B 选项中"乙应将注册在果汁和碳酸饮料上的'香香'商标一并转让给丙"的表达正确，当选。

（3）《商标法》第 22 条规定，商标注册申请人应当按规定的商品分类表填报使用商标的商品类别和商品名称，提出注册申请。商标注册申请人可以通过一份申请就多个类别的商品申请注册同一商标。依该规定，C 选项中"乙就果汁和碳酸饮料两类商品注册商标必须分别提出注册申请"的表达错误，不选。

（4）《商标法》第 59 条第 3 款规定："商标注册人申请商标注册前，他人已经在同一种商品或者类似商品上先于商标注册人使用与注册商标相同或者近似并有一定影响的商标的，注册商标专用权人无权禁止该使用人在原使用范围内继续使用该商标，但可以要求其附加适当区别标识。"依该规定，D 选项中"甲可在果汁产品上附加区别标识，并在原有范围内继续使用'香香'商标"的表达正确，当选。

20. **答案**：ACD。《商标法》第 64 条第 1 款规定："注册商标专用权人请求赔偿，被控侵权人以注册商标专用权人未使用注册商标提出抗辩的，人民法院可以要求注册商标专用权人提供此前三年内实际使用该注册商标的证据。注册商标专用权人不能证明此前三年内实际使用过该注册商标，也不能证明因侵权行为受到其他损失的，被控侵权人不承担赔偿责任。"我国鼓励商标实际使用，但不鼓励商标囤积行为。如果丁公司 3 年未实际使用该商标，被控侵权人甲公司无须承担赔偿责任。故 A 项正确。

《商标法》第 44 条第 1 款规定："已经注册的商标，违反本法第四条、第十条、第十一条、第十二条、第十九条第四款规定的，或者是以欺骗手段或者其他不正当手段取得注册的，由商标局宣告该注册商标无效；其他单位或者个人可以请求商标评审委员会宣告该注册商标无效。"丁公司囤积商标，该行为应定性为"不以使用为目的的恶意商标注册申请"（《商标法》第 4 条），此类情形因为申请人主观恶意较大，他人请求宣告商标无效的，没有"5 年"时间限制。故 B 项错误。

《商标法》第 59 条第 3 款规定："商标注册人申请商标注册前，他人已经在同一种商品或者类似商品上先于商标注册人使用与注册商标相同或者近似并有一定影响的商标的，注册商标专用权人无权禁止该使用人在原使用范围内继续使用该商标，但可以要求其附加适当区别标识。"甲公司虽然没有注册商标，但其在同类或类似商品上使用白鸽商标并有一定影响力，形成了商标的"先用权"，所以乙公司无权禁止甲公司在原使用范围内继续使用该商标。故 C 项正确。

《商标法》第 45 条第 1 款规定："已经注册的商标，违反本法第十三条第二款和第三款、第十五条、第十六条第一款、第三十条、第三十一条、第三十二条规定的，自商标注册之日起五年内，在先权利人或者利害关系人可以请求商标评审委员会宣告该注册商标无效。对恶意注册的，驰名商标所有人不受五年的时间限制。"乙公司是甲公司的供应商，其明知甲公司的白鸽商标存在仍恶意注册，甲公司可自该商标注册之日起 5 年内请求国家知识产权局宣告该注册商标无效。此外，由题干可知，白鸽商标尚不构成驰名商标，应当受 5 年时间限制。故 D 项正确。

21. **答案**：ACD。注意：在中国办理商标与专利事务时，其程序要求（强制代理）并不相同。

22. **答案**：BCD。本题考查商标权被撤销后的法律后果。

《商标法》第 47 条规定："依照本法第四十四条、第四十五条的规定宣告无效的注册商标，由商标局予以公告，该注册商标专用权视为自始即不存在。宣告注册商标无效的决定或者裁定，对宣告无效前人民法院做出并已执行的商标侵权案件的判决、裁定、调解书和工商行政管理部门做出并已执行的商标侵权案件的处理决定以及已经履行的商标转让或者使用许可合同不具有追溯力。但是，因商标注册人的恶意给他人造成的损失，应当给予赔偿。依照前款规定不返还商标侵权赔偿金、商标转让费、商标使用费，明显违反公平原则的，应当全部或者部分返还。"

根据上述规定可知，"乡巴佬"商标被宣告无效后，其商标专用权视为自始即不存在。因此，A 项正确。

商标权被宣告无效后，已经履行的商标转让或使用许可合同，不具有追溯力。因此，B 项错误。

商标被宣告无效后，对已执行的商标侵权案件的判决、裁定不具有追溯力，并非对所有的商标侵权案件的判决、裁定都没有追溯力。因此，C 项错误。

《商标法》第 50 条规定："注册商标被撤销、被宣告无效或者期满不再续展的，自撤销、宣告无效或者注销之日起一年内，商标局对与该商标相同或者近似的商标注册申请，不予核准。"据此可知，《商标法》仅规定被撤销的商标在一年内不能再申请注册，没有是否可以继续使用的相关规定。根据常理分析，本题中"乡巴佬"注册商标是因有"不良影响"被依法撤销。说明该商标的使用会产生"不良影响"，撤销的目的就是禁止使用权人使用，如果允许撤销后作为非注册商标使用的话，那么撤销的目的并没有达到。因此，D 项错误。

名词解释

1. **答案**：注册商标的撤销是指商标注册人违反《商标法》关于商标使用的规定，或因已注册商标违反禁用条款或采用不正当手段注册，或因注册商标争议理由成立，而导致商标主管部门终止其商标权而采取的行政强制手段。

2. **答案**：注册商标的注销是指因商标权主体消灭或商标权人自愿放弃商标权等原因，而由商标局采取的终止其商标权的一种形式。

3. **答案**：所谓商标异议就是对初步审定公告的商标提出反对意见，要求撤销初步审定、不予注册。异议并非每一个商标注册申请必经的程序，它是一个对在商标注册过程中发生的矛盾或冲突采用补救措施的特别程序。

4. **答案**：商标权的主体范围指可以成为商标权主体的范围。《商标法》第 4 条规定，自然人、法人或者其他组织在生产经营活动中，对其商品或者服务需要取得商标专用权的，应当向商标局申请商标注册。根据该条规定，申请商标注册的主体须具备以下条件：

（1）注册商标的申请人是自然人、法人或者其他组织。其他组织指依法能够取得权利、承担责任的组织，如合伙。

（2）申请人从事生产经营活动。商标是商事活动中使用的标志，不从事生产不能申请商标注册。商标局 2007 年发布了《自然人办理商标注册申请注意事项》，规定我国自然人申请商标注册、转让等，应当限于个体工商户、农村承包经营户和其他依法获准从事经营活动的自然人，且其申请注册的商品和服务应以其营业执照或有关登记文件核准的经营范围为限，或者以其自营的农副产品为限。

外国人或者外国企业在中国申请商标注册的，应当按其所属国和中华人民共和国签订的协议或者共同参加的国际条约办理，或者按对等原则办理。

5. **答案**：在先权利是指注册商标申请人提出注册商标申请以前他人已经依法取得或者依法享有并受法律保护的权利。

简答题

1. **答案**：（1）《商标法》第 4 条规定："不以使用为目的的恶意商标注册申请，应当予以驳回。"

（2）第 10 条规定："下列标志不得作为商标使用：（一）同中华人民共和国的国家名称、国旗、国徽、国歌、军旗、军徽、军歌、勋章等相同或者近似的，以及同中央国家机关的名称、标志、所在地特定地点的名称或者标志性建筑物的名称、图形相同的；（二）同外国的国家名称、国旗、国徽、军旗等相同或者近似的，但经该国政府同意的除外；（三）同政府间国际组织的名称、旗帜、徽记等相同或者近似的，但经该组织同意或者不易误导公众的除外；（四）与表明实施控制、予以保证的官方标志、检验印记相同或者近似的，但经授权的除外；（五）同"红十字"、"红新月"的名称、标志相同或者近似的；（六）带有民族歧视性的；（七）带有欺骗性，容易使公众对商品的质量等特点或者产地产生误认的；（八）有害于社会主义道德风尚或者有其他不良影响的。县级以上行政区划的地名或者公众知晓的外国地名，不得作为商标。但是，地名具有其他含义或者作为集体商标、证明商标组成部分的除外；已经注册的使用地名的商标继续有效。"

（3）第11条规定："下列标志不得作为商标注册：（一）仅有本商品的通用名称、图形、型号的；（二）仅直接表示商品的质量、主要原料、功能、用途、重量、数量及其他特点的；（三）其他缺乏显著特征的。前款所列标志经过使用取得显著特征，并便于识别的，可以作为商标注册。"

（4）第12条规定："以三维标志申请注册商标的，仅由商品自身的性质产生的形状、为获得技术效果而需有的商品形状或者使商品具有实质性价值的形状，不得注册。"

（5）第19条第4款规定："商标代理机构除对其代理服务申请商标注册外，不得申请注册其他商标。"

以上都属于绝对不得注册的标志，又被称为商标不得注册的绝对事由。申请注册的商标有上述情况之一的，商标局应驳回申请，不予公告，并通知申请人。申请人不服的，可以申请复审。

2. 答案：《商标法》第32条规定，申请商标注册不得损害他人现有的在先权利，也不得以不正当手段抢先注册他人已经使用并有一定影响的商标。对申请注册的商标是否与他人在先权利或权益相冲突的审查，是商标注册审查中最主要、最复杂的工作，涉及在先权利的种类，涉及标志相同、近似和商品或服务类似的判定标准、方法复杂的问题。申请注册的商标与在先权利或权益的冲突属于民事主体之间的利益冲突，因此被称为拒绝注册的相对事由。

3. 答案：《商标法》第31条规定："两个或者两个以上的商标注册申请人，在同一种商品或者类似商品上，以相同或者近似的商标申请注册的，初步审定并公告申请在先的商标；同一天申请的，初步审定并公告使用在先的商标，驳回其他人的申请，不予公告。"但对于无法确定谁是先申请人的，则采用使用在先原则，而在不能确定谁是先使用人时，则采用由各申请人协商，协商不成时，在商标局主持下，由申请人抽签决定的办法处理。但对于无法确定谁是先申请人的，则采用使用在先原则，而在不能确定谁是先使用人时，则采用由各申请人协商，协商不成时，在商标局主持下，由申请人抽签决定的办法处理。

4. 答案：（1）申请人必须是商标注册人，而且其商标注册的时间必须先于被争议商标的注册时间。（2）注册商标争议申请必须在后注册商标刊登注册公告之日起一年内提出，超出法定的一年时间，即使是在后注册的商标与在先注册的商标在同一种或类似商品上使用相同或近似的商标，在先注册人也丧失了争议的时机。（3）发生争议的注册商标所核定使用的商品，必须是同一种或类似商品。（4）发生争议的注册商标被核准的文字、图形或者其组合相同或者近似。（5）在先注册人如果在后注册商标被核准前已经提出异议并经裁定异议不成立的，不得再以相同的事实和理由申请注册商标争议裁定。

💬 论述题

答案：注册商标是指经国家商标主管机关核准注册而使用的商标。未注册商标，又称为非注册商标，是指未经国家商标主管机关核准注册而自行使用的商标。我国商标法规定，除人用药品、烟草制品、兽药必须使用注册商标外，其他商品既可以使用注册商标，也可以使用未注册商标。注册商标与未注册商标的法律地位是不同的，区别主要表现在以下几个方面：

首先，注册商标所有人可以排除他人在同一商品或类似商品上注册相同或近似的商标；而未注册商标使用人则无权排除他人在同一种商品或类似商品上注册相同或近似的商标，若其不申请注册，就可能被他人抢先注册，并被禁止继续使用该商标。

其次，注册商标所有人享有商标专用权，当注册商标被他人假冒使用，构成商标侵权时，商标权人可以请求非法使用人承担法律责任。而未注册商标使用人对未注册商标的使用只是一种事实，而非一种权利，其无权禁止他人使用，先使用人无权对第三人的使用援用商标法请求诉讼保护。

最后，在核定使用的商品上使用核准注册的商标，是商标所有人的权利，商标权人行使这些权利，不涉及他人商标专用权的问题。而未注册商标的使用一旦与他人注册商标相混同，即构成商标侵权，应当承担相应的法律责任。

案例分析题

1. 答案：申请人的主张成立，对申请商标应当予以初步审定并公告。申请商标使用文字"Oscar奥斯卡"，虽然是公众熟知的美国电影奖名称，但有其他常见含义。《牛津高阶英汉双解词典（第四版）》及《新英汉词典》均将"Oscar"列入普通人名表及常见英美姓名表，音译为中文"奥斯卡"；且目前尚无证据表明"Oscar奥斯卡"使用在推销（替他人）服务项目上作商标会产生不良影响。因此，国家知识产权局应当决定申请商标可以初步审定并公告。图解如下：

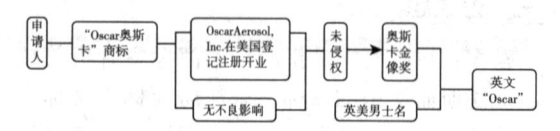

```
申请人 → "Oscar奥斯卡"商标 → OscarAerosol,Inc.在美国登记注册开业 → 未侵权 → 奥斯卡金像奖
                            无不良影响                              英美男士名    英文"Oscar"
```

2. 答案：丙饮食公司享有厚味美商标专用权。丙饮食公司的该商标已注册登记，其有效期10年虽已满，但未过6个月申请续展期，仍应认为有效。

3. 答案：

（1）应在4月30日前向国家知识产权局申请复审。

（2）应当撤销（改变）初审决定，予以初步复审。理由：行政区划名称有其他含义的可作为商标。

（3）可以向人民法院起诉。应当在5月14日之前提起诉讼。

（4）被许可使用人（灯泡厂）的名称和地址。当地市场监督管理局、国家知识产权局。

本题考查注册商标的审核与使用许可知识。

《商标法》第34条规定："对驳回申请、不予公告的商标，商标局应当书面通知商标注册申请人。商标注册申请人不服的，可以自收到通知之日起十五日内向商标评审委员会申请复审。商标评审委员会应当自收到申请之日起九个月内做出决定，并书面通知申请人。有特殊情况需要延长的，经国务院工商行政管理部门批准，可以延长三个月。当事人对商标评审委员会的决定不服的，可以自收到通知之日起三十日内向人民法院起诉。"

第10条规定："下列标志不得作为商标使用：（一）同中华人民共和国的国家名称、国旗、国徽、国歌、军旗、军徽、军歌、勋章等相同或者近似的，以及同中央国家机关的名称、标志、所在地特定地点的名称或者标志性建筑物的名称、图形相同的；（二）同外国的国家名称、国旗、国徽、军旗等相同或者近似的，但经该国政府同意的除外；（三）同政府间国际组织的名称、旗帜、徽记等相同或者近似的，但经该组织同意或者不易误导公众的除外；（四）与表明实施控制、予以保证的官方标志、检验印记相同或者近似的，但经授权的除外；（五）同'红十字'、'红新月'的名称、标志相同或者近似的；（六）带有民族歧视性的；（七）带有欺骗性，容易使公众对商品的质量等特点或者产地产生误认的；（八）有害于社会主义道德风尚或者有其他不良影响的。县级以上行政区划的地名或者公众知晓的外国地名，不得作为商标。但是，地名具有其他含义或者作为集体商标、证明商标组成部分的除外；已经注册的使用地名的商标继续有效。"

第 28 条规定："对申请注册的商标，商标局应当自收到商标注册申请文件之日起九个月内审查完毕，符合本法有关规定的，予以初步审定公告。"

第 31 条规定："两个或者两个以上的商标注册申请人，在同一种商品或者类似商品上，以相同或者近似的商标申请注册的，初步审定并公告申请在先的商标；同一天申请的，初步审定并公告使用在先的商标，驳回其他人的申请，不予公告。"

第 3 条规定："经商标局核准注册的商标为注册商标，包括商品商标、服务商标和集体商标、证明商标；商标注册人享有商标专用权，受法律保护。本法所称集体商标，是指以团体、协会或者其他组织名义注册，供该组织成员在商事活动中使用，以表明使用者在该组织中的成员资格的标志。本法所称证明商标，是指由对某种商品或者服务具有监督能力的组织所控制，而由该组织以外的单位或者个人使用于其商品或者服务，用以证明该商品或者服务的原产地、原料、制造方法、质量或者其他特定品质的标志。集体商标、证明商标注册和管理的特殊事项，由国务院工商行政管理部门规定。"

第十七章　商标权的内容与利用

☑ **单项选择题**

1. **答案**：B。《商标法》第24条规定，注册商标需要改变其标志的，应当重新提出注册申请。

2. **答案**：D。根据《商标法》第24条的规定，注册商标需要改变其标志的，应当重新提出注册申请，所以选项D正确。选项A应当按商品分类表提出注册申请，选项B应当另行提出申请，选项C应当提出变更申请。

3. **答案**：A。根据《商标法》第23条的规定，注册商标需要在核定使用范围之外的商品上取得商标专用权的，应当另行提出注册申请，而不可以直接使用。注册商标需要变更的是注册人的名义、地址或者其他注册事项的，才需要提出变更申请。

4. **答案**：B。A项受让人获得商标专用权，C项转让协议必须报商标管理部门备案，D项则只需提出变更申请。

5. **答案**：C。所谓合同的成立，是指订约当事人经要约、承诺，就合同的主要条款达成合意，即双方当事人意思表示一致而建立了合同关系，表明了合同订立过程的完结。在大多数情况下，合同成立时即具备了生效的要件，因而其成立和生效时间是一致的。但是合同成立并不等于合同生效。本题中双方在合同书中签字，并不一定意味着该合同必然生效，还要看是否符合合同的生效要件。所以，A选项错误。《最高人民法院关于审理商标民事纠纷案件适用法律若干问题的解释》第19条规定："商标使用许可合同未经备案的，不影响该许可合同的效力，但当事人另有约定的除外。"所以，B项错误。《商标法》第45条规定，已经注册的商标，侵害他人先前所有的商标时，自商标注册之日起5年内，在先权利人或者利害关系人可以请求商标评审委员会宣告该注册商标无效。对恶意注册的，驰名商标所有人不受5年的时间限制。本案的"一剪没"被王小小长期使用，具有较高声誉，王小小可以自"一剪没"注册之日起5年内请求国家知识产权局宣告张薇薇抢先注册的商标无效。

6. **答案**：D。见《商标法》第43条规定，商标注册人可以通过签订商标使用许可合同，许可他人使用其注册商标。许可人应当监督被许可人使用其注册商标的商品质量。被许可人应当保证使用该注册商标的商品质量。经许可使用他人注册商标的，必须在使用该注册商标的商品上标明被许可人的名称和商品产地。许可他人使用其注册商标的，许可人应当将其商标使用许可报商标局备案，由商标局公告。商标使用许可未经备案不得对抗善意第三人。

7. **答案**：C。根据《商标法》第42条的规定：转让注册商标的，转让人和受让人应当签订转让协议，并共同向商标局提出申请。受让人应当保证使用该注册商标的商品质量。转让注册商标经核准后，予以公告。受让人自公告之日起享有商标专用权。可见选项C是正确答案。选项A、B、C、D是注册商标转让过程中的几个时间点，《商标法》把受让人享有商标专用权的时间起点定在了公告之日。

8. **答案**：B。商标权的内容是指商标所有人依法对其商标所享有的占有、使用、收益和处分的权利。注册商标与未注册商标的最大区别在于前者的商标权受到法律保护，享有商标专用权；而后者不享有商标专用权。

9. **答案**：C。《商标法》第56条规定，注册商标的专用权，以核准注册的商标和核定使用的商品为限。

10. **答案**：A。《商标法》第36条规定："法定期限届满，当事人对商标局做出的驳回申请决定、不予注册决定不申请复审或者对商标评审委员会做出的复审决定不向人民法院起诉的，驳回申请决定、不予注册决定或者复审决定生效。经审查异议不成立而准予注册的商标，商标注册申请人取得商标专用权的时间自初步审定公告三个月期满之日起计算。自该商标公告期满之日起至准予注册决定做出前，对他人在同一种或者类似商品上使用与该商标相同或者近似的标志的行为不具有追溯力；但是，因该使用人的恶意给商标注册人造成的损失，应当给予赔偿。"

11. 答案：D。我国商标，采自愿注册原则，经注册取得商标专用权，不注册，亦可使用商标；但对人用药品和烟草制品，实行强制注册。未经注册不得销售该商品。

12. 答案：A。见《商标法》第31条："两个或者两个以上的商标注册申请人，在同一种商品或者类似商品上，以相同或者近似的商标申请注册的，初步审定并公告申请在先的商标；同一天申请的，初步审定并公告使用在先的商标，驳回其他人的申请，不予公告。"

13. 答案：A。见《商标法》第31条。我国《商标法》对注册商标专用权的取得采用"申请在先"原则。在同日申请的情况下，适用"使用在先"原则。

14. 答案：C。见《商标法》第31条规定。

15. 答案：D。本题实际上考查商标是否必须注册。《商标法》第6条规定："法律、行政法规规定必须使用注册商标的商品，必须申请商标注册，未经核准注册的，不得在市场销售。"由此推之，D是最恰当的说法，即不是所有商标均须注册。

16. 答案：B。商标注册的一个重要原则就是"申请在先"原则。《商标法》第31条规定："两个或者两个以上的商标注册申请人，在同一种商品或者类似商品上，以相同或者近似的商标申请注册的，初步审定并公告申请在先的商标；同一天申请的，初步审定并公告使用在先的商标，驳回其他人的申请，不予公告。"《商标法实施条例》第18条规定："商标注册的申请日期以商标局收到申请文件的日期为准。商标注册申请手续齐备、按照规定填写申请文件并缴纳费用的，商标局予以受理并书面通知申请人；申请手续不齐备、未按照规定填写申请文件或者未缴纳费用的，商标局不予受理，书面通知申请人并说明理由。申请手续基本齐备或者申请文件基本符合规定，但是需要补正的，商标局通知申请人予以补正，限其自收到通知之日起30日内，按照指定内容补正并交回商标局。在规定期限内补正并交回商标局的，保留申请日期；期满未补正的或者不按照要求进行补正的，商标局不予受理并书面通知申请人。本条第二款关于受理条件的规定适用于办理其他商标事宜。"故选B。

17. 答案：A。《商标法》第26条第1款规定："商标在中国政府主办的或者承认的国际展览会展出的商品上首次使用的，自该商品展出之日起六个月内，该商标的注册申请人可以享有优先权。"本案中，博顿公司在向我国申请注册商标前6个月内在我国政府举办的展览会上使用过"蓝天"商标，享有优先权，所以其申请日期应按2018年2月1日认定为优先权日。按照先申请原则，博顿公司的申请应该被初审并公告，蓝天公司的申请被驳回。故只有A项正确。

多项选择题

1. 答案：BCD。参见《商标法》第43条的规定。许可人应当监督被许可人使用其注册商标的商品质量。被许可人应当保证使用该注册商标的商品质量。

2. 答案：CD。参见《商标法》第41条的规定。注册商标需要变更注册人名义、地址或者其他注册事项的，应当提出变更申请。

3. 答案：CD。见《商标法》第42条。①

4. 答案：CD。根据《商标法》第43条规定，A项法律规定可以通过签订商标使用许可合同，B项商标使用合同只需备案。

5. 答案：AB。《商标法》第43条规定："商标注册人可以通过签订商标使用许可合同，许

---

① 注意对于转让注册商标的，转让人应当签订转让协议。

可他人使用其注册商标。许可人应当监督被许可人使用其注册商标的商品质量。被许可人应当保证使用该注册商标的商品质量。经许可使用他人注册商标的，必须在使用该注册商标的商品上标明被许可人的名称和商品产地。许可他人使用其注册商标的，许可人应当将其商标使用许可报商标局备案，由商标局公告。商标使用许可未经备案不得对抗善意第三人。"可知选项 A、B 是正确的，选项 C 是错误的。《商标法》要求在使用注册商标的商品上标明被许可人的名称和商品产地，而选项 C 标明的是许可人的名称和商品产地。《商标法实施条例》第 69 条规定："许可他人使用其注册商标的，许可人应当在许可合同有效期内向商标局备案并报送备案材料。备案材料应当说明注册商标使用许可人、被许可人、许可期限、许可使用的商品或者服务范围等事项。"也就是说，是许可人而不是被许可人有义务向商标局报送合同副本，所以选项 D 是错误的。

6. 答案：BCD。A 错，《商标法》第 43 条第 3 款规定："许可他人使用其注册商标的，许可人应当将其商标使用许可报商标局备案，由商标局公告。商标使用许可未经备案不得对抗善意第三人。"据此，授权他人使用注册商标只需备案，无须办理注册手续。

7. 答案：ABCD。注册商标除法律特别规定外，采用自愿原则。

8. 答案：ABC。本题考查商标权人的主要权利。商标权人的主要权利有：专用权，《商标法》第 56 条规定："注册商标的专用权，以核准注册的商标和核定使用的商品为限。"第 57 条规定："有下列行为之一的，均属侵犯注册商标专用权：（一）未经商标注册人的许可，在同一种商品上使用与其注册商标相同的商标的；（二）未经商标注册人的许可，在同一种商品上使用与其注册商标近似的商标，或者在类似商品上使用与其注册商标相同或者近似的商标，容易导致混淆的；（三）销售侵犯注册商标专用权的商品的；（四）伪造、擅自制造他人注册商标标识或者销售伪造、擅自制造的注册商标标识的；（五）未经商标注册人同意，更换其注册商标并将该更换商标的商品又投入市场的；（六）故意为侵犯他人商标专用权行为提供便利条件，帮助他人实施侵犯商标专用权行为的；（七）给他人的注册商标专用权造成其他损害的。"转让权（即处分权），是指注册商标所有人有权依照法律规定，按一定方式将商标权转让给他人。使用许可权，《商标法》第 43 条规定，商标注册人可以通过签订商标使用许可合同，许可他人使用其注册商标。

D 项错误，因 D 项超出核定使用的范围。

9. 答案：AB。《商标法》第 43 条规定："商标注册人可以通过签订商标使用许可合同，许可他人使用其注册商标。许可人应当监督被许可人使用其注册商标的商品质量。被许可人应当保证使用该注册商标的商品质量。经许可使用他人注册商标的，必须在使用该注册商标的商品上标明被许可人的名称和商品产地。许可他人使用其注册商标的，许可人应当将其商标使用许可报商标局备案，由商标局公告。商标使用许可未经备案不得对抗善意第三人。"

10. 答案：ABCD。修改后的《商标法》对可以申请商标注册的主体范围有所扩大并允许商标专用权共有。根据现行《商标法》第 4 条第 1 款的规定："自然人、法人或者其他组织在生产经营活动中，对其商品或者服务需要取得商标专用权的，应当向商标局申请商标注册……"这里的自然人、法人或者其他组织并没有区分国籍，同时，根据《商标法》第 17 条的规定，外国人和外国组织是可以在中国申请商标注册的，所以选项 A、B、C 正确。《商标法》第 5 条规定："两个以上的自然人、法人或者其他组织可以共同向商标局申请注册同一商标，共同享有和行使该商标专用权。"所以选项 D 也正确。

11. 答案：AD。任何能够将自然人、法人或者其他组织的商品与他人的商品区别开的可视性标志，包括文字、图形、字母、数字、三维标志和颜色组合，以及上述要素的组合，均可以作为商标申请注册。本题四个选项均符合上述要求，但是根据《商标法》第10条第1款第1项和第5项的规定，同中华人民共和国的国家名称及同"红新月"的名称、标志相同或者近似的标志，不得作为商标使用，所以本题的答案是A、D。

12. 答案：AC。《商标法》第31条规定："两个或者两个以上的商标注册申请人，在同一种商品或者类似商品上，以相同或者近似的商标申请注册的，初步审定并公告申请在先的商标；同一天申请的，初步审定并公告使用在先的商标，驳回其他人的申请，不予公告。"

    《商标法实施条例》第19条规定："两个或者两个以上的申请人，在同一种商品或者类似商品上，分别以相同或者近似的商标在同一天申请注册的，各申请人应当自收到商标局通知之日起30日内提交其申请注册前在先使用该商标的证据。同日使用或者均未使用的，各申请人可以自收到商标局通知之日起30日内自行协商，并将书面协议报送商标局；不愿协商或者协商不成的，商标局通知各申请人以抽签的方式确定一个申请人，驳回其他人的注册申请。商标局已经通知但申请人未参加抽签的，视为放弃申请，商标局应当书面通知未参加抽签的申请人。"

13. 答案：AC。根据《商标法》第25条第1款的规定："商标注册申请人自其商标在外国第一次提出商标注册申请之日起六个月内，又在中国就相同商品以同一商标提出商标注册申请的，依照该外国同中国签订的协议或者共同参加的国际条约，或者按照相互承认优先权的原则，可以享有优先权。"选项A中乙自其商标在《巴黎公约》成员国甲国第一次提出商标注册申请之日起五个月，在中国就相同商品以同一商标提出商标注册申请，可以享有优先权，所以，选项A正确。选项B中乙是就同一类的其他商品提出商标注册申请，所以错误。根据《商标法》第26条第1款的规定："商标在中国政府主办的或者承认的国际展览会展出的商品上首次使用的，自该商品展出之日起六个月内，该商标的注册申请人可以享有优先权。"选项C中某公司在中国政府主办的国际展览会展出的商品上首次使用"梅花"商标，其申请之日与展出之日间隔了5个月，此时，该公司享有优先权，因此选项C正确。选项D中该公司的申请之日与展出之日间隔了6个月，即已经超过了临时保护的期限，所以该公司不享有优先权，选项D错误。

14. 答案：CD。根据《商标法》第31条的规定："两个或者两个以上的商标注册申请人，在同一种商品或者类似商品上，以相同或者近似的商标申请注册的，初步审定并公告申请在先的商标；同一天申请的，初步审定并公告使用在先的商标，驳回其他人的申请，不予公告。"本题中甲和乙在同一天申请商标注册，商标局应当初步审定并公告使用在先的商标，因此选项C正确。根据《商标法实施条例》第19条的规定，同日使用或者均未使用的，各申请人可以自收到商标局通知之日起30日内自行协商，所以选项D正确。

15. 答案：AB。《商标法》第60条第1款规定："有本法第五十七条所列侵犯注册商标专用权行为之一，引起纠纷的，由当事人协商解决；不愿协商或者协商不成的，商标注册人或者利害关系人可以向人民法院起诉，也可以请求工商行政管理部门处理。"据此，甲作为商标注册人，乙作为利害关系人，对商标侵权行为可以向人民法院提起诉讼。

16. 答案：AD。《最高人民法院关于审理商标民事纠纷案件适用法律若干问题的解释》第3条规定："商标法第四十三条规定的商标使用许可包括以下三类：（一）独占使用许可，是指商标注册人在约定的期间、地域和以约定的方式，将该注册商标仅许可一个被许可人使用，商标注册人依约定不得使用该注册商标；（二）排他使用许可，是指商标注册人在约定的期间、地域和以约定的方式，将该注册商标仅许可一个被许可人使用，商标注册人依约定可以使用该注册商标但不得另行许可他人使用该注册商标；（三）普通使用许可，是指商标注册人在约定的期间、地域和以约定的方式，许可他人使用其注册商标，并可自行使用该注册商标和许可他人使用其注册商标。"第 4 条第 2 款规定："在发生注册商标专用权被侵害时，独占使用许可合同的被许可人可以向人民法院提起诉讼；排他使用许可合同的被许可人可以和商标注册人共同起诉，也可以在商标注册人不起诉的情况下，自行提起诉讼；普通使用许可合同的被许可人经商标注册人明确授权，可以提起诉讼。"据此，独占许可的被许可人在发生注册商标侵权行为时可以独立起诉维权。结合本题，丙公司违法制造胃药并使用"吃饭香"商标，侵犯了甲公司的注册商标权（《商标法》第 57 条第 1 项），作为独占被许可人的乙公司有权对丙公司提起诉讼。甲公司作为注册商标权人，当然也有权对丙公司提起诉讼。故 A、D 项均正确。

《商标法》第 49 条规定："商标注册人在使用注册商标的过程中，自行改变注册商标、注册人名义、地址或者其他注册事项的，由地方工商行政管理部门责令限期改正；期满不改正的，由商标局撤销其注册商标。注册商标成为其核定使用的商品的通用名称或者没有正当理由连续三年不使用的，任何单位或者个人可以向商标局申请撤销该注册商标。商标局应当自收到申请之日起九个月内做出决定。有特殊情况需要延长的，经国务院工商行政管理部门批准，可以延长三个月。"本题中，"吃饭香"商标反映胃药功能这一事由并非撤销事由，而可能构成《商标法》第 11 条所列情形，但该条是关于商标不予注册的绝对理由的规定，违反了导致宣告无效而非撤销。因此，不论丙公司还是陈某，均无权撤销"吃饭香"商标。故 B、C 项错误。

17. **答案**：AD。《商标法》第 56 条明确规定，注册商标的专用权，以核准注册的商标和核定使用的商品为限。因此，本题的正确答案是 A、D。商标注册人享有的注册商标专用权的范围与其他人不得侵犯注册商标专用权的范围是不完全相同的，商标注册人享有的注册商标专用权的范围要比其他人不得侵犯的注册商标专用权的范围小。

名词解释

1. **答案**：商标专用权是指注册人对其注册商标在核定使用的商品或服务上享有的专有权利，即在一定范围内排斥他人使用的权利。《商标法》第 56 条规定，注册商标的专用权，以核准注册的商标和核定使用的商品为限。

2. **答案**：注册商标独占使用许可，也叫注册商标专有使用许可，就是许可人只许可一个被许可人在规定的地区和指定的商品上使用其注册商标，而不得再许可第三人使用其注册商标。独占使用许可具有排他性。

3. **答案**：注册商标排他使用许可是指商标注册人将商标许可给一个被许可人使用，在许可期间，商标注册人自己可以使用该商标，但不得另行许可他人使用。也就是说，除许可人和被许可人外，排除了第三方在约定地域和期限内使用该商标的权利。如果其他人在同一范围内以相同的方式使用商标，排他使用许可的被许可人只能和商标注册人共同起诉，或在商标注册人不起诉或提出申请的情况下，自行起诉或提出申请。

4. **答案**：（1）专有使用权

专有使用权是商标权最重要的内容，是商标权中最基本的核心权利。它的法律特征为，商标权人可在核定的商品上独占性地使用核准的商标，并通过使用获得其他合法权益。

（2）禁止权

禁止权是指注册商标所有人有权禁止他人未经其许可，在同一种或者类似商品或服务项目上使用与其注册商标相同或近似的商标。

（3）许可权

许可权是指注册商标所有人通过签订许可使用合同，许可他人使用其注册商标的权利。

（4）转让权

转让，是指注册商标所有人按照一定的条件，依法将其商标权转让给他人所有的行为。转让商标权是商标所有人行使其权利的一种方式，商标权转让后，受让人取得注册商标所有权，原来的商标权人丧失商标专用权，即商标权从一主体转移到另一主体。

（5）续展权

注册商标的有效期为十年，注册商标有效期满，需要继续使用的，应当在期满前六个月内申请续展注册；在此期间未能提出申请的，可以给予六个月的宽展期。每次续展注册的有效期为十年。

简答题

1. 答案：商标权人的权利和义务包括：（1）商标权人可以通过签订商标使用合同，许可他人使用其注册商标。许可人应当监督被许可人使用其注册商标的商品质量。被许可人应当保证使用该注册商标的商品质量。（2）商标权人应当对其使用商标的商品质量负责。（3）商标权人享有商标专用权。（4）商标权人的注册商标有效期满，需要继续使用的，应当在期满前六个月内申请续展注册。（5）商标权人使用注册商标时负有如下义务：①不得自行改变注册商标的文字、图形或其组合；②不得自行改变注册商标的注册人名义、地址或其他注册事项；③不得自行转让注册商标；④不得连续三年停止使用；⑤不得对其商品进行粗制滥造，以次充好，欺骗消费者。（6）商标权人还可以对有下列行为从而侵犯其注册商标专用权的人向县级以上市场监督管理部门要求处理，并获得相应的赔偿额，这些侵权行为包括：①未经商标人的许可，在同一种商品或类似商品上使用与其注册商标相同或者近似的商标的；②销售明知是假冒注册商标的商品的；③伪造、擅自制造他人注册商标标识或销售伪造、擅自制造的注册商标标识的；④给他人的注册商标专用权造成其他损害的。

2. 答案：独占使用许可，也叫专有使用许可，就是许可人只许可一个被许可人在规定的地区和指定的商品上使用其注册商标，而不得再许可第三人使用其注册商标。独占使用许可具有排他性。在合同规定的范围内享有独占使用许可权的被许可人还可以行使禁止权，即可以独立对抗第三人的侵权行为。但是需要指出的是被许可人的独占使用权仅限定在合同规定的地区，在这一地区外许可人完全可以许可他人使用其注册商标。所以，即使是独占使用许可，被许可人取得的也仅仅是部分使用权，而不是全部使用权。独占使用许可这种形式目前在我国还较少采用。普通使用许可，是指许可人可以在同一地区许可不同的人同时使用其注册商标。享有普通使用许可权的被许可人不仅不能排斥许可人的使用，也不能排斥其他人享有该许可权。而对于未经许可使用注册商标的侵权行为，也不享有禁止权。即一般使用许可人不能对抗第三人。对于已发生的侵权行为，被许可人可以协助许可人查明事实，由许可人对抗侵权行为。

论述题

答案：商标权是商标专用权的简称，是商标所有人依法享有在商业活动中自己专有使用的商标，并禁止他人侵害的权利。

著作权，又称为版权，是指文学、艺术和自然科学、社会科学作品的作者及其相关主体依法对作品所享有的人身权利和财产权利。它是自然人、法人或者非法人组织对文学、艺术或科学作品依法享有的财产权利和人身权利的总称。

二者存在如下不同：

（1）原始权利产生的途径不同

著作权在我国同其他大多数国家一样，都是在作者的作品创作完成之后，即依法自动产生，而不需要经过任何主管机关的审查批准。而商标权在我国实行的是注册在先原则，只有经过最先申请注册并获主管机关的审查核准后，才能取得商标专用权。

（2）保护的对象和范围不同

著作权的对象是作者所创作的文学、艺术和科学作品，是有形资产。而商标权的对象是以文字、图形或其组合构成的注册商标，属无形资产。

（3）保护的目的不同

著作权保护的是在文学、艺术和科学方面所创作的作品和与此相关的权益。其目的在于鼓励有益于社会的作品创作和传播，促进社会主义文化和科学事业的发展和繁荣。

商标权保护的商标，是具有区别商品或服务来源的显著特征的标志。保护的目的是促进生产者保证商品质量和维护商标信誉，以保障消费者的利益，促进社会主义商品经济的发展和公平竞争。

（4）国家主管机关和适用法律不同

我国《著作权法》是管理著作权的基本法律。国家版权局主管全国著作权的管理工作。

我国《商标法》是管理商标的基本法律。国家知识产权局、商标局主管全国商标注册和管理的工作。

（5）时效性不同

《著作权法》第22条规定："作者的署名权、修改权、保护作品完整权的保护期不受限制。"第23条规定："自然人的作品，其发表权、本法第十条第一款第五项至第十七项规定的权利的保护期为作者终生及其死亡后五十年，截止于作者死亡后第五十年的12月31日；如果是合作作品，截止于最后死亡的作者死亡后第五十年的12月31日。法人或者非法人组织的作品、著作权（署名权除外）由法人或者非法人组织享有的职务作品，其发表权的保护期为五十年，截止于作品创作完成后第五十年的12月31日；本法第十条第一款第五项至第十七项规定的权利的保护期为五十年，截止于作品首次发表后第五十年的12月31日，但作品自创作完成后五十年内未发表的，本法不再保护。视听作品，其发表权的保护期为五十年，截止于作品创作完成后第五十年的12月31日；本法第十条第一款第五项至第十七项规定的权利的保护期为五十年，截止于作品首次发表后第五十年的12月31日，但作品自创作完成后五十年内未发表的，本法不再保护。"

而我国《商标法》规定，注册商标的有效期为10年，期满可以续展注册，而且可以无限重复申请，每次续展注册的有效期均为10年。

案例分析题

1. 答案：饮料公司与乡镇企业所签注册商标转让协议无效。

按照《商标法》第42条第1款的规定，转让注册商标的，转让人和受让人应共同向商标局提出申请。本案中，二者没有向商标局提出申请，属自行转让注册商标，因此法律不给予保护，所签协议无效。

2. 答案：（1）乙厂有权声明要求他人不得擅自使用其注册商标。因为乙厂已将A产品商标注册，乙厂是A产品注册商标的所有人；根据《商标法》的规定，未经注册商标所有人的许可，使用其注册商标为侵犯商标专用权。

（2）甲厂如不经乙厂同意继续使用A产品商标，其行为属于侵犯注册商标专用权；乙厂可以向甲厂所在地的县级以上市场监督管理部门要求处理，也可以直接向人民法院起诉。

（3）甲厂应与乙厂签订注册商标许可合同，由乙厂在合同中明确允许甲厂使用其注册商标，乙厂应在许可合同有效期内向商标局备案并报送备案材料。甲、乙两厂签订注册商标许可合同后，甲厂应当保证使用该注册商标产品的质量，乙厂应当监督甲厂使用其注册商标产品的质量。

本题考查注册商标专用权的权能与注册商标专用权的许可使用问题。

第十八章 侵害商标权的法律责任

☑ **单项选择题**

1. **答案：A**。本题中，甲公司使用的是商品商标，乙公司使用的是服务商标，二者类别不同，不构成侵权，甲公司可以继续使用。

2. **答案：C**。《商标法》第45条第1款规定，已经注册的商标，违反本法第13条第2款和第3款、第15条、第16条第1款、第30条、第31条、第32条规定的，自商标注册之日起五年内，商标所有人或者利害关系人可以请求国家知识产权局宣告该注册商标无效。《商标法》第32条规定，申请商标注册不得损害他人现有的在先权利，也不得以不正当手段抢先注册他人已经使用并有一定影响的商标。所以本题正确答案是C。

3. **答案：D**。本案中乙公司的行为显然是侵犯他人商标权的行为。《商标法》第57条规定，有下列行为之一的，均属侵犯注册商标专用权：（1）未经商标注册人的许可，在同一种商品上使用与其注册商标相同的商标的；（2）未经商标注册人的许可，在同一种商品上使用与其注册商标近似的商标，或者在类似商品上使用与其注册商标相同或者近似的商标，容易导致混淆的；（3）销售侵犯注册商标专用权的商品的；（4）伪造、擅自制造他人注册商标标识或者销售伪造、擅自制造的注册商标标识的；（5）未经商标注册人同意，更换其注册商标并将该更换商标的商品又投入市场的；（6）故意为侵犯他人商标专用权行为提供便利条件，帮助他人实施侵犯商标专用权行为的；（7）给他人的注册商标专用权造成其他损害的。因此，乙公司的行为符合本条第（1）项或者第（2）项的规定，而丙公司的行为符合本条第（3）项规定。这种行为叫作假冒他人注册商标的行为。而A项中的仿冒注册商标是指行为人将自己没有注册的商标冒称为经过注册的商标的行为，此种行为并没有侵犯他人的注册商标，它损害的是国家的商标管理制度，因此A项不选。本题的真正考点在于，在不知情的情况下销售侵犯注册商标专用权的商品，此种行为应该如何处理。首先，上述法条已经将此种行为定性为商标侵权行为，因此在性质上已经不存在争议。其次，在对其进行处理，或者说，这类侵权者承担法律责任（如行政责任、民事责任）方面是否会有所不同？根据《商标法》第60条第2款的规定，市场监督管理部门处理时，认定侵权行为成立的，责令立即停止侵权行为，没收、销毁侵权商品和主要用于制造侵权商品、伪造注册商标标识的工具，违法经营额5万元以上的，可以处违法经营额5倍以下的罚款，没有违法经营额或者违法经营额不足5万元的，可以处25万元以下的罚款。对5年内实施2次以上商标侵权行为或者有其他严重情节的，应当从重处罚。销售不知道是侵犯注册商标专用权的商品，能证明该商品是自己合法取得并说明提供者的，由市场监督管理部门责令停止销售。由此可见，在承担行政责任方面，其主要的责任承担方式是停止销售，但是不会被罚款，因此B项错误，D项正确。又因为《商标法》第64条第2款规定，销售不知道是侵犯注册商标专用权的商品，能证明该商品是自己合法取得并说明提供者的，不承担赔偿责任，因此D项表述正确。

4. **答案：D**。《商标法》第13条规定："为相关公众所熟知的商标，持有人认为其权利受到侵害时，可以依照本法规定请求驰名商标保护。就相同或者类似商品申请注册的商标是复制、摹仿或者翻译他人未在中国注册的驰名商标，容易导致混淆的，不予注册并禁止使用。就不相同或者不相类似商品申请注册的商标是复制、摹仿或者翻译他人已经在中国注册的驰名商标，误导公众，致使该驰名商标注册人的利益可能受到损害的，不予注册并禁止使用。"

5. 答案：C。本题考查对驰名商标的保护。本题选 C，但法律依据并不能根据《保护工业产权巴黎公约》，因为该公约并未将注册驰名商标的保护范围扩大到本题所述程度。

6. 答案：B。根据《最高人民法院、最高人民检察院关于办理侵犯知识产权刑事案件适用法律若干问题的解释》第 1 条的规定，在同一种商品、服务上使用"相同商标"包括（1）行为人实际生产销售的商品名称、实际提供的服务名称与权利人注册商标核定使用的商品、服务名称相同的；（2）商品名称不同，但在功能、用途、主要原料、消费对象、销售渠道等方面相同或者基本相同，相关公众一般认为是同种商品的；（3）服务名称不同，但在服务的目的、内容、方式、对象、场所等方面相同或者基本相同，相关公众一般认为是同种服务的。这里需要注意，认定"同一种商品、服务"，应当在权利人注册商标核定使用的商品、服务和行为人实际生产销售的商品、实际提供的服务之间进行比较。

7. 答案：C。《最高人民法院、最高人民检察院关于办理侵犯知识产权刑事案件适用法律若干问题的解释》首次明确服务商标与商品商标同等保护，A 不要求实际服务，B 包括未注册驰名商标，D 适用相同标准。

多项选择题

1. 答案：ABC。《商标法》第 57 条规定："有下列行为之一的，均属侵犯注册商标专用权：（一）未经商标注册人的许可，在同一种商品上使用与其注册商标相同的商标的；（二）未经商标注册人的许可，在同一种商品上使用与其注册商标近似的商标，或者在类似商品上使用与其注册商标相同或者近似的商标，容易导致混淆的；（三）销售侵犯注册商标专用权的商品的；（四）伪造、擅自制造他人注册商标标识或者销售伪造、擅自制造的注册商标标识的；（五）未经商标注册人同意，更换其注册商标并将该更换商标的商品又投入市场的；（六）故意为侵犯他人商标专用权行为提供便利条件，帮助他人实施侵犯商标专用权行为的；（七）给他人的注册商标专用权造成其他损害的。"

2. 答案：ABCD。选项 A 符合《商标法》第 57 条第（2）项的规定，选项 B 符合《商标法》第 57 条第（5）项的规定，选项 C 符合《最高人民法院关于审理商标民事纠纷案件适用法律若干问题的解释》第 1 条第（3）项的规定，选项 D 符合《商标法实施条例》第 75 条的规定。所以，本题的正确答案是 ABCD。

3. 答案：ABD。《商标法》第 57 条规定："有下列行为之一的，均属侵犯注册商标专用权：（一）未经商标注册人的许可，在同一种商品上使用与其注册商标相同的商标的；（二）未经商标注册人的许可，在同一种商品上使用与其注册商标近似的商标，或者在类似商品上使用与其注册商标相同或者近似的商标，容易导致混淆的；（三）销售侵犯注册商标专用权的商品的；（四）伪造、擅自制造他人注册商标标识或者销售伪造、擅自制造的注册商标标识的；（五）未经商标注册人同意，更换其注册商标并将该更换商标的商品又投入市场的；（六）故意为侵犯他人商标专用权行为提供便利条件，帮助他人实施侵犯商标专用权行为的；（七）给他人的注册商标专用权造成其他损害的。"《商标法实施条例》第 75 条规定："为侵犯他人商标专用权提供仓储、运输、邮寄、印制、隐匿、经营场所、网络商品交易平台等，属于商标法第五十七条第六项规定的提供便利条件。"第 76 条规定："在同一种商品或者类似商品上将与他人注册商标相同或者近似的标志作为商品名称或者商品装潢使用，误导公众的，属于商标法第五十七条第二项规定的侵犯注册商标专用权的行为。"由此可知，乙公司将"茉莉花"图形作为自己同类商品装潢使用属于侵犯商标专用权，A 项正确。丙商场将侵犯甲公司商标权的商品作为赠品进行促销，实质上属于变相销售，构成侵权，B 项正确。丁公司在同类产品包装上标注的文字与甲文字商标区别明显，不能产生混淆，故不是侵犯甲商标专用权的行为，C 项不符合题意。

戊公司的行为属于《商标法》第 57 条第（5）项规定的反向侵权行为，D 项正确。

4. **答案：ACD**。本题考查商标侵权。

《商标法》第 57 条规定："有下列行为之一的，均属侵犯注册商标专用权：（一）未经商标注册人的许可，在同一种商品上使用与其注册商标相同的商标的；（二）未经商标注册人的许可，在同一种商品上使用与其注册商标近似的商标，或者在类似商品上使用与其注册商标相同或者近似的商标，容易导致混淆的；（三）销售侵犯注册商标专用权的商品的；（四）伪造、擅自制造他人注册商标标识或者销售伪造、擅自制造的注册商标标识的；（五）未经商标注册人同意，更换其注册商标并将该更换商标的商品又投入市场的；（六）故意为侵犯他人商标专用权行为提供便利条件，帮助他人实施侵犯商标专用权行为的；（七）给他人的注册商标专用权造成其他损害的。"

5. **答案：BCD**。《最高人民法院关于审理商标民事纠纷案件适用法律若干问题的解释》第 4 条第 2 款规定，在发生注册商标专用权被侵害时，独占使用许可合同的被许可人可以向人民法院提起诉讼；排他使用许可合同的被许可人可以和商标注册人共同起诉，也可以在商标注册人不起诉的情况下，自行提起诉讼；普通使用许可合同的被许可人经商标注册人明确授权，可以提起诉讼。由此，A 的说法正确，不当选。《商标法》第 47 条规定："依照本法第四十四条、第四十五条的规定宣告无效的注册商标，由商标局予以公告，该注册商标专用权视为自始即不存在。宣告注册商标无效的决定或者裁定，对宣告无效前人民法院做出并已执行的商标侵权案件的判决、裁定、调解书和工商行政管理部门做出并已执行的商标侵权案件的处理决定以及已经履行的商标转让或者使用许可合同不具有追溯力。但是，因商标注册人的恶意给他人造成的损失，应当给予赔偿。依照前款规定不返还商标侵权赔偿金、商标转让费、商标使用费，明显违反公平原则的，应当全部或者部分返还。"由此，B、C、D 的说法均不正确，当选。

6. **答案：BD**。金农大学的"金农"商标用于农产品，而乙申请"金农"商标用于办公用品，二者并非相同或类似商品，因此乙并未侵犯金农大学的商标权。故 A 项错误。

甲注册成立了一家公司，名为金农蔬果有限责任公司，其将金农大学的"金农"商标作为自己的企业名称，并用于相似的商品（蔬果与农产品类似），容易使相关公众产生误认。根据《最高人民法院关于审理商标民事纠纷案件适用法律若干问题的解释》第 1 条规定，将与他人注册商标相同或者相近似的文字作为企业的字号在相同或者类似商品上突出使用，容易使相关公众产生误认的，构成侵犯商标权。因此，甲侵犯了金农大学的商标权。故 B 项正确。

对于驰名商标的认定，《商标法》第 14 条第 1 款规定，驰名商标应当根据当事人的请求，作为处理涉及商标案件需要认定的事实进行认定。据此，驰名商标认定采取的是个案认定主义，即在具体个案中根据案件审理需要对驰名商标作出认定。因此，金农大学无权向商标局请求确认"金农"为驰名商标，C 项错误。

根据《商标法》第 4 条第 1 款规定，不以使用为目的的恶意商标注册申请，应当予以驳回。本题中，乙申请"金农"商标是为了转卖获利，在性质上属于恶意注册，应当予以驳回。故 D 项正确。

7. **答案：ABCD**。本题考查侵犯注册商标专用权的法律责任。

《商标法》第 57 条规定："有下列行为之一的，均属侵犯注册商标专用权：（一）未经商标注册人的许可，在同一种商品上使用与其注册商标相同的商标的；（二）未经商标注册人的许可，在同一种商品上使用与其注册商标近似的商标，或者在类似商品上使用与其注册商标相同或者近似的商标，容易导致混淆的；（三）销售侵犯注册商标专用权的商品的；（四）伪造、擅自制造他人注册商标标识或者销售伪造、擅自制造的注册商标标识的；（五）未经商标注册人同意，更换其注册商标并将该更换商标的商品又投入市场的；（六）故意为侵犯他人商标专用权行为提供便利条件，帮助他人实施侵犯商标专用权行为的；（七）给他人的注册商标专用权造成其他损害的。"第60条规定："有本法第五十七条所列侵犯注册商标专用权行为之一，引起纠纷的，由当事人协商解决；不愿协商或者协商不成的，商标注册人或者利害关系人可以向人民法院起诉，也可以请求工商行政管理部门处理。工商行政管理部门处理时，认定侵权行为成立的，责令立即停止侵权行为，没收、销毁侵权商品和主要用于制造侵权商品、伪造注册商标标识的工具，违法经营额五万元以上的，可以处违法经营额五倍以下的罚款，没有违法经营额或者违法经营额不足五万元的，可以处二十五万元以下的罚款。对五年内实施两次以上商标侵权行为或者有其他严重情节的，应当从重处罚。销售不知道是侵犯注册商标专用权的商品，能证明该商品是自己合法取得并说明提供者的，由工商行政管理部门责令停止销售。对侵犯商标专用权的赔偿数额的争议，当事人可以请求进行处理的工商行政管理部门调解，也可以依照《中华人民共和国民事诉讼法》向人民法院起诉。经工商行政管理部门调解，当事人未达成协议或者调解书生效后不履行的，当事人可以依照《中华人民共和国民事诉讼法》向人民法院起诉。"据此，A、B、C、D项都正确。

8. **答案**：BD。《商标法》第13条规定："为相关公众所熟知的商标，持有人认为其权利受到侵害时，可以依照本法规定请求驰名商标保护。就相同或者类似商品申请注册的商标是复制、摹仿或者翻译他人未在中国注册的驰名商标，容易导致混淆的，不予注册并禁止使用。就不相同或者不相类似商品申请注册的商标是复制、摹仿或者翻译他人已经在中国注册的驰名商标，误导公众，致使该驰名商标注册人的利益可能受到损害的，不予注册并禁止使用。"

9. **答案**：BCD。[①] 我国法律对驰名商标实行特殊保护。《商标法》第13条规定："为相关公众所熟知的商标，持有人认为其权利受到侵害时，可以依照本法规定请求驰名商标保护。就相同或者类似商品申请注册的商标是复制、摹仿或者翻译他人未在中国注册的驰名商标，容易导致混淆的，不予注册并禁止使用。就不相同或者不相类似商品申请注册的商标是复制、摹仿或者翻译他人已经在中国注册的驰名商标，误导公众，致使该驰名商标注册人的利益可能受到损害的，不予注册并禁止使用。"本题中，甲公司申请注册的"杜鹃花"文字商标被国家有关部门认定为驰名商标，其他不相同或者不相类似商品申请注册的商标不能是复制、摹仿或者翻译该驰名商标，否则即构成侵权。因此，选项B中的丙公司将该商标作为商号登记使用属于侵权行为；选项C中的丁公司将该商标注册为域名使用属于侵权行为；选项D中的戊公司将该商标使用在自己生产的农药产品上属于侵权行为。至于选项A中乙公司在啤酒上使用"映山红"商标则不属于侵权，虽然"杜鹃花"与"映山红"同属一物，但两个文字作为商标则是完全不同的两个商标。所以，选项B、C、D为正确答案。

10. **答案**：AB。本题考查著作权被以注册商标的方式所侵犯可以采取的维护权利的方法。

显然，本题中的甲侵犯了乙的著作权。《著作权法》第60条规定："著作权纠纷可以调解，也可以根据当事人达成的书面仲裁协议或者著作权合同中的仲裁条款，向仲裁机构申请仲裁。当事人没有书面仲裁协议，也没有在著作权合同中订立仲裁条款的，可以直接向人民法院起诉。"因此A项当选。《商标法》第45条第1款规定："已经注册的商标，违反本法第十三条第二款和第三款、第十五条、第十六条第一款、第三十条、第三十一条、第三十二条规定的，自商

[①] 驰名商标是指享有较高声誉，为公众所周知的商标。相对于普通商标而言，驰名商标不仅具有区别来源的基本功能，更重要的是它具有品质担保和信誉标示的作用。

标注册之日起五年内,在先权利人或者利害关系人可以请求商标评审委员会宣告该注册商标无效。对恶意注册的,驰名商标所有人不受五年的时间限制。"

本题中的情形应适用上述规定,因为甲公司的行为违反了《商标法》第32条的规定。《商标法》第32条规定:"申请商标注册不得损害他人现有的在先权利,也不得以不正当手段抢先注册他人已经使用并有一定影响的商标。"因此B项当选。《商标法》第45条第2款规定:"商标评审委员会收到宣告注册商标无效的申请后,应当书面通知有关当事人,并限期提出答辩。商标评审委员会应当自收到申请之日起十二个月内做出维持注册商标或者宣告注册商标无效的裁定,并书面通知当事人。有特殊情况需要延长的,经国务院工商行政管理部门批准,可以延长六个月。当事人对商标评审委员会的裁定不服的,可以自收到通知之日起三十日内向人民法院起诉。人民法院应当通知商标裁定程序的对方当事人作为第三人参加诉讼。"因此C项不当选。关于D项,著作权的许可是著作权人和被许可人之间的事,双方可以就此签订著作权许可合同,在合同中约定支付多少报酬,甲是否应向乙赔偿损失完全看乙的意思。因此D项的说法过于绝对,并不完全正确。

11. 答案:ABCD。驰名商标受到法律的特殊保护,要综合各种情况考虑一个商标是否驰名,《商标法》第14条第1款规定了认定驰名商标应当考虑的因素,本题选项是其前四项的规定,所以A、B、C、D均是正确答案。

12. 答案:ABC。对驰名商标,我国采取"被动认定,个案保护"的原则。对驰名商标的认定,是为了解决商标争议和纠纷的需要而进行的。在发生争议和纠纷时,由司法或者行政机关对涉案商标是否为驰名商标进行认定,进而决定是否给予该商标特殊保护。

13. 答案:BCD。《商标法》第13条规定:"为相关公众所熟知的商标,持有人认为其权利受到侵害时,可以依照本法规定请求驰名商标保护。就相同或者类似商品申请注册的商标是复制、摹仿或者翻译他人未在中国注册的驰名商标,容易导致混淆的,不予注册并禁止使用。就不相同或者不相类似商品申请注册的商标是复制、摹仿或者翻译他人已经在中国注册的驰名商标,误导公众,致使该驰名商标注册人的利益可能受到损害的,不予注册并禁止使用。"注意,未在中国注册的驰名商标的保护范围只及于相同或者类似商品,而不及于不相同或者不相类似的商品。所以正确答案是B、C、D。

14. 答案:AB。《民法典》第1024条第1款规定:"民事主体享有名誉权。任何组织或者个人不得以侮辱、诽谤等方式侵害他人的名誉权。"本题中,甲注册"华欣"的商标用于家用电器并销售了有质量瑕疵的电器,导致华欣中心的名誉贬损,侵害了华欣中心的名誉权。因此华欣中心有权请求甲赔偿损失。故A选项正确。

《商标法》第45条第1款规定:"已经注册的商标,违反本法第十三条第二款和第三款、第十五条、第十六条第一款、第三十条、第三十一条、第三十二条规定的,自商标注册之日起五年内,在先权利人或者利害关系人可以请求商标评审委员会宣告该注册商标无效。对恶意注册的,驰名商标所有人不受五年的时间限制。"《商标法》第32条规定:"申请商标注册不得损害他人现有的在先权利,也不得以不正当手段抢先注册他人已经使用并有一定影响的商标。"据此,侵害在先权利是相对拒绝注册事由。结合本题,华欣中心已经使用了华欣作为法人名称,甲又以之申请了注册商标,侵害了华欣中心的在先权利。华欣中心有权请求国家知识产权局宣告该注册商标无效。B选项正确。

《民法典》第1203条第1款规定:"因产品存在缺陷造成他人损害的,被侵权人可以向产品的生产者请求赔偿,也可以向产品的销售者请求赔偿。"据此,消费者既可以向生产者主张产品责任,也可以向销售者主张产品责任。本题中华欣中心并非缺陷产品的生产者，消费者无权请求华欣中心承担产品责任。故 C 选项错误。

依据《商标法》第 14 条第 1 款，驰名商标应当根据当事人的请求，作为处理涉及商标案件需要认定的事实进行认定。就此而言，现行法对驰名商标采取的是个案认定主义。因此，华欣中心无权申请将"华欣"注册为驰名商标。故 D 选项错误。

15. **答案**：ABCD。《最高人民法院、最高人民检察院关于办理侵犯知识产权刑事案件适用法律若干问题的解释》第 3 条第 1 款规定，未经注册商标所有人许可，在同一种商品上使用与其注册商标相同的商标，具有下列情形之一的，应当认定为刑法第二百一十三条规定的"情节严重"：（1）违法所得数额在三万元以上或者非法经营数额在五万元以上的；（2）假冒两种以上注册商标，违法所得数额在二万元以上或者非法经营数额在三万元以上的；（3）二年内因实施刑法第二百一十三条至第二百一十五条规定的行为受过刑事处罚或者行政处罚后再次实施，违法所得数额在二万元以上或者非法经营数额在三万元以上的；（4）其他情节严重的情形。

名词解释

答案：普通商标是指在正常情况下使用未受到特别法律保护的绝大多数商标，是与驰名商标相对应的一种商标。

驰名商标，是根据企业的申请，官方认定的一种商标类型，在中国国内为公众广为知晓并享有较高声誉。对驰名商标的保护不仅仅局限于相同或者类似商品或服务，就不相同或者不相类似的商品申请注册或者使用时，都将不予注册并禁止使用，因此驰名商标被赋予了比较广泛的排他性权利。

简答题

1. **答案**：（1）对未注册的驰名商标予以保护。对驰名商标的保护不以注册为前提条件。对未注册的驰名商标可以按"使用原则"予以保护。（2）放宽驰名商标注册的显著性条件。驰名商标由于与某一商品已紧紧联系在一起，并已获得较高的声誉且为相关公众所熟知，即使在设计上不具有显著性，其所代表的商品在行销区域内为交易者和消费者认知，具有较强的识别性，从而具备了获准注册的条件。（3）扩大驰名商标的保护范围。为了有效地保护驰名商标，许多国家的商标法都规定对驰名商标的保护范围要大于一般注册商标的保护范围。不仅在相同或类似的商品上禁止他人使用与驰名商标相同或近似的商标，而且在不同类别、性质不相似的商品上也不允许使用与驰名商标相同或近似的商标。（4）驰名商标所有人享有特别期限的排他权。《巴黎公约》与 TRIPs 协定都规定与驰名商标冲突的已经注册的商标，自该商标注册之日起 5 年内，驰名商标所有人有权提出撤销该注册商标的请求。至于恶意使用或注册的，则不受该时间限制。（5）注册驰名商标在与他人在先注册的商标发生冲突时，驰名商标所有人有权继续使用其商标。

2. **答案**：（1）司法认定情形：

根据最高人民法院有关驰名商标认定的两个司法解释，目前仅有以下三类知识产权民事或行政案件中存在认定驰名商标的情形。

①复制、摹仿、翻译或者音译驰名商标或其主要部分作为计算机域名使用的侵权案件。

②复制、摹仿、翻译他人注册的驰名商标或其主要部分在不相同或不类似商品上作为商标使用的侵权案件。

③复制、摹仿、翻译他人未在中国注册的驰名商标或其主要部分在相同或类似商品上作为商标使用的侵权案件。

（2）管辖法院：

涉及驰名商标认定的民事纠纷案件，由省、自治区人民政府所在地的市、计划单列市中级人民法院，以及直辖市辖区内的中级人民法院管辖。其他中级人民法院管辖此类民事纠纷案件，需报经最高人民法院批准，未经批准的中级人民法院不再受理此类案件。（《最高人民法院关于涉及驰名商标认定的民事纠纷案件管辖问题的通知》）

（3）司法认定标准：

《最高人民法院关于审理商标民事纠纷案件适用法律若干问题的解释》第22条第2款规定："认定驰名商标，应当依照商标法第十四条的规定进行。"

《商标法》第14条第1款规定："驰名商标应当根据当事人的请求，作为处理涉及商标案件需要认定的事实进行认定。认定驰名商标应当考虑下列因素：（一）相关公众对该商标的知晓程度；（二）该商标使用的持续时间；（三）该商标的任何宣传工作的持续时间、程度和地理范围；（四）该商标作为驰名商标受保护的记录；（五）该商标驰名的其他因素。"

（4）司法认定应当提供的材料有：

①证明相关公众对该商标知晓程度的有关材料；②证明该商标使用持续时间的有关材料，包括该商标使用、注册的历史和范围的有关材料；③证明该商标的任何宣传工作的持续时间、程度和地理范围的有关材料，包括广告宣传和促销活动的方式、地域范围、宣传媒体的种类以及广告投放量等有关材料；④证明该商标作为驰名商标受保护记录的有关材料，包括该商标曾在中国或者其他国家和地区作为驰名商标受保护的有关材料；⑤证明该商标驰名的其他证据材料，包括使用该商标的主要商品近三年的产量、销售量、销售收入、利税、销售区域等有关材料。

3. 答案：有下列行为之一的，均属侵犯注册商标专用权：（1）未经商标注册人的许可，在同一种商品或者类似商品上使用与其注册商标相同或者近似的商标的；（2）销售侵犯注册商标专用权的商品的；（3）伪造、擅自制造他人注册商标标识或者销售伪造、擅自制造的注册商标标识的；（4）未经商标注册人同意，更换其注册商标并将该更换商标的商品又投入市场的；（5）给他人的注册商标专用权造成其他损害的。这包括：①经销明知或者应知是侵犯他人注册商标专用权商品的；②在同种或者类似商品上，将与他人注册商标相同或者近似的文字、图形作为商品名称或者商品装潢使用，并足以造成误认的；③故意为侵犯他人注册商标专用权行为提供仓储、运输、邮寄、隐匿等便利条件的。

4. 答案：答案：根据《最高人民法院、最高人民检察院关于办理侵犯知识产权刑事案件适用法律若干问题的解释》第4条的规定，销售假冒注册商标的商品，具有下列情形之一的，可以认定为《刑法》第214条规定的"明知"，但有证据证明确实不知道的除外：

（1）知道自己销售的商品上的注册商标被涂改、调换或者覆盖的；（2）伪造、涂改商标注册人授权文件或者知道该文件被伪造、涂改的；（3）因销售假冒注册商标的商品受过刑事处罚或者行政处罚，又销售同一种假冒注册商标的商品的；（4）无正当理由以明显低于市场价格进货或者销售的；（5）被行政执法机关、司法机关发现销售假冒注册商标的商品后，转移、销毁侵权商品、会计凭证等证据或者提供虚假证明的；（6）其他可以认定为明知是假冒注册商标的商品的情形。

论述题

1. 答案：驰名商标，也称为周知商标，是指经过长期使用，在市场上享有较高声誉并为相关公众所熟知的商标。

第一，我国对驰名商标的认定。

原国家工商行政管理总局于2014年7月3日颁布了修订后的《驰名商标认定和保护规定》。其第9条对《商标法》规定的驰名商标认定条件在证据材料上作了进一步的明确：（1）证明相关公众对该商标知晓程度的材料；（2）证明该商标使用持续时间的材料；（3）证明该商标的任何宣传工作的持续时间、程度和地理范围的材料；（4）证明该商标曾在中国或其他国家和地区作为驰名商标受保护的材料；（5）证明该商标驰名的其他证据材料。

商标局、商标评审委员会在认定驰名商标时，应当综合考虑上述各项因素，但不以该商标必须满足该条规定的全部因素为前提。

可见，我国认定驰名商标的现行标准对使用驰名商标的商品质量也没有要求。但是，不论商品使用的是否为驰名商标，商品质量都应当符合法律规定的基本要求；使用驰名商标的商品蕴含着更高的商誉价值，更应注重商品质量。

第二，我国对驰名商标的特殊保护措施。《商标法》对驰名商标保护的规定应属绝对保护。驰名商标除受到一般注册商标的保护外，还受到以下方面的特殊保护：

（1）未注册的驰名商标也有禁止权。一般商标只有注册了，才能享用独占使用的权利，禁止他人的使用，受到法律的保护。驰名商标则不然，未注册的驰名商标所有人也有权禁止他人就相同或者类似商品上注册、使用其驰名商标。《商标法》第13条第2款规定，他人就相同或者类似商品申请注册的商标是复制、摹仿或者翻译他人未在中国注册的驰名商标，容易导致混淆的，不予注册并禁止使用。

（2）注册的驰名商标受到"跨类保护"。一般商标注册后只在同一种或类似的商品或服务上享有禁止他人使用的权利，而注册的驰名商标权利人有权禁止他人在任何商品或服务上使用其驰名商标。《商标法》第13条第3款规定，就不相同或者不相类似商品申请注册的商标是复制、摹仿或者翻译他人已经在中国注册的驰名商标，误导公众，致使该驰名商标注册人的利益可能受到损害的，不予注册并禁止使用。

（3）驰名商标所有人或者利害关系人对已经恶意注册的商标提起争议的，不受五年时间的限制。《商标法》第45条第1款规定，已经恶意注册的商标违反第13条第2款、第3款规定的，在先权利人或者利害关系人请求商标评审委员会宣告该注册商标无效的，不受五年争议期的限制。依此规定，驰名商标所有人任何时候都可以该商标的注册违反《商标法》第13条的规定为由，请求国家知识产权局宣告恶意注册人的注册商标无效。

（4）驰名商标所有人有权禁止他人将其驰名商标作为企业名称中的字号使用。《商标法》第58条规定："将他人注册商标、未注册的驰名商标作为企业名称中的字号使用，误导公众，构成不正当竞争行为的，依照《中华人民共和国反不正当竞争法》处理。"

（5）驰名商标所有人有权禁止他人将其驰名商标作为域名注册、使用。《关于审理涉及计算机网络域名民事纠纷案件适用法律若干问题的解释》规定，将对他人驰名商标的复制、摹仿、翻译或者译作为自己的域名或者域名的主要部分，足以造成相关公众误认的，为侵犯他人驰名商标的行为。侵权人应承担停止侵权、赔偿损失的责任，注销其域名。

对驰名商标，除通过商标法、刑法进行保护外，还可通过反不正当竞争法进行保护。反不正当竞争法对知识产权的保护是一种兜底保护，即商标法保护不力的，尚可通过反不正当竞争法进行保护。

2. **答案**：现状：

我国驰名商标的法律保护主要包括行政保护和司法保护：

（1）驰名商标的行政保护

根据《商标法实施条例》第3条、第72条，《商标法》第60条的规定，对驰名商标的行政保护主要有以下四种情况：

①商标局或国家知识产权局驳回违反《商标法》第13条规定的商标注册申请或者撤销违反《商标法》第14条的商标注册。

②市场监督管理部门责令行为人停止违反《商标法》第13条规定使用该驰名商标的行为，收缴销毁其商标标识，商标标识与商品难以分离的一并收缴销毁。

③驰名商标所有人认为他人将其驰名商标作为企业名称中的字号使用，误导公众，构成不正当竞争行为的，依照《反不正当竞争法》处理。

④市场监督管理部门责令立即停止侵权行为，没收、销毁侵权商品和专门用于制造侵权商品、伪造驰名注册商标标识的工具，并处以罚款。

（2）驰名商标的司法保护

与行政保护不同的是，驰名商标的司法认定主体往往是司法保护主体，驰名商标的司法保护主体是中级以上人民法院。根据《商标法》第35条、第44条、第45条、第

60条以及《驰名商标认定和保护规定》第5条、第6条、第15条的规定，根据当事人的申请，人民法院可以通过民事诉讼、行政诉讼和刑事诉讼三种形式来保护驰名商标专用权。

①适用《最高人民法院关于审理商标民事纠纷案件适用法律若干问题的解释》第1条第2项、《商标法》第57条第7项以及第60条的规定，驰名商标所有人可以直接请求人民法院通过民事诉讼程序保护其驰名商标专用权。

②适用《最高人民法院关于审理商标民事纠纷案件适用法律若干问题的解释》第1条第2项，《商标法》第35条、第44条、第45条、第57条第7项以及第60条的规定，还有《驰名商标认定和保护规定》第5条、第6条的规定，驰名商标所有人可以请求人民法院通过行政诉讼程序保护其驰名注册商标。

③适用《驰名商标认定和保护规定》第15条的规定，驰名商标所有人可以请求人民法院适用刑事诉讼程序保护其驰名商标。

存在的问题：

（1）商标注册意识淡薄，缺乏市场竞争认识；

（2）对商标宣传滞后，知名度普遍不高；

（3）不注重商标的使用和管理，致使假冒商标泛滥；

（4）过于"神话"驰名商标，使部分驰名商标名不副实；

（5）驰名商标保护中出现权利滥用。

完善：

（1）净化驰名商标保护环境；

（2）严格规制肆意转让驰名商标的使用权；

（3）对未注册驰名商标进行跨类保护；

（4）对驰名商标行政认定和司法认定作出一定限制；

（5）对驰名商标进行反淡化保护；

（6）注重驰名商标网上保护；

（7）建立驰名商标退出机制。

案例分析题

1. 答案：（1）被告的行为侵犯了原告的知识产权。

随着社会经济和科学技术的发展，传统的知识产权只包括专利权、商标权、版权，不足以调整科学技术成果在市场上交换所产生的所有社会关系，此时的利益分配需要一个新的平衡点。知识产权的本质乃是利益问题，知识产权保护的实质在于知识产品需要智力和物质投资及其所具有的市场价值。

许多商业和服务性组织为便于消费者识别，往往确立容易识别的标志，表征产品或服务的质量。因为消费者经常依赖经验选择商品，如果可靠的质量保证包含在某种产品或服务中，标志符号的价值就能持续，也能降低消费者的搜索成本。从而标志符号就包含经济效率，既能吸引消费者，又能监督经营者提高经营质量，这样就能建立消费者和经营者之间固定的联系。正因如此，我们将其纳入知识产权保护的范围。

具体到本案，原告付出很多努力使自己的餐厅有特色，消费者可依此特色将原告餐厅与其他餐厅做出区分。这种特色不仅包括餐厅的室内和室外的装潢布置，还包括广告语、菜单、服务员的服饰以及其他宣传品。所有这些元素的组合形成了特别的标志符号。法律应该对从普通事物中区分出来产生了特定含义并且包含经济价值的符号给予保护。

（2）法律适用问题。

本案服务标志的内容包括餐厅的室内和室外的装潢布置，还包括广告语、菜单、服务员的服饰以及其他宣传品。故不能适用《反不正当竞争法》第7条关于包装装潢的侵权。服务标志标明了服务来源，不能像商品商标那样附着于商品之上。

《反不正当竞争法》第二章列举了多种不正当竞争行为，案例中的服务标志并不包含在内。但是根据该法第2条第1款确立的市场交易原则，人们可以判断行为的合法性。作为兜底条款，人民法院可以直接据此对其他不正当竞争行为进行制裁。

2. 答案：对侵犯注册商标专用权的行为，被授权人可以向县级以上市场监督管理部门要求处理，有关市场监督管理部门有权责令侵权人立即停止侵权行为，赔偿被侵权人的损失，赔偿数额按照权利人因被侵权所受到的实际损失确定；实际损失难以确定的，可以按照侵权人因侵权所获得的利益确定；权利人的损失或者侵权人获得的利益难以确定的，参照该商标许可使用费的倍数合理确定。对恶意侵犯商标专用权，情节严重的，可以按照上述方法确定数额的一倍以上三倍以下确定赔偿数额。赔偿数额应当包括权利人为制止侵权行为所支付的合理开支。权利人因被侵权所受到的实际损失、侵权人因侵权所获得的利益、注册商标许可使用费难以确定的，由人民法院根据侵权行为的情节判决给予三百万元以下的赔偿。侵犯注册商标专用权，未构成犯罪的，管理部门可以处以罚款。当事人对管理部门责令停止侵权行为、罚款的处理决定不服的，可以在收到通知十五日内，向人民法院起诉；期满不起诉又不履行的，由有关管理部门申请人民法院强制执行。对于侵犯注册商标专用权的行为，违法经营额五万元以上的，可以处违法经营额五倍以下的罚款，没有违法经营额或者违法经营额不足五万元的，可以处二十五万元以下的罚款。对五年内实施两次以上商标侵权行为或者有其他严重情节的，应当从重处罚。监督管理部门可以应被侵权人的请求责令侵权人赔偿损失。但如果被侵权人由于种种原因，不要求赔偿，管理部门不能违背被侵权人的意愿。

本案中，印刷厂的行为确实侵犯了津津食品厂的商标专用权，但监督管理部门的处理决定不甚恰当。根据《商标法》的规定，监督管理部门仅能处以 25 万元以下的罚款，并且除罚款外，监督管理部门还应作出要求印刷厂停止侵权，责令印刷厂赔偿津津食品厂损失的决定，不能仅以罚款了事。

3. 答案：商标侵权行为指侵犯他人有效的注册商标专有使用权的行为。根据我国《商标法》的规定，有下列行为之一的，均属侵犯注册商标专用权：

（1）未经商标注册人的许可，在同一种商品上使用与其注册商标相同的商标的；（2）未经商标注册人的许可，在同一种商品上使用与其注册商标近似的商标，或者在类似商品上使用与其注册商标相同或者近似的商标，容易导致混淆的，此种情形包括在同一种商品或者类似商品上将与他人注册商标相同或者近似的标志作为商品名称或者商品装潢使用，误导公众的；（3）销售侵犯注册商标专用权的商品的；（4）伪造、擅自制造他人注册商标标识或者销售伪造、擅自制造的注册商标标识的；（5）未经商标注册人同意，更换其注册商标并将该更换商标的商品又投入市场的；（6）故意为侵犯他人商标专用权行为提供便利条件，帮助他人实施侵犯商标专用权行为的；（7）为侵犯他人商标专用权提供仓储、运输、邮寄、印制、隐匿、经营场所、网络商品交易平台等；（8）给他人的注册商标专用权造成其他损害的。

本案中乙店使用的"巴蜀汤圆"包装袋的装潢设计与甲店的"天府汤圆"几乎完全相同，足以对消费者造成误认，认为"巴蜀汤圆"是甲店生产。这种行为不但侵犯了甲店的注册商标专用权，而且是一种不正当竞争行为，因此法院应判决乙店停止使用"巴蜀汤圆"的现有包装，并赔偿甲店所受损失。

4. 答案：某服装厂的行为不属于侵犯商标专用权的范畴，市场监督管理部门的处理不正确。

根据《商标法》的规定，只有在同一种商品或者类似商品上使用与他人注册商标相同或近似的商标，才构成侵犯商标专用权。本案中，尽管某服装厂在其生产销售的女式衬衣上使用"月季花"图形商标与某针织厂在其生产的彩条毛巾上使用的"月季花"商标相同，但是，这两个生产厂家所生产的产品，既非同一商品，又非类似商品，故而某服装厂的行为不属于侵犯商标专用权的范畴。因此，市场监督管理部门的处理是不正确的。

5. 答案：（1）对被撤销的商标不能立即申请注册。商标法规定，注册商标被撤销的，自撤销之日起一年内，商标局对与该商标相同的商标注册申请，不予核准。

（2）妥当，注册商标的使用许可必须遵循法定程序。首先，许可人与被许可人应签订注册商标使用许可合同；其次，合同签订后，许可人应当将合同的副本送交当地县级以上市场监督管理部门存查，并报送商标局备案。对于违反上述程序规定的，市场监督管理部门可以责令其限期改正，拒不改正的，可以由许可人所在地市场监督管理部门报请商标局撤销其注册商标。

（3）对于乙厂就与甲厂的合同纠纷向法院起诉的问题，法院可就其两种不同的诉讼请求分别处理：一是在合同有效期间因甲厂不交付商标使用权费而提起的给付之诉和损害赔偿之诉，法院应予支持，按合同约定判令甲厂给付和赔偿；二是对该注册商标被撤销后，因商标使用许可合同失效而引起的赔偿之诉，因法律事实已不成立而不予受理，或者在受理后以裁定驳回。

6. **答案**：这两个商标对于一般消费者来说足以造成误认，是相似商标。英什尔公司可以向中国商标局提出撤销中国某公司的注册商标；但不可以要求商标局责令停止侵权行为、赔偿损失。

（1）这两个商标为近似商标。虽然两匹马一个是奔跑的姿势，一个是吃草的姿势，但大致来看还是差不多的。而且英文字母与汉语拼音字母草写起来也相差不多。因此，从总体上来看，该两个商标是相似的，对于一般消费者来说足以造成误认。

（2）英什尔公司提出的要求中，向中国商标局提出撤销中国某公司的注册商标是可以的，因为商标局有权受理撤销注册商标的申请。

英什尔公司要求商标局责令停止侵权行为，赔偿损失是不可以的，因为商标局没有这个权力，应向国家知识产权局提出请求或向人民法院起诉；英什尔公司委托其本国律师提出注册申请是不对的，因为外国律师无权在中国进行此项业务。

第十九章 其他商业标志保护

单项选择题

1. **答案**：D。商品通用名称因缺乏显著性，无法作为商业标志受法律保护（如"手机"不能注册为商标或商号）。其他选项（商号、地理标志、域名）均为法律明确保护的商业标志。

2. **答案**：B。根据《反不正当竞争法》第7条，擅自使用他人有一定影响的商号、企业名称等，导致混淆的行为构成不正当竞争，而非直接侵犯商标权或著作权。

3. **答案**：A。国家知识产权局统一负责地理标志的注册和管理（如通过《商标法》注册地理标志商标），农业农村部则主要管理农产品地理标志。

4. **答案**：C。地理标志的保护基于其地域特性和产品质量，而非知名度（如"金华火腿"即使未广泛宣传，仍受保护）。其他选项（如知名包装、未注册商标）需以"有一定影响"为前提。

5. **答案**：B。域名争议主要依据《互联网域名管理办法》及《域名争议解决办法》，由CNNIC（中国互联网络信息中心）或其授权机构处理，与商标法无直接关联。

6. **答案**：B。《巴黎公约》第8条规定，商号在成员国自动受保护，无须注册或申请，体现对商业主体名称的跨境保护原则。

7. **答案**：B。商业外观（Trade Dress）指商品或服务的整体形象（如包装、装潢、店面设计），需具备显著性且非功能性，受《反不正当竞争法》保护。

8. **答案**：B。《反不正当竞争法》第7条明确禁止仿冒知名商品特有名称、包装、装潢等混淆行为，而《商标法》第57条仅规制商标侵权行为。

9. **答案**：A。地理标志侵权行为包括在非产地生产的商品上虚假标注产地（如非龙井茶产区生产的茶叶标注"西湖龙井"），损害地理标志信誉。

10. **答案**：A。TRIPs协定第23条要求成员国对葡萄酒和烈酒的地理标志提供额外保护（即使标注了真实产地，仍可能构成侵权）。

多项选择题

1. **答案**：ABD。商品通用包装（C）因缺乏特有性不受保护，而商号（A）、地理标志（B）、知名服务特有名称（D）均属于法律保护的商业标志。

2. **答案**：ABC。地理标志可通过《商标法》（注册为集体/证明商标）、《地理标志产品保护规定》（质检体系）及《反不正当竞争法》（禁止虚假宣传）多维度保护，与《专利法》无关。

3. **答案**：ABD。域名侵权需满足三要件：①域名与商标相同或近似；②注册者无正当权益；③恶意注册或使用（如囤积域名牟利）。未使用域名（C）不必然构成侵权。

4. **答案**：AD。商号用于区分企业主体（如"华为技术有限公司"），商标用于区分商品来源（如"华为手机"）；商标可跨类保护（驰名商标），商号保护限于登记辖区和行业（B错误，商号需登记但保护范围有限；C错误，商号无全国排他性）。

5. **答案**：AB。《反不正当竞争法》第7条禁止仿冒商业标志（如域名、装潢），而虚假宣传（D）属于第9条规制，使用失效专利（C）属于第12条规制，均非混淆行为。

6. **答案**：AB。地理标志的合法使用者须为产地内生产者且符合质量标准（如"阳澄湖大闸蟹"仅限阳澄湖养殖户使用），境外企业（D）需符合特定双边协议。

7. **答案**：AC。商业外观侵权需模仿具有显著性和非功能性的设计（如可口可乐瓶造型），通用设计或功能改进不构成侵权。

8. **答案**：AC。商号在登记机关辖区和行业内具有排他性，但无全国性排他权（B错误）；登记是保护前提（D错误）。

9. **答案**：AB。TRIPs协定要求防止商标与地理标志冲突（如"香槟"为地理标志，不得注册为商标），并禁止虚假使用地理标志（如非法国产葡萄酒标注"Champagne"），但未强制注册所有标志（C、D错误）。

10. **答案**：AC。域名争议中，恶意抢注可被撤销（A正确），但商标权人未必自动获得域名（B错误，需证明恶意）；中国互联网络信息中心是争议解决机构（C正确），损害后果非必要要件（D错误）。

简答题

1. **答案**：（1）功能不同：商号用于区分不同的商业主体，代表着厂商的信誉，必须与商品的生产者或经营者相联系而存在。商标用于区分商品或服务来源，让消费者识别特定品牌，代表着商品的信誉，必须与其所依附的某些特定商品相联系而存在。

    （2）构成要素不同：商号通常由行政区划、字号、行业或经营特点、组织形式构成，一般以文字形式呈现。商标可由文字、图形、字母、数字、三维标志、颜色组合和声音等，以及上述要素的组合构成。

    （3）适用范围不同：商号仅在企业自身经营活动中使用，且仅在核准登记的特定地域和行业内使用。商标适用于商品或服务，在全国范围内同类商品或服务上具有排他性，驰名商标还可获得跨类保护。

    （4）保护期限不同：商号一般与企业存续期一致，无明确法定保护期限。商标经注册后，有效期为10年，到期可续展。

2. **答案**：域名在网络环境下的唯一性，使其在市场经济中成为一种识别标记，能够指向确定的主体，因而具有类似商标的功能，从而在法律特征层面也接近于商标。域名的法律特征主要有：（1）识别性。经营者将其商标或商号作为域名的主要部分注册之后，其目的就是要让消费者在网络检索中通过对其商标或商号的搜索进入其公司或企业的网站，因而域名就通过区分不同网站的方式发挥了识别不同经营者的作用。（2）价值性。由于域名能够与经营主体建立起一一对应的关系，使得域名从单纯的定位功能发展成为商誉的载体，商号、商标往往成为域名的重要组成部分，从而使域名本身具有了较强的经济价值。（3）稀缺性。由于域名在网络世界中具有唯一性，使得域名本身成为一种较为稀缺的资源。为此，使用相同或类似商标的不同经营者都致力于获得与该商标相同或接近的域名，域名的稀缺性进一步凸显，增加了其在市场经济中的价值。但域名在网络世界具有绝对唯一性，这就不可避免地会产生域名抢注和域名冲突，因而需要法律加以规范。

论述题

答案：解决域名与商标权利冲突的方法是指，通过界定恶意注册域名的方式而将冲突域名清除出市场交易场所，从而解决域名与商标之间的权利争议。要界定恶意注册域名的行为，必须清晰地界定构成恶意注册域名的要件。《最高人民法院关于审理涉及计算机网络域名民事纠纷案件适用法律若干问题的解释》第4条规定，人民法院审理域名纠纷案件，对符合以下各项条件的，应当认定被告注册、使用域名等行为构成侵权或者不正当竞争：（1）原告请求保护的民事权益合法有效。（2）被告域名或其主要部分构成对原告驰名商标的复制、模仿、翻译或音译；或者与原告的注册商标、域名等相同或近似，足以造成相关公众的误认。（3）被告对该域名或其主要部分不享有权益，也无注册、使用该域名的正当理由。（4）被告对该域名的注册、使用具有恶意。依据该规定，可以将构成恶意注册域名的要件分解为：（1）争议域名与商标权人的商标相同或具有误导性的近似；（2）域名注册人不存在注册域名的合法权利或利益；（3）域名系恶意注册或使用。

第四编 与知识产权有关的反不正当竞争的权利

第二十章 反不正当竞争法律制度概述

✓ 单项选择题

1. **答案**：B。虚假广告属于不正当竞争行为，而非限制竞争的行为。
2. **答案**：C。诋毁竞争对手与侵犯商业秘密行为属于不正当竞争行为，强制交易属于限制竞争行为，因此C项正确。
3. **答案**：A。《谢尔曼法》被公认为反垄断产生的标志，该法认定以契约、联合或共谋等形式对州际贸易、与外国之间的贸易和商业进行限制或垄断等行为为非法。
4. **答案**：C。《反垄断法》第7条规定，具有市场支配地位的经营者，不得滥用市场支配地位，排除、限制竞争。
5. **答案**：D。本题的关键点有两个方面：第一个方面是，红心地板公司宣传自己的地板是"原装进口实木地板"，而实际情况是"该公司生产的实木地板是用进口木材在国内加工而成"，其宣传行为容易让消费者认为该地板是国外生产的，因而属于违反《反不正当竞争法》第9条的规定，是对商品的产地、生产者作引人误解的虚假宣传的行为；第二个方面是，该公司在广告中宣称"强化木地板甲醛高、不耐用"，并且造成了当地市场上强化木地板销量锐减的情况，该行为对当地所有生产"强化木地板"的企业的商业信用带来了不利影响，违反《反不正当竞争法》第12条的规定。故本题的正确答案为D，其行为既构成虚假宣传行为，又构成诋毁商誉行为。

✓ 多项选择题

1. **答案**：BCD。A项的说法过于绝对，对于公用企业以及某些特定行业的限制竞争行为并不受到法律的限制，B、C、D项正确。
2. **答案**：AD。《反不正当竞争法》第11条规定有奖销售最高奖金不得超过50000元。降价销售鲜货不属于不正当竞争行为。故BC属于正当竞争行为。《反垄断法》第39条规定，行政机关和法律、法规授权的具有管理公共事务职能的组织不得滥用行政权力，限定或者变相限定单位或者个人经营、购买、使用其指定的经营者提供的商品。垄断行为无疑是不正当竞争行为的一种典型，因此A选项当选。《反不正当竞争法》第12条规定，经营者不得编造、传播虚假信息或者误导性信息，损害其他经营者的商业信誉、商品声誉。因此，D选项当选。
3. **答案**：CD。根据《反不正当竞争法》第2条的规定，《反不正当竞争法》是用来规制经营者的经营行为的，这里的经营者是指处在同一领域中的经营者，分处不同领域的经营者不存在彼此之间竞争的问题，不受《反不正当竞争法》的限制。据此，选项C、D涉及的行为是不正当竞争行为。①

✎ 简答题

1. **答案**：《反不正当竞争法》第2条第2款规定："本法所称的不正当竞争行为，是指经营者在生产经营活动中，违反本法规定，扰

---

① 读者应注意，不同领域的经营者、新闻媒体客观上即使实施了一些损害经营者利益的行为，构成的也仅仅是民事侵权，如侵犯名誉权、荣誉权等，但并不构成不正当竞争。

乱市场竞争秩序，损害其他经营者或者消费者的合法权益的行为。"

不正当竞争行为的特征：

（1）不正当竞争行为的主体特定性。不正当竞争行为是在市场交易领域内发生的，行为主体具有特定性。我国《反不正当竞争法》第 2 条限定不正当竞争行为的主体为"经营者"。

（2）不正当竞争行为的主观过错。行为人在主观上具有与竞争对手争夺顾客或者不正当地获取竞争优势等动机与目的。

（3）不正当竞争行为的不当性、非诚实性。不正当竞争行为往往表现为不正当竞争者对特定或不特定经营者实施单方面妨碍公平竞争的行为。这种行为体现在以下两个方面：①盗用他人竞争优势；②采取不正当手段使自己占据竞争优势。

（4）不正当竞争行为的损害后果。不正当竞争行为会给其他经营者的合法权益造成损害，同时也会使国家、社会和消费者利益受到损害。

2. **答案**：不正当竞争行为是在承认并允许其他竞争对手参与竞争的前提下，采取不正当、不合法的手段从事经营活动，属于竞争的范畴。垄断是指少数企业通过自身经济增长或合并等形成对国内某一市场或某一行业的独占与控制，从本质上看是从根本上排斥、限制竞争，是竞争的对立物，是消除竞争。在我国，对垄断行为的规制体现在专门的《反垄断法》中。

3. **答案**：著作权法保护的对象是作品，作品是具有独创性的表达。有些表达的形成需要付出相当的资本与劳力，但不具有独创性。这些表达不能获得著作权法的保护，原则上处于公有领域，可以自由利用。但在特定情况下，对非独创性表达的利用如果违反诚实商业习惯，可能构成不正当竞争。

作品的标题多为简短的语汇，通常无法体现独创性，因此，标题本身不是作品。即使标题不是常见的语汇，但语言本身是发展的，让新语汇进入公用的语言库，对著作权人的利益影响不大，也有利于文化的发展，因此很多国家倾向于用反不正当竞争法保护标题，而不适用著作权法。恶意使用他人作品标题、有意引起混淆的行为，构成不正当竞争。有的国家把作品标题视为商业标记，如《德国商标法》第 5 条规定："公司标志和作品标题应被作为商业标志保护。"因为绝大多数的作品标题属于未注册商业标志，主要仰仗反不正当竞争法的保护。

反不正当竞争与邻接权之间也有密切的关系。某些由反不正当竞争法保护的非独创性智力成果，后来发展为邻接权的对象。邻接权制度建立之前，有的国家用反不正当竞争理论保护录音制作者的利益。即使录音制作者没有绝对权，但翻录他人的录音制品，免除了给付表演者的报酬和编排录制的费用，以低廉的价格占据竞争优势，显然是不公正的。非独创性数据库的保护也与反不正当竞争有关。著作权法保护的汇编作品必须满足作品的构成要件，选择编排本身要具备独创性，因此，没有独创性的数据库只能受到反不正当竞争法的保护。但是，某些利益的重要性达到一定程度之后，法律有可能以更为明确的设权模式进行保护。例如，欧盟对非独创性数据库赋予一种短期的绝对权，在性质上类似于邻接权。著作权法是设权法，对作品的保护有明确的作品类型、保护期限等规定，存在滞后性，难以涵盖所有新出现的智力成果和传播形式。反不正当竞争法是行为规制法，具有灵活性和包容性，能针对市场中的各种新问题，对著作权法无法保护的智力成果提供辅助和补充保护。

4. **答案**：反不正当竞争法与商标法既有区别，也有密切联系。

两者的区别在于：

（1）两者的立法宗旨不同。反不正当竞争法旨在维护市场秩序，保障市场机制有效运行，商标法的立法目的则是保护商标专用权。

（2）两者的立法原则不同。反不正当竞争法的基本原则是诚实信用原则，商标法则是以平等、等价有偿和诚实信用等为基本原则。

(3) 两者的立法内容不同。反不正当竞争法具有普遍性，商标法调整的仅仅是与商标的注册、使用、管理等有关的社会关系。

两者的联系在于：

在市场竞争中，商标是最普遍的竞争工具。商标权是知识产权中与反不正当竞争关系最密切的绝对权类型。我国《反不正当竞争法》将假冒他人注册商标列为不正当竞争行为之首。

和著作权法、专利法相比，商标法的构造中吸收了较多的竞争法模式。商标法的特色之一，就是赋予商标权的禁用权大于使用权，这与一般的设权模式是冲突的。设权的目的之一，是让第三人知晓权利的范围，以确保自己的行为不会侵犯他人的权利。权利人之可为，即他人之不可为。因此，权利的积极效力范围与禁止效力范围应当是相等的。但是，在相同商品上使用近似商标、在类似商品上使用相同商标或在类似商品上使用近似商标都有可能引起消费者的误认，如果将禁止权的范围限于权利人注册或使用的商标形式与商品类别，他人很容易规避法律。因此，扩大禁用权范围的技术借鉴了竞争法模式。

对驰名商标进行扩大保护，已经成为各国普遍采纳的制度。驰名商标无论是否注册都应该得到保护，禁止效力可以扩张到非类似商品上，显然超越了设权模式。这种保护的基础是反不正当竞争。驰名，意味着他人的使用往往是恶意。注册无非是一种权利公示程序，所谓权利的公示，是指以法律规定的方式向公众宣示权利的存在与变动。商标虽然没有注册，但驰名本身就起到了公示的效果。所以驰名商标未注册，并不妨碍第三人恶意的成立。第三人在非类似商品上使用驰名商标，也可能引起混淆，该第三人往往有借用他人声誉的意图。因此，驰名商标的"驰名"，为扩大保护提供了依据，它是第三人"违反诚实商业习惯"的证据之一。

驰名商标制度的目的不是创设一种新的商标权，而是在设权之外增加一种保护手段。驰名商标的概念——"具有高度的市场信誉、为相关公众所熟知的商标"，具有很大的不确定性，这与"不正当竞争"概念的弹性如出一辙，意在弥补设权模式的不足。有的国家把驰名商标的保护规定在反不正当竞争法中，也有的规定在商标法中，我国实行后一种体例。见我国《商标法》第13条、第14条、第58条，《商标法实施条例》第3条、第72条。无论立法上如何安排，都不妨碍我们在理论上探讨驰名商标制度的基础。

商标法基本上是根据设权模式构建的，即赋予主体以商标权，并确定商标权的范围。商标权的取得与范围确定有两种体例：注册主义和使用主义。尽管使用主义更接近实质公正，但不利于权利的公示，容易滋生争端，不利于交易安全，因此越来越多的国家采用或适当吸收注册主义。但是，注册主义在加强权利安定性的同时也造成了不公正的后果，如恶意抢注。稳定与僵化伴生，此时有必要用反不正当竞争制度和原理予以弥补。我国《商标法》在许多地方吸收了反不正当竞争原理，如第15条禁止"未经授权，代理人或者代表人以自己的名义将被代理人或者被代表人的商标进行注册"；第32条禁止"以不正当手段抢先注册他人已经使用并有一定影响的商标"。

5. **答案**：专利法的主要保护对象之一是具备新颖性、创造性和实用性的技术方案。但是，一项技术方案欲获得专利保护，必须公开。"以授权换公开"，是专利法的制度原理之一。由于技术被公开，在专利权期限届满之后，公众可以自由利用。有些技术的持有人在权衡之下，认为保密更符合自己的利益，可以不受期限的限制，如可口可乐的配方就一直处于保密状态。这种技术秘密得不到绝对权的保护，如果第三人研制出了相同的技术，技术秘密持有人不能禁止他人使用。但是，如果第三人以不正当的手段窃取技术秘密，则构成了不正当竞争。因此，在保护技术方面，反不正当竞争法与专利法相互配合。

此外，商品的包装与装潢如果满足专利法条件的，可以申请外观设计专利；如果没有申请外观设计，则可以受到反不正当竞争法的保护。通说认为，外观设计权涉及的产品范围，只能限于在外观设计分类表中、与外观设计产品同属于一个小类的产品。如果第三人的产品与权利人的产品不属于同一小类，但两种产品在市场中有某种关联，第三人恶意模仿权利人的外观、可能导致消费者误认的，构成不正当竞争。

滥用专利权也涉及反不正当竞争法与专利法的适用问题。滥用专利权行为是专利权人行使专利权的范围超过了法律规定的合法边界，而构成对社会公众利益乃至公共利益侵害的行为。例如，专利权人对竞争对手提起不正当的专利侵权诉讼或其他不当警告，构成侵害他人商业信誉的不正当竞争行为。当然，滥用专利权行为还涉及反垄断问题，如专利权人滥用其优势地位，在专利许可合同中提出不公平的限制性条件。

6. **答案**：反不正当竞争是诚实信用原则在市场交易中的适用，禁止权利滥用是诚实信用原则在权利行使中的适用，因此二者的规范基础相同，都是对民事行为的约束规则。市场交易行为包含权利的行使，如果权利滥用同时属于市场交易行为，则构成不正当竞争。所以，市场交易中的知识产权滥用是不正当竞争的一种行为类型。

构成不正当竞争的知识产权滥用主要有两种表现形式：（1）知识产权人滥用实体权利；（2）知识产权人滥用救济手段。后一种行为所滥用的权利，不仅包括知识产权本身的请求权，还包括诉权和程序法上的其他权利，但这些程序权利毕竟是以知识产权为基础的，因此也可纳入知识产权滥用的范围进行研究。

7. **答案**：在很多国家和地区的反不正当竞争法中，明确地列举了一些法定抗辩事由，凡符合这些事由的商业标记使用行为，不构成不正当竞争。这些法定事由所包含的行为，均是在表象上使用了与他人商业标记相同的符号，但是主观上没有恶意。

（1）使用的标志为通用名称或惯用标记

商品或者服务上的通用名称或惯用标记不具有显著性，在先使用人有可能通过使用获得显著性，但不能排斥他人正当地使用该标记。

（2）使用的商品外观与功能不可分离

如果商品的外观与功能不可分离，只要未得到专利法保护，公众就可以自由利用。为了推动社会技术的进步，法律采取这样的原则：功能性设计除非获得发明专利，否则允许自由模仿。因此，与功能不可分离的形状既不能获得著作权的保护，也不能申请外观设计。

（3）善意使用自己的姓名或者名称

经营者使用自己的姓名或者名称作为商业标志，是非常自然的选择，也具有正当的权利基础。即使姓名或者名称与他人的商业标记重合，只要没有引起混淆的故意，仍可以善意的方式继续使用。

（4）善意在先使用或在他人商业标记未知名前善意使用

此类善意使用包括两种情况，一是善意在先使用。一般情况下，使用在先者在主观上不可能存在与在后使用者混淆的故意，因此不构成不正当竞争行为。但是，如果在先使用最初出于善意，但使用过程中故意与在后使用标记引起混淆，则仍然有可能构成不正当竞争。二是虽使用在后，但使用时他人标记尚未知名。因为反不正当竞争法保护的标记未获得绝对权保护，如果又不知名，则他人不可能知晓该标记的存在，自无过错可言。

论述题

1. **答案**：所谓知识产权权利冲突，是指在同一知识财产上存在不同的权利或法益，这些权利或法益分属不同的主体，且不同主体的利益之间存在冲突。这里的"知识产权"是广义上的，包含未取得绝对权的知识财产法益。

从逻辑上讲，如果权利的取得与行使都是正当的，不可能出现权利的冲突，因为权利的内在规定中包含正当行使的界限，对他人合法利益的尊重也隐含其间。因此，有学者指出,权利冲突是一个伪问题。① 如果把"权利"理解为实质正当的权利,这一观点无疑是正确的。权利冲突中总是有一方的权利原本无效或行使方式越出了正当的权利范围,即一方的"权利"欠缺真正的权利本质,因此实质上不是冲突问题,而是一方无权的问题。如果按照本书的逻辑以及学理上通常的观点,把外观权利统称为"权利",则知识产权权利冲突实质上是知识产权的滥用问题。以上介绍的两种滥用类型都是权利冲突的发生根源,但总体上,"故意行使以不正当手段取得的权利"发生率更高。司法实践中把"遵守诚实信用,保护在先权利"作为解决知识产权冲突的基本原则,"诚信"与"在先"正是善意的体现,该原则反映的精神就是"保护权利的正当行使"。

禁止权利滥用原则的适用以"权利存在"(包括形式意义上)为前提。因此,即使权利的注册状态仍然存在,也不妨碍法院直接认定权利的行使构成侵权。当事人在滥用权利人的注册权利被撤销之前直接向法院起诉的,有的法院认为,对涉及注册商标争议的注册商标专用权权利冲突纠纷,告知原告向有关行政主管机关申请处理,人民法院不予受理。这一观点忽略了权利滥用之禁止,因为商标权的存在不妨碍商标权滥用的构成。如果案件的焦点不涉及专利本身的"三性"、商标近似或商品类似等客观技术问题,而是一方恶意地滥用权利,行政机关对此问题的解决不具有技术优势,行政解决先行没有依据,人民法院应当直接受理。

值得注意的是,知识产权冲突案件并非都是反不正当竞争案件。如果滥用知识产权的行为侵害了绝对权,则不必适用反不正当竞争法。

2. **答案**:知识产权与反垄断有着千丝万缕的联系。面对知识经济时代频繁出现的市场垄断的新形式——利用知识产权形成的国际市场垄断,急需相应的法律来予以规制。反垄断法关于反对各种形式的垄断行为的规定,完善了我国规制知识产权垄断行为的法律体系。

我国《反垄断法》第68条规定:"经营者依照有关知识产权的法律、行政法规规定行使知识产权的行为,不适用本法;但是,经营者滥用知识产权,排除、限制竞争的行为,适用本法。"这可以说是我国知识产权滥用的反垄断法规划领域的"帝王条款"、纲领性条款,其指出了我国反垄断法在规制知识产权滥用方面的基本原则与立法精神。正当行使知识产权的行为享受《反垄断法》的豁免,而滥用知识产权构成垄断的行为则当然受到《反垄断法》的规制。

《反垄断法》禁止三类经济性的垄断行为,即禁止垄断协议、禁止滥用市场支配地位、禁止经营者集中,"知识产权垄断"与这三类垄断行为均有可能发生联系。也即,知识产权权利人在适用反垄断法时,与其他一样适用统一标准和相同的法律原则。这既是反垄断法正确对待知识产权问题应有的立场和原则,也是反垄断法平等适用的一个要求和体现。

---

① 谢晓尧:《竞争秩序的道德解读:反不正当竞争法研究》,法律出版社2005年版,第114页。

第二十一章 仿冒行为

多项选择题

1. 答案：ABC。《反不正当竞争法》第7条规定，经营者不得实施下列混淆行为，引人误认为是他人商品或者与他人存在特定联系：（1）擅自使用与他人有一定影响的商品名称、包装、装潢等相同或者近似的标识。（2）擅自使用他人有一定影响的企业名称（包括简称、字号等）、社会组织名称（包括简称等）、姓名（包括笔名、艺名、译名等）。（3）擅自使用他人有一定影响的域名主体部分、网站名称、网页等。（4）其他足以引人误认为是他人商品或者与他人存在特定联系的混淆行为。使用古人的姓名不等于使用有一定影响的姓名，因此不当选。

2. 答案：ABD。根据《反不正当竞争法》第7条的规定，混淆行为是指擅自使用他人有一定影响的商品名称、包装、装潢，或者使用与他人商品近似的名称、包装、装潢，造成和他人的商品相混淆，使购买者误认为是该商品。由此可以看出，混淆行为并不要求被仿冒的商品取得外观设计专利，A项判断错误；混淆的要素不仅限于厂名、厂址和商标，图案、色彩等因素也可能成为混淆的对象，故B项判断错误；一般的消费者能够分辨二者的区别，不会导致"混淆"的结果，就不会构成混淆行为，因而C项判断正确，D项判断错误。

名词解释

答案：商业标识是指生产者、经营者在其产品或者服务上使用的，用以向消费者标明有关其产品或者服务的来源方面的特定信息的标记。

论述题

1. 答案：（1）反不正当竞争与知识产权有着密切的联系，从权利角度来看，在一定意义上可以将禁止不正当竞争的权利视为一种特殊的知识产权。在国际公约中，《保护工业产权巴黎公约》1967年斯德哥尔摩文本将专利、实用新型、外观设计、商标、服务标记、厂商名称、货源标记或原产地名称与制止不正当竞争列为工业产权的保护对象。1967年签订的《建立世界知识产权组织公约》将反不正当竞争的权利纳入知识产权的范围。原关贸总协定《知识产权协定》1994年文本强调缔约方应该遵守《巴黎公约》的有关条款，即认可《巴黎公约》将反不正当竞争法作为知识产权法律制度组成部分的规定。

（2）反不正当竞争法与传统知识产权法共同构筑起知识产权的法律保护网络。传统知识产权法是保护知识产权的基本法，起主导作用，而反不正当竞争法则补充了传统知识产权法的不足。在实践中，传统知识产权涉及不到却又确实损及知识产权的行为，往往是用反不正当竞争法加以规制的，从这个意义上讲，反不正当竞争法是传统知识产权法的"兜底法"。反不正当竞争法在知识产权保护中发挥两个方面的作用：①在传统知识产权法不能提供直接救济时，反不正当竞争法具有补充作用，能填补知识产权保护上的空白；②虽然传统知识产权法可以提供保护，但当这种保护不够充分时，通过反不正当竞争法的适用，可以加强知识产权的保护。不过，反不正当竞争法与知识产权法对知识产权提供保护的角度不同，前者通过禁止不正当竞争行为来提供保护，后者则通过赋予相应的专有权和禁止侵权行为来提供保护。这样可能出现法条竞合现象。此时，在法律适用上，应遵循特别法优先的原则，优先适用传统知识产权法。

2. 答案：（1）设权模式与反不正当竞争模式的价值目标不同

设权模式直接追求对财产的保护，以权利为核心；反不正当竞争模式直接约束行为方式，以义务为核心。设权模式是"可以排他地为某行为"，反不正当竞争模式是"不得为某行为"。为了鼓励财产的创造，设权模式预先设计了可以取得财产权的一般条件，引导人们按此条件获取财产，它宣示了获取利益的途径。反不正当竞争模式则限定了财产取得的手段，宣示了非法利益被剥夺的条件。因此，设权模式对法益的保护是事前的、积极的、主动的，反不正当竞争模式对法益的保护是事后的、个案的、消极的。

实践中极易将两种保护模式混淆。例如，驰名商标的扩大保护在本质上属于禁止不正当竞争，驰名商标特别保护的必要性在于：某些恶意使用驰名商标的行为超出了商标权的排他效力。评选驰名商标、事先确定驰名商标有效期限的做法，"驰名商标权"概念恰好是设权模式的思路，都误认为"驰名商标权"是一种可预先确定的特殊商标权类型。分清了设权模式与反不正当竞争模式，就能清楚地看出，事后的、消极的、被动的保护才符合驰名商标制度的本质。

（2）设权模式与反不正当竞争模式的调整技术不同

在立法技术上，设权模式的优点是利益范围明确、易于第三人认识自己的义务范围、便于法官的适用。反不正当竞争法的优点则在于其灵活性，避免因成文法的局限使不正当竞争逃脱法律约束，对设权规则起着补充的作用。尽管设权规则的预见力有着与生俱来的局限性，但仍然是首选的利益保护模式，其确定性大大地减轻了义务注意成本和司法的解释任务。反不正当竞争法在赋予司法以较大裁量权的同时，也潜藏着司法任意的危险。区分设权模式与反不正当竞争模式的实践意义之一，就是要求把设权模式作为优选的保护手段，只有在设权模式不足以保护时，才选择反不正当竞争法。

"正当竞争权"概念因其内容的空洞性，不可能真正具备设权规则的确定性特征，从而流于虚空，缺乏实际的规范功能。同时，滥设权利概念还会使人们看不清设权规则的优选地位，影响法律适用的正确选择。

（3）设权模式与反不正当竞争模式确立的责任性质不同

设权模式着眼于财产保护，权利人可以禁止一切客观上妨碍财产权的行为，无论第三人有无过错。反不正当竞争法的目的在于制止恶意竞争，不正当竞争的非法性不能脱离主观恶意。在民法体系中，知识产权属于支配性财产权体系，反不正当竞争属于侵权法体系。支配权受到侵害时，权利人能够同时享有支配力恢复请求权与损害赔偿请求权。无论对方是否有过错，权利人都可请求停止侵害，恢复其财产支配力的圆满状态，侵害人的过错仅对确定损害赔偿责任有意义。反不正当竞争法确立的责任属侵权责任，无过错则无责任。例如，通过独立研制获得与他人技术秘密相同的方案，不构成不正当竞争。

（4）混淆设权模式与反不正当竞争模式会损害利益的平衡

绝对权具有对世效力，而反不正当竞争请求权只能对抗特定的恶意竞争者，显然，设权模式的保护程度更为严格。但是，法律也设置了相应的平衡机制。著作权等绝对权的获得必须满足相应的法定条件，对象应具备独创性、创造性、显著性等要件，权利具有时间性，同时还有专门的权利限制制度。权利的绝对性与公示性不可分离，设权模式将权利取得的条件与内容事先作出明确的规定，使公众可以知晓，减轻了义务成本。反不正当竞争法所保护的利益对象在创造性程度上达不到设权规则的要件，或者利益主体没有完成绝对权产生所必需的公示（注册登记），而且反不正当竞争的保护没有期限的限制。因此，设权规则的绝对保护与其保护条件的严格性之间达成了平衡，而反不正当竞争的相对保护与其保护条件的宽松度之间也是相应的。

如果将本应受反不正当竞争法保护的法益扩张为绝对权,会打破法律设置的平衡机制,使法益享有者获得绝对权之利,却不受绝对权要件的限制。例如,不能为了保护非独创性表达所产生的利益,把非独创性表达强行解释为作品。

第二十二章　商业秘密保护制度

不定项选择题

1. **答案**：ABD。《反不正当竞争法》第10条第4款规定，本法所称的商业秘密，是指不为公众所知悉、具有商业价值并经权利人采取相应保密措施的技术信息、经营信息等商业信息。

2. **答案**：ABC。《反不正当竞争法》第39条规定，在侵犯商业秘密的民事审判程序中，商业秘密权利人提供初步证据，证明其已经对所主张的商业秘密采取保密措施，且合理表明商业秘密被侵犯，涉嫌侵权人应当证明权利人所主张的商业秘密不属于本法规定的商业秘密。商业秘密权利人提供初步证据合理表明商业秘密被侵犯，且提供以下证据之一的，涉嫌侵权人应当证明其不存在侵犯商业秘密的行为：（1）有证据表明涉嫌侵权人有渠道或者机会获取商业秘密，且其使用的信息与该商业秘密实质上相同；（2）有证据表明商业秘密已经被涉嫌侵权人披露、使用或者有被披露、使用的风险；（3）有其他证据表明商业秘密被涉嫌侵权人侵犯。

3. **答案**：ABD。《反不正当竞争法》第10条规定："经营者不得实施下列侵犯商业秘密的行为：（一）以盗窃、贿赂、欺诈、胁迫、电子侵入或者其他不正当手段获取权利人的商业秘密；（二）披露、使用或者允许他人使用以前项手段获取的权利人的商业秘密；（三）违反保密义务或者违反权利人有关保守商业秘密的要求，披露、使用或者允许他人使用其所掌握的商业秘密；（四）教唆、引诱、帮助他人违反保密义务或者违反权利人有关保守商业秘密的要求，获取、披露、使用或者允许他人使用权利人的商业秘密。经营者以外的其他自然人、法人和非法人组织实施前款所列违法行为的，视为侵犯商业秘密。第三人明知或者应知商业秘密权利人的员工、前员工或者其他单位、个人实施本条第一款所列违法行为，仍获取、披露、使用或者允许他人使用该商业秘密的，视为侵犯商业秘密……"故选项A、B正确。《劳动合同法》第24条规定："竞业限制的人员限于用人单位的高级管理人员、高级技术人员和其他负有保密义务的人员。竞业限制的范围、地域、期限由用人单位与劳动者约定，竞业限制的约定不得违反法律、法规的规定。在解除或者终止劳动合同后，前款规定的人员到与本单位生产或者经营同类产品、从事同类业务的有竞争关系的其他用人单位，或者自己开业生产或者经营同类产品、从事同类业务的竞业限制期限，不得超过二年。"刘某为甲公司技术主管，属于知晓商业秘密的人员，并且双方签有保密协议，因此刘某应承担竞业禁止义务。乙公司不属于竞业禁止条款的适用对象，据此，不构成违反竞业禁止义务。故选项C错误，选项D正确。

名词解释

1. **答案**：商业秘密是指不为公众所知悉、具有商业价值并经权利人采取相应保密措施的技术信息、经营信息等商业信息。在外延上，主要包括技术秘密和经营秘密两大类。

2. **答案**：技术秘密是指未公开的技术信息，是以图纸、技术资料、试验数据、配方、技术情报等形式体现的与制造某种产品或应用某项工艺相关的技术和知识。

简答题

答案：（1）商业秘密必须是可以用于商业活动的知识

如果一项秘密与商业活动无关，不能在工商业活动中运用，则不属于商业秘密，如军事机密、政党竞选策略等。

(2) 商业秘密应具有非公知性

该特征又被称为"非周知性""秘密性""新颖性",其基本含义是指:商业秘密是不为公众所知悉、从公开渠道无法获得的资讯。所谓"公众",在法律上是指不特定多数人。非公知,不等于任何人都不知。一定范围的特定人知悉,不影响资讯的秘密性。例如,企业雇员在履行职务过程中为实施商业秘密而知悉;企业许可他人利用技术秘密并与之订立保密协议;参加成果鉴定被鉴定专家知悉等,均不丧失非公知性。TRIPs协定对非公知性的解释是:作为一个整体或其各部分的精确排列和组合而言,该资讯尚不为通常处理所涉资讯范围内的人所普遍知道,或不易为他们获得。

(3) 商业秘密应具有商业价值

商业秘密能为所有人带来现实的或潜在的经济优势或竞争优势,如产品配方、制作方法、管理诀窍、客户名单、货源情报、招标的标底和标书等,都具有现实或潜在的商业价值。价值性是指资讯具有客观的商业价值,不能以"所有人是否自认为有价值"的主观判断为标准。

(4) 所有人采取了合理的保密措施

所谓合理的保密措施,是指所有人的行为足以使他人了解其具有将该知识作为秘密加以保守的意思。保密措施包括技术手段和制度手段,前者如设定密码、设置保险柜、进行电脑复制与打印监控等;后者如订立保密协议、建立保密制度等。

论述题

答案:企业的雇员是保护商业秘密的重要义务主体,雇员出于业务需要常常会接触企业的商业秘密。当雇员离职之后,通常会选择与原业务范围相同的工作,从而有可能使用或披露原雇主的商业秘密。另外,劳动者享有择业的自由,并且劳动者获取就业机会必然要运用自己在过去的工作中获取的经验与技能,如果对劳动者运用原有经验技能的限制过于苛刻,会影响劳动者的就业权与生存权。因此,商业秘密所有人与劳动者之间的利益平衡成为商业秘密保护制度中的重要课题。一些国家区分"一般性经验、技术和知识"与商业秘密,认为劳动者可以自由地利用前者。

如果在个案中很难区分一般性经验、技术、知识和商业秘密,一般应遵循劳动权与生存权优先原则。

为了更明确地保护自己的商业秘密,有的企业与雇员订立合同,要求后者离职后在一定范围内履行不竞业的义务,这种合同称为"竞业禁止合同"。一般而言,劳动者从事的工作类型具有稳定性,与其专长和经验相关。如果承诺不竞业,会在很大程度上限制其择业范围。因此,法律对竞业禁止合同的内容通常会作出一些限定,违反这些限定可能被认定无效或部分无效:

(1) 不竞业义务的主体范围。作为商业秘密保护手段的竞业禁止,应限于商业秘密保护之所需,不竞业义务的主体应限于在工作中有可能接触商业秘密的一般雇员和参与企业决策的高级管理人员,不能扩及一切雇员。

(2) 竞业禁止的时限。德国法规定竞业禁止的时限不超过两年,瑞士法和美国判例则分别限于三年和五年。

(3) 竞业禁止的业务范围。学理上认为,竞业之"业"不应理解为"行业",否则会过度影响劳动者的就业机会。"应具体就员工离职后所从事之工作范围,限定到真正会影响其竞争力造成利益受损的范围。"[①]

(4) 竞业禁止的补偿。一些国家把雇主是否支付竞业禁止补偿金作为合同有效的要件,如德国民法中对此有明确规定,日本有判例认为,未支付补偿金之竞业禁止条款,因违背公序良俗而无效。

---

① 谢铭洋等:《营业秘密法解读》,中国政法大学出版社2003年版,第90页。

第五编 知识产权国际条约

第二十三章 知识产权国际条约

不定项选择题

1. **答案**：ABCD。《与贸易有关的知识产权协定》承认其他四项公约的规定。
2. **答案**：ABCD。《与贸易有关的知识产权协定》的保护范围有：著作权、邻接权、商标、地理标志、工业品外观设计、专利、集成电路布图设计、未公开信息。
3. **答案**：B。《与贸易有关的知识产权协定》第18条规定，商标首次注册及历次续展，每一次保护期限不少于7年，续展次数不受限制。
4. **答案**：AC。根据《与贸易有关的知识产权协定》的规定，协定在保护版权与相关权利时，将独创性数据汇编作为版权的课题加以保护，故A项正确；将计算机程序及电影作品的出租权作为版权的内容加以保护，故C项正确；协定在对专利保护时，排除了对动植物新品种和疾病的诊断方法的保护。故B、D错误。由此可知，本题答案为A、C。
5. **答案**：ABCD。答案中的四项公约都是我国已经加入的知识产权国际公约，其中《专利合作条约》于1993年加入；《世界版权公约》于1992年加入；《保护录音制品制作者防止未经许可复制其录音制品公约》于1992年加入；《商标国际注册马德里协定》于1989年加入。

名词解释

1. **答案**：知识产权国际条约是知识产权制度的重要内容之一。知识产权国际保护的实现，主要是通过订立知识产权国际条约。
2. **答案**：地理标志是指表明一种商品来源于某一成员的领土内或者该领土内的一个地区或地方的标志，而该商品的特定品质、声誉或其他特征主要是由其地理来源所致。

简答题

1. **答案**：按照其调整内容不同，知识产权国际公约大致可以分为如下四类：

    （1）总条约，即《建立世界知识产权组织公约》。

    （2）有关知识产权保护方面的公约，如《保护工业产权巴黎公约》《保护文学艺术作品伯尔尼公约》《世界版权公约》《保护录音制品制作者防止未经许可复制其录音制品公约》等。

    （3）有关构建知识产权国际注册登记体系方面的公约，如《商标国际注册马德里协定》《商标国际注册马德里协定有关议定书》《专利合作条约》等。

    （4）有关知识产权国际分类方面的公约，如《关于供商标注册用的商品和服务的国际分类的尼斯协定》。

2. **答案**：我国已经加入的知识产权国际公约主要有：《建立世界知识产权组织公约》（1980年加入）；《保护工业产权巴黎公约》（1985年加入）；《保护文学艺术作品伯尔尼公约》（1992年加入）；《世界版权公约》（1992年加入）；《保护录音制品制作者防止未经许可复制其录音制品公约》（1992年加入）；《商标国际注册马德里协定》（1989年加入）；《商标国际注册马德里协定有关议定书》（1989年加入）；《专利合作条约》（1993年加入）；《关于供商标注册用的商品和服务的国际分类的尼斯协定》（1994年加入）；《国际植物新品种保护公约》（1999年加入）。

3. **答案**：协定第8条规定，成员可以采取适当措施防止知识产权的权利人滥用权利，或凭借不正当竞争手段限制贸易，或对国际技术转让产生不利影响。这一规定是与第7条的规定相一致的，即知识产权保护和实施的目的在于促进技术革新和技术的转让、传播，以有助于技术开发者与使用者的互利，也有助于社会和经济的发展以及权利和义务的平衡。

同时，第 40 条还规定，各成员可以在其国内立法中具体说明在许可证贸易中，哪些情况下构成对知识产权的滥用，从而可能限制竞争。

此外，协定专门指出，有关权利用尽原则交由各成员在其法律中自行解决。协定第 6 条规定，依本协定解决争端时，在符合本协定第 3 条、第 4 条的前提下，不得适用本协定的任何规定去解决知识产权用尽的问题。所谓权利用尽原则，也称首次销售原则，是指权利人首次出售包含知识产权的产品后，其在该产品上的权利即告用尽，今后可自由使用或再销售该产品。这是各成员的知识产权法律在此问题上差异较大而导致的。

4. 答案：协定规定：（1）表演者权。表演者应有可能制止未经其许可对其未曾固定的表演加以录制和对录制品的复制，也应有可能制止未经其许可而将其现场表演以无线方式广播和向公众传播。

（2）录音制品制作者的权利。录音制品制作者应享有授权或禁止直接或间接复制其录音制品的权利。同时，录音制品制作者还可能享有出租权。协定第 14 条第 4 款规定，第 11 条有关计算机程序的规定，也可以比照适用于录音制品制作者和成员的法律所规定的录音制品的其他任何权利人。但这一规定是"可以比照"，故仅供成员自行决定是否给予出租权。

（3）广播组织的权利。广播组织有权禁止未经其许可而将广播予以录制、复制、以无线方式传播广播以及将广播组织的电视广播向公众传播。同时，成员如果未赋予广播组织这些权利，则应在符合《伯尔尼公约》（1971 年文本）规定的前提下，规定对广播的对象享有著作权的人可以制止上述行为。

关于保护期限。表演者和录音制品制作者享受的保护，至少应保持到 50 年期满，自固定制作和举行表演之年年终起算。广播组织的上述权利，自广播播出之年年终起算至少 20 年。协定规定的表演者和录音制品制作者权利的保护期长于《罗马公约》，广播组织的权利保护期限与《罗马公约》相同。

5. 答案：TRIPs 协定第 4 条规定：关于知识产权的保护，任何成员对任何其他国家的国民给予的任何利益、优惠、特权或者豁免，应立即无条件地给予所有其他成员的国民。任何成员按照下述情形给予的任何利益、优惠、特权或者豁免不受这个义务的限制：

（1）根据司法协助或者一般性的法律实施的国际协定而得来，并且不是特别限于知识产权的保护的；

（2）根据《伯尔尼公约》（1971 年）或者《罗马公约》关于允许根据另一国给予的待遇而不是根据国民待遇原则给予待遇的规定给予的；

（3）有关本协定未规定的表演者、录音制品制作者和广播组织的权利方面的；

（4）根据世界贸易组织协定生效以前有关知识产权保护的国际协定而得来的，但是以这些协定已通知与贸易有关的知识产权理事会，并且对其他成员的国民并不构成任意的或者不正当的歧视为限。

论述题

1. 答案：该协定为知识产权的权利人提供了多种法律救济手段：

（1）禁制令。各成员应赋予司法机关以命令一方当事人停止侵权的权力。司法机关的这种命令就是禁制令。该协定特别强调在海关放行后，司法机关有权禁止含有侵犯知识产权的进口商品进入商业流通。但如果当事人在知道或应当知道该商品交易涉嫌侵犯知识产权之前已经获得或订购商品，则成员并无义务适用这种救济手段。

（2）损害赔偿。在行为人明知或有合理根据应当知道侵权的情况下实施侵权的，司法机关应有权命令其赔偿权利人的全部损失，并可命令侵权人给付权利人为此而付出的费用，包括适当的律师费。

在适当的情况下，即使侵权人在实施侵权行为时不知道或没有合理根据应当知道侵权的，司法机关可以命令其返还所得利益或赔偿法律预定的损害赔偿金。

（3）其他救济。这是为了对侵权活动造成威慑与防止进一步侵权而采取的救济手段。具体是指：在不违反宪法规定的条件下，并考虑侵权的轻重程度与第三人的利益后，司法机关有权没收侵权商品和用于生产这些商品的设备及原料，并可将之销毁而不予任何补偿。对于假冒商标的商品，侵权人仅去除侵权商标的，仍不足以准许该商品进入商业流通领域，个别情况除外。

（4）获得信息权。成员可以规定，司法机关有权责令侵权人将参与生产和销售侵权商品或服务的第三方的身份及其销售渠道告知权利人，除非这种做法与侵权的严重程度不相适应。

2. **答案**：（1）根据协定第50条的规定，司法机关有权采取下列及时有效的临时措施：

①制止侵犯知识产权的行为发生，尤其是制止有关商品，包括由海关放行的进口商品，进入商业流通渠道；

②保存被指控侵权的有关证据。

（2）采取临时措施的具体要求是：

①如果由于迟延将对权利人造成不可弥补的损害，或者证据显然有被毁灭的可能，则司法机关有权在不听取另一方当事人意见的情况下立即采取临时措施。

②司法机关有权要求临时措施申请人提供合理证据，以使其确信申请人为权利人，并且权利已经受到侵犯或该侵权行为发生在即，司法机关并应有权要求申请人提供保证金或与之相当的担保，以便在其滥用诉权时足以保护被告。

③如果采取临时措施时未听取另一方意见，则最迟应在执行该措施后立即通知受影响的各方，并应在通知后的合理期限内提供复审机会，以决定是否变更、撤销或确认该临时措施。

④申请人应在合理期限内提出正式起诉，否则，司法机关应被告之请求有权撤销该临时措施或停止其效力。如果临时措施后来被撤销、失效或发现并不存在侵权或侵权之威胁，则司法机关依被告之请求有权命令申请人向为此受损的被告提供适当补偿。

第二十四章　工业产权国际条约

✓ 单项选择题

答案：C。根据《巴黎公约》第 4 条第 3 款的规定，专利和实用新型的优先权的期间为 12 个月，外观设计和商标的优先权的期间为 6 个月。

✓ 多项选择题

1. **答案**：ABC。《巴黎公约》第 1 条第 4 项规定："专利应包括本联盟国家的法律所承认的各种工业专利，如输入专利、改进专利、增补专利和增补证书等。"没有关于实用新型专利的规定，应选 A、B、C。
2. **答案**：ABCD。《巴黎公约》第 11 条第 1 项规定："本联盟国家应按其本国法律对在本联盟任何国家领土内举办的官方的或经官方承认的国际展览会展出的商品中可以取得专利的发明、实用新型、外观设计和商标，给予临时保护。"
3. **答案**：ABC。《巴黎公约》并未规定驰名商标的认定，而是留由该国行政机关或司法机关决定。

📖 名词解释

1. **答案**：根据《巴黎公约》的规定，国民待遇原则是指在工业产权的保护方面，各成员国应当在法律上给予其他成员国的国民以本国国民所享有的待遇，如享有相同的权利，承担相同的义务，在权利受到侵犯时获得相同的法律救济，等等。其中的法律，既包括该成员国颁布实施的成文法，也包括法院的判例和工业产权管理部门在行政管理上的惯例。
2. **答案**：根据《巴黎公约》的规定，成员国国民向某一成员国申请的专利，与他在其他成员国或者非成员国就同一发明所获得的专利权无关。申请人在某一成员国的专利申请是否获得授权，与他在其他成员国的申请无关。申请在各个国家所获得的专利权是彼此独立、互不影响的。商标的申请和注册条件，由各成员国的法律规定。

✏️ 简答题

答案：《巴黎公约》所规定的优先权原则，是指成员国的国民在某一成员国提出了有关发明专利、实用新型、外观设计或者商标注册的申请以后，再想在其他成员国提出同样的申请的，可以在一定的期限内享有优先权。或者说，他随后提出的申请虽然晚于第一次提出申请的日期，但其他成员国承认他在第一个国家提交申请的日期为本国的申请日。这样，他在第一个成员国提出申请的日期就是"优先权日"。

优先权的主要作用是，当发明人或者商标所有人在第一次提出申请时，不必同时向本国或者外国提出数份申请。因为按照优先权原则，他们还有 12 个月或者 6 个月的时间，考虑自己的权利有必要在哪些国家受到保护，并在此期间办理必要的申请手续。根据优先权原则，他们也不必担心在此期间会有别人抢先申请或者抢先注册。因为只要是在优先权的期限之内，他们在其他国家的申请日是他们第一次提出申请的日期。在此期间，即使有人就同一发明、实用新型、外观设计或商标提出了申请，也会因为缺乏新颖性而被驳回，或者因他人已经在先申请而被驳回。

优先权是一项程序权利。即使申请人撤回或放弃了第一次的申请，或者第一次申请被该国的工业产权部门驳回，都不会影响优先权的存在。与此同时，在随后的申请中，优先权也不是自动产生的。申请人在向其他国家就同一项工业产权提出申请时，必须提交优先权请求书，说明自己就该项发明专利、实用新型、外观设计或者商标，已经在何时何地提交过申请，并注明第一份申请案的申请号码，以及受理国家所确定的申请日。

一般来说，发明专利和实用新型是 12 个月，外观设计和商标是 6 个月。

第二十五章　著作权国际条约

✅ 单项选择题

1. **答案**：B。本题考查《伯尔尼公约》的保护对象。
2. **答案**：C。根据《保护文学艺术作品伯尔尼公约》第5条规定：（1）根据本公约得到保护作品的作者，在除作品起源国外的本联盟各成员国，就其作品享受各该国法律现今给予或今后将给予其国民的权利，以及本公约特别授予的权利。（2）享受和行使这类权利不需履行任何手续，也不管作品起源国是否存在有关保护的规定。因此，除本公约条款外，只有向之提出保护要求的国家的法律方可规定保护范围及向作者提供的保护其权利的补救方法。（3）起源国的保护由该国本国法律作出规定。即使作者并非作品起源国的国民，但他就其作品根据本公约受到保护，他在该国仍享有同该国公民作者相同的权利。所以，A、B选项错误。

   第10条之二规定：（1）对在报纸或期刊上已发表的经济、政治和宗教问题的时事性文章，或无线电已转播的同样性质的作品，本联盟成员国法律有权准许在报刊上转载，或向公众作无线或有线广播，如果对这种转载、广播或转播的权利未作直接保留的话。但任何时候均应明确指出出处；不履行该项义务的后果由向之提出保护要求的国家以法律规定。（2）本联盟成员国法律也有权规定，在何种条件下，对在时事事件过程中出现或公开的文学和艺术作品，在为报道目的的正当需要范围内，可予以复制，或者以摄影或电影手段或通过无线或有线广播向公众作时事新闻报道。所以，C选项正确。

   第19条规定：本公约的规定不妨碍要求本联盟某一成员国法律可能提供的更广泛的保护。第20条规定：本联盟各成员国政府有权在它们之间签订特别协议，以给予作者比本公约所规定的更多的权利，或者包括不违反本公约的其他条款。凡符合上述条件的现有协议的条款仍然适用。所以，D选项错误。
3. **答案**：D。《罗马公约》规定的作品最短保护期只有20年。

✅ 多项选择题

1. **答案**：ABC。《世界版权公约》规定作品首次出版需注明版权所有人的姓名，首次出版年份，并应标有版权标记等。D项错误。
2. **答案**：ABC。我国是《世界版权公约》的签约国，加入时间为1992年7月30日，D项错误。
3. **答案**：BCD。自动保护原则是《伯尔尼公约》的主要原则之一，而非《罗马公约》，应注意区分，其他三项为《罗马公约》的基本原则，本题选B、C、D。

📚 名词解释

1. **答案**：表演者，是指演员、演唱者、演奏者、舞蹈者和以其他方式表演文学和艺术作品的人。同时，在有多个表演者的情况下，缔约国可以在国内法中规定代表这些表演者行使权利的方式。而且，各缔约国国内法律还可以将对表演者的保护及于未表演文学或艺术作品的艺人，例如魔术师、杂技演员、马戏艺人。有的国家甚至把足球运动员纳入保护范围。
2. **答案**：原属国是指设有真实有效的工商业营业所的协定缔约国；如果没有这样的工商业营业所，则指申请人设有住所的缔约国；如果也没有住所，则指申请人具有该国国籍的那一个缔约国。

📝 简答题

1. **答案**：《伯尔尼公约》中规定的作者的专有权

利有：(1) 著作人身权，包括表明作者身份权和保护作品完整权；(2) 复制权；(3) 翻译权；(4) 公开演示权或称公开表演权；(5) 广播权；(6) 朗诵权；(7) 改编权；(8) 音乐作品的录制权；(9) 摄制电影权；(10) 追续权。

2. **答案**：《世界版权公约》规定的最低保护期比《伯尔尼公约》的规定更短。根据该公约第4条的规定，作品的保护期限由被请求保护国的法律来规定，但不应短于公约规定的下列期限：

(1) 受公约保护的作品，其保护期限不得少于作者有生之年及其死后的25年。

(2) 如果公约在某一成员国生效之日，该国已经规定某类作品的保护期限为自该作品首次出版后的某一段时间，则该成员国有权保持其规定，并可将此规定扩大应用于其他种类的作品。但此类版权保护期限，自首次出版之日起不得少于25年。

(3) 如果公约在某一成员国生效之日，该国尚未根据作者有生之年确定保护期限的，则该国有权根据情况，从作品首次出版之日或从登记之日起算保护期限，该保护期限不少于25年。

(4) 如果成员国法律准许两个或两个以上的连续保护期限，则第一个保护期限不得短于依前述方式起算的25年。

(5) 对于摄影作品或实用美术作品，成员国可以规定与上述不同的保护期限，但不应少于10年。

3. **答案**：(1) 基本原则方面

《世界版权公约》所体现的基本原则有：国民待遇原则、非自动保护原则、独立保护原则和最低保护标准原则。与《伯尔尼公约》相比，主要在是否对作品给予自动保护上存有重大区别。公约实行有条件的自动保护原则，即如果任何成员国依其国内法要求以履行手续作为版权保护的条件，对于根据公约给予保护并在该国领土以外首次出版而其作者又非本国国民的一切作品，只要经作者或版权所有人授权出版的作品的所有分册，自首次出版之日起，标有版权标记，并注明版权所有人的姓名、首次出版年份等，且其标注方式和位置足以使人注意到版权要求，则应视为已经履行了手续要求。

(2) 权利的内容

《世界版权公约》在权利内容上的一个突出之处在于它没有规定著作人身权，这是与《伯尔尼公约》的重大区别，也是为了满足英美法系版权法中只规定财产权的需要。当然，根据最低保护标准原则和独立保护原则，各成员国可以在其国内法中自由规定有关著作人身权方面的内容。

(3) 最低保护期限

《世界版权公约》规定的最低保护期比《伯尔尼公约》的规定更短。

综合测试题一

✓ 单项选择题

1. **答案：B**。本题考查著作权的法定许可。《著作权法》第24条规定了法定许可的情形。法定许可的特点在于必须是引用已发表的作品，而且不得营利，基本上是以公益为目的。

2. **答案：B**。著作权自作品创作完成之日起产生。公民从事创作行为、创造行为都属于事实行为，因此，其权利的取得不需要考虑行为人的行为能力的有无。

3. **答案：D**。根据《专利法》第75条的规定："有下列情形之一的，不视为侵犯专利权：（一）专利产品或者依照专利方法直接获得的产品，由专利权人或者经其许可的单位、个人售出后，使用、许诺销售、销售、进口该产品的；（二）在专利申请日前已经制造相同产品、使用相同方法或者已经作好制造、使用的必要准备，并且仅在原有范围内继续制造、使用的；（三）临时通过中国领陆、领水、领空的外国运输工具，依照其所属国同中国签订的协议或者共同参加的国际条约，或者依照互惠原则，为运输工具自身需要而在其装置和设备中使用有关专利的；（四）专为科学研究和实验而使用有关专利的；（五）为提供行政审批所需要的信息，制造、使用、进口专利药品或者专利医疗器械的，以及专门为其制造、进口专利药品或者专利医疗器械的。"为生产经营目的使用或者销售不知道是未经专利权人许可而制造并售出的专利产品或者依照专利方法直接获得的产品，能证明其产品合法来源的，不承担赔偿责任，但要停止侵害，选项A、B、C都是侵害专利权的行为，选项D是正确答案。

4. **答案：B**。我国《商标法》第39条规定："注册商标的有效期为十年，自核准注册之日起计算。"第40条规定："注册商标有效期满，需要继续使用的，商标注册人应当在期满前十二个月内按照规定办理续展手续；在此期间未能办理的，可以给予六个月的宽展期。每次续展注册的有效期为十年，自该商标上一届有效期满次日起计算。期满未办理续展手续的，注销其注册商标。商标局应当对续展注册的商标予以公告。"故选B。

✓ 多项选择题

1. **答案：BD**。《最高人民法院关于适用〈中华人民共和国民事诉讼法〉的解释》第2条第1款规定："专利纠纷案件由知识产权法院、最高人民法院确定的中级人民法院和基层人民法院管辖。"所以，A选项错误。《专利法》第66条第2款规定，专利侵权纠纷涉及实用新型专利或者外观设计专利的，人民法院或者管理专利工作的部门可以要求专利权人或者利害关系人出具由国务院专利行政部门对相关实用新型或者外观设计进行检索、分析和评价后作出的专利权评价报告，作为审理、处理专利侵权纠纷的证据；专利权人、利害关系人或者被控侵权人也可以主动出具专利权评价报告。该条规定人民法院可以要求其提供证据，但在起诉时并非当然提供。所以，B项正确。《专利法》第64条第1款规定："发明或者实用新型专利权的保护范围以其权利要求的内容为准，说明书及附图可以用于解释权利要求的内容。"所以，C项错误。根据《民事诉讼法》的规定，当事人在法庭辩论终结前可变更其权利主张，所以D选项正确。本题正确答案为B、D。

2. **答案：BD**。注册商标的有效期为10年，自核准注册之日起计算。注册商标有效期满，需要继续使用的，应当在期满前12个月内申请续展注册；在此期间未能提出申请的，可以给予6个月的宽展期。另依《商标法》第

50 条规定，注册商标被撤销、被宣告无效或者期满不再续展的，自撤销、宣告无效或者注销之日起一年内，商标局对与该商标相同或者近似的商标注册申请，不予核准。故 B、D 项正确。

名词解释

1. **答案**：保护作品完整权，即保护作品不受歪曲、篡改的权利。所谓歪曲，是指曲解作者原意，歪曲、破坏作品的观点的行为；所谓篡改，是指违反作者意图的增加、删节、改动或利用，其表现形式多种多样。作者依此有权禁止任何人对其作品歪曲、篡改，以维护作品思想和表现形式的完整，维护自己的社会形象不被贬损。

2. **答案**：根据《信息网络传播权保护条例》，所谓信息网络传播权，是指以有线或者无线方式向公众提供作品、表演或者录音录像制品，使公众可以在其个人选定的时间和地点获得作品、表演或者录音录像制品的权利。

3. **答案**：职务作品是指公民为完成法人或者其他组织工作任务所创作的作品。职务作品应具备以下几个特征：（1）作者与所在工作机构应具有劳动关系；（2）创作的作品应当属于作者的职责范围；（3）对作品的使用应当属于作者所在单位的正常工作或业务范围之内。

4. **答案**：强制许可，是指国务院专利行政部门依照专利法规定，不经专利权人同意，直接允许其他单位或个人实施其发明创造的一种许可方式，又称非自愿许可。

5. **答案**：侵犯商业秘密行为是指为了竞争或个人目的，通过不正当方法获取，披露或使用权利人商业秘密的行为。

简答题

1. **答案**：著作权许可使用合同有如下几个特点：（1）通过著作权许可使用合同，被许可人所获得的仅仅是在一定的期间内以一定方式对作品的使用权，著作权仍然全部属于著作权人；（2）著作权许可使用合同中的被许可人对作品的使用，不能超出合同约定的范围；（3）被许可人对第三人侵犯自己权益的行为，有权根据著作权许可使用合同，以自己的名义向侵权行为人提起诉讼；（4）著作权许可使用合同保障演绎作品中的原始著作权人的权利。

2. **答案**：（1）科学发现；（2）智力活动的规则和方法；（3）疾病的诊断和治疗方法；（4）动物和植物品种；（5）用原子核变换方法获得的物质；（6）对平面印刷品的图案、色彩或者二者的结合作出的主要起标识作用的设计。

论述题

答案：注册商标是指经国家商标主管机关核准注册而使用的商标。未注册商标，又称为非注册商标，是指未经国家商标主管机关核准注册而自行使用的商标。我国《商标法》规定，除人用药品、烟草制品、兽药必须使用注册商标外，其他商品既可以使用注册商标，也可以使用未注册商标。注册商标与未注册商标的法律地位是不同的，区别主要表现在以下几个方面：

首先，注册商标所有人可以排除他人在同一商品或类似商品上注册相同或近似的商标；而未注册商标使用人则无权排除他人在同一种商品或类似商品上注册相同或近似的商标，若其不申请注册，就可能被他人抢先注册，并被禁止继续使用该商标。

其次，注册商标所有人享有商标专用权，当注册商标被他人假冒使用，构成商标侵权，商标权人可以请求非法使用人承担法律责任。而未注册商标使用人对未注册商标的使用只是一种事实，而非一种权利，其无权禁止他人使用，先使用人无权对第三人的使用援用商标法请求诉讼保护。

最后，在核定使用的商品上使用核准注册的商标，是商标所有人的权利，商标权人行使这些权利，不涉及他人商标专用权的问题。而未注册商标的使用一旦与他人注册商标相混同，即构成商标侵权，就应当承担相应的法律责任。

案例分析题

答案： （1）唐某享有署名权、获得奖励权、获得合理报酬权。

本题中，唐某是职务发明创造的发明人。《专利法》第6条规定，执行本单位的任务或者主要是利用本单位的物质技术条件所完成的发明创造为职务发明创造。职务发明创造申请专利的权利属于该单位，申请被批准后，该单位为专利权人。该单位可以依法处置其职务发明创造申请专利的权利和专利权，促进相关发明创造的实施和运用。非职务发明创造，申请专利的权利属于发明人或者设计人；申请被批准后，该发明人或者设计人为专利权人。利用本单位的物质技术条件所完成的发明创造，单位与发明人或者设计人订有合同，对申请专利的权利和专利权的归属作出约定的，从其约定。《专利法》第15条第1款规定："被授予专利权的单位应当对职务发明创造的发明人或者设计人给予奖励；发明创造专利实施后，根据其推广应用的范围和取得的经济效益，对发明人或者设计人给予合理的报酬。"第16条规定，发明人或者设计人有权在专利文件中写明自己是发明人或者设计人。专利权人有权在其专利产品或者该产品的包装上标明专利标识。由此唐某作为发明人，享有获得奖励权、获得合理报酬权、署名权。

（2）有效。

甲公司在未获得专利前，其与乙公司订立的合同有效，适用技术秘密转让合同的有关规定；专利申请公开以后、授权之前，参照适用专利实施许可合同的有关规定；授权之后，适用专利实施许可合同的有关规定。

（3）因唐某享有在同等条件下优先受让的权利。不影响专利实施许可合同的效力，甲公司的权利义务由唐某承受。

《民法典》第847条规定，职务技术成果的使用权、转让权属于法人或者非法人组织的，法人或者非法人组织可以就该项职务技术成果订立技术合同。法人或者非法人组织订立技术合同转让职务技术成果时，职务技术成果的完成人享有以同等条件优先受让的权利。职务技术成果是执行法人或者非法人组织的工作任务，或者主要是利用法人或者非法人组织的物质技术条件所完成的技术成果。

《最高人民法院关于审理技术合同纠纷案件适用法律若干问题的解释》第24条规定："订立专利权转让合同或者专利申请权转让合同前，让与人自己已经实施发明创造，在合同生效后，受让人要求让与人停止实施的，人民法院应当予以支持，但当事人另有约定的除外。让与人与受让人订立的专利权、专利申请权转让合同，不影响在合同成立前让与人与他人订立的相关专利实施许可合同或者技术秘密转让合同的效力。"据此，该专利技术转让合同成立后，不影响专利实施许可合同的效力。甲公司的权利义务由唐某承受。

（4）不应被宣告无效。根据法律规定，在申请日前6个月内，他人未经申请人同意而泄露发明创造内容的，该发明创造并不丧失新颖性。

《专利法》第24条规定："申请专利的发明创造在申请日以前六个月内，有下列情形之一的，不丧失新颖性：（一）在国家出现紧急状态或者非常情况时，为公共利益目的首次公开的；（二）在中国政府主办或者承认的国际展览会上首次展出的；（三）在规定的学术会议或者技术会议上首次发表的；（四）他人未经申请人同意而泄露其内容的。"

《专利法》第45条规定，自国务院专利行政部门公告授予专利权之日起，任何单位或者个人认为该专利权的授予不符合本法有关规定的，可以请求国务院专利行政部门宣告该专利权无效。据此，在申请日前6个月内，他人未经申请人同意而泄露发明创造内容的，该发明创造并不丧失新颖性，故不应被宣告无效。

（5）在该专利申请公布之前，丁公司的行为属于侵犯甲公司商业秘密的不正当竞争行为，因为在专利申请公布前，该技术属于商业秘密；在该技术被授予专利权后，丁公司继续使用该技术的行为属于专利侵权行为,因为丁公司未经专利权人许可,以生产经营为目的制造和销售专利产品,构成专利侵权行为。

《反不正当竞争法》第10条规定:"经营者不得实施下列侵犯商业秘密的行为:(一)以盗窃、贿赂、欺诈、胁迫、电子侵入或者其他不正当手段获取权利人的商业秘密;(二)披露、使用或者允许他人使用以前项手段获取的权利人的商业秘密;(三)违反保密义务或者违反权利人有关保守商业秘密的要求,披露、使用或者允许他人使用其所掌握的商业秘密;(四)教唆、引诱、帮助他人违反保密义务或者违反权利人有关保守商业秘密的要求,获取、披露、使用或者允许他人使用权利人的商业秘密。经营者以外的其他自然人、法人和非法人组织实施前款所列违法行为的,视为侵犯商业秘密。第三人明知或者应知商业秘密权利人的员工、前员工或者其他单位、个人实施本条第一款所列违法行为,仍获取、披露、使用或者允许他人使用该商业秘密的,视为侵犯商业秘密。本法所称的商业秘密,是指不为公众所知悉、具有商业价值并经权利人采取相应保密措施的技术信息、经营信息等商业信息。"因此,丁公司以不正当手段获得该技术秘密的行为属于侵犯了甲公司的商业秘密的不正当竞争行为。

根据《专利法》第11条第1款的规定,发明专利权被授予后,除本法另有规定的以外,任何单位或个人未经专利权人同意不得实施该专利。本题中,丁公司未经专利权人许可,以生产经营为目的制造和销售专利产品,构成专利侵权行为。

综合测试题二

✅ 单项选择题

1. **答案**：A。《计算机软件保护条例》第12条规定："由国家机关下达任务开发的软件，著作权的归属与行使由项目任务书或者合同规定；项目任务书或者合同中未作明确规定的，软件著作权由接受任务的法人或者其他组织享有。"

2. **答案**：D。根据《商标法》第57条以及《商标法实施条例》第75条、第76条的规定，本题中A、B、C选项均为合法正常的销售行为，不属于侵犯注册商标专用权，但D选项中丁的行为属于侵犯注册商标专用权的行为。故D选项当选。

3. **答案**：B。本题中，该明星聘请摄影爱好者为其拍摄个人写真，属于《著作权法》第19条规定的受委托创作的作品，根据第19条的规定，受委托创作的作品，著作权的归属由委托人和受托人通过合同约定。合同未作明确约定或者没有订立合同的，著作权属于受托人。结合本题，并没有显示双方对著作权的归属进行了约定，因此，该照片的著作权属于受托人即该摄影爱好者。因此，A是错误的。

   本题中，广告商未经该明星同意将其照片刊登在广告上，根据《民法典》第1019条的规定，属于对被摄影者肖像权的侵害。因此，B是正确的。

   根据《民法典》第1024条的规定，构成侵犯名誉权的行为包括用侮辱、诽谤等方式损害公民、法人的名誉，本题中并不存在这些情形，故C是错误的。

   根据上述分析，照片的著作权属于受托人即摄影爱好者，但同时需要注意的是，摄影师不可以随便使用这幅作品，因为摄影作品的使用还必须尊重被摄者的肖像权。该摄影爱好者未经该明星同意，即为了营利的目的将该照片出卖，侵犯了明星的肖像权。故D是错误的。

4. **答案**：C。《专利法》第42条第1款规定，发明专利权的期限为二十年，实用新型专利权的期限为十年，外观设计专利权的期限为十五年，均自申请日起计算。李某于2021年6月22日申请外观设计专利，故该专利的保护期限终止于申请日的15年后，即2036年6月22日。

✅ 多项选择题

1. **答案**：BC。根据《著作权法》第24条的规定，为介绍、评论某一作品或者说明某一问题，在作品中适当引用他人已经发表的作品，可以不经著作权人许可，不向其支付报酬，但应当指明作者姓名、作品名称，并且不得侵犯著作权人依照著作权法享有的其他权利。本题中，选项A、D的意见违反了《著作权法》第24条规定，应予排除。

2. **答案**：BCD。《民法典》第860条规定，合作开发完成的发明创造，申请专利的权利属于合作开发的当事人共有；当事人一方转让其共有的专利申请权的，其他各方享有以同等条件优先受让的权利。但是，当事人另有约定的除外。合作开发的当事人一方声明放弃其共有的专利申请权的，除当事人另有约定外，可以由另一方单独申请或者由其他各方共同申请。申请人取得专利权的，放弃专利申请权的一方可以免费实施该专利。合作开发的当事人一方不同意申请专利的，另一方或者其他各方不得申请专利。本题中，乙不同意申请专利但是并没有声明放弃其共有的专利申请权，因此甲、丙不得申请专利，A项正确，不当选；B、C、D项错误，当选。

3. **答案**：ABC。《商标法》第69条规定："从事商标注册、管理和复审工作的国家机关工作人员必须秉公执法，廉洁自律，忠于职守，文明服务。国家知识产权局商标局以及从事商标注册、管理和复审工作的国家机关工作人员不得从事商标代理业务和商品生产经营活动。"

名词解释

1. 答案： 著作权是指基于文学、艺术和科学作品依法产生的权利。创作文学艺术和科学作品是著作权产生的前提和基础，是著作权法律关系得以发生的法律事实。作为一种民事法律关系，著作权不是抽象的，而是具体的，是就特定作品而产生的权利。没有作品，就没有著作权，脱离具体作品的著作权是不存在的。

2. 答案： 邻接权原意是指相邻、相近或者相联系的权利。在国际上是对表演艺术家、录音制品的制作人和广播电视组织所享有权利的称谓。

3. 答案： 职务发明是指企业、事业单位、社会团体、国家机关的工作人员执行本单位的任务或者主要是利用本单位的物质条件所完成的职务发明创造。

4. 答案： 专利权转让合同是指就专利权人作为转让方将其发明创造专利权移交受让方，受让方支付约定的转让费所订立的合同。专利权转让合同依照法律规定应当向专利局登记、公告之后才能对抗第三人。

5. 答案： 所谓商标异议就是对初步审定公告的商标提出反对意见，要求撤销初步审定、不予注册。异议并非每一个商标注册申请必经的程序，它是一个对在商标注册过程中发生的矛盾或冲突采用补救措施的特别程序。

简答题

1. 答案： 专利法上的强制许可，是指国务院专利行政部门依照专利法规定，不经专利权人同意，直接允许其他单位或个人实施其发明创造的一种许可方式，又称非自愿许可。

从法律主体的地位和法律程序上看，其具有以下几个方面的法律特征：（1）被许可方主观上自愿，客观上处于相对主动的地位；（2）许可方主观上非自愿，客观上处于服从专利行政机关的强制许可决定以及使用费数额裁决的被动地位；（3）专利行政机关对是否给予强制许可具有决定权，在双方未能在强制许可裁决后对许可费达成一致时，还具有许可费数额的裁决权；（4）就专利行政机关的决定，各方当事人都有权通过司法途径进行质疑。

从法律性质上看，专利实施的强制许可构成对专利许可权的一种限制。只有经过专利行政机关做出强制许可的决定后，这种限制才成为事实。

2. 答案： （1）申请人必须是商标注册人，而且其商标注册的时间必须先于被争议商标的注册时间。（2）注册商标争议申请必须在后注册商标刊登注册公告之日起一年内提出，超出法定的一年时间，即使是在后注册的商标与在先注册的商标在同一种或类似商品上使用的相同或近似的商标，在先注册人也丧失了争议的时机。（3）发生争议的注册商标所核定使用的商品，必须是同一种或类似商品。（4）发生争议的注册商标被核准的文字、图形或者其组合相同或者近似。（5）在先注册人如果在后注册商标被核准前已经提出异议并经裁定异议不成立的，不得再以相同的事实和理由申请注册商标争议裁定。

论述题

答案： 著作权是指作者对其作品依法享有的专有权利，或者说，是指作者及其他著作权人对文学、艺术、科学作品所享有的人身权利和财产权利的总称。著作邻接权从本质上讲，是作品传播者对其赋予作品的传播形式所享有的权利，虽然不是著作权，但是与著作权相邻、相近或类似的权利。两者同属于知识产权范围。邻接权与著作权关系密切，它是由著作权衍变转化而来的，是从属于著作权的一种权利。

两者的区别主要表现在以下几点：

（1）主体不同。著作权的主体是智力作品的创作者，包括自然人和法人；邻接权的主体是出版者、表演者、音像制作者、广播电视组织，除表演者以外，几乎都是法人。

（2）保护对象不同。著作权保护的对象是文学、艺术和科学作品；邻接权保护的对象是经过传播者加工后的作品。前者体现了作者的创造性劳动，后者主要体现了传播者的创造性劳动。

（3）内容不同。著作权主要指作者对其作品享有发表、署名等人身权和复制、发行等财产权；邻接权的内容主要是出版者对其出版的书刊的权利、表演者对表演的权利、音像制作者对其音像制品的权利、广播电视组织对其广播、电视节目的权利等。

（4）受保护的前提不同。作品只要符合法定条件，一经产生就可获得著作权保护；邻接权的取得须以著作权人的授权及对作品的再利用为前提。

案例分析题

答案：（1）应向乙公司主张违约责任。

《民法典》第 951 条规定，行纪合同是行纪人以自己的名义为委托人从事贸易活动，委托人支付报酬的合同。本题中，甲公司与乙公司之间的关系属于行纪法律关系。根据《民法典》第 958 条规定，行纪人与第三人订立合同的，行纪人对该合同直接享有权利、承担义务。第三人不履行义务致使委托人受到损害的，行纪人应当承担赔偿责任，但是行纪人与委托人另有约定的除外。因此，行纪人乙公司与第三人丙大学之间成立的买卖合同只是在双方当事人之间产生效力，所以丙大学应当向乙公司主张违约责任。

（2）没有侵犯 M 软件的出租权，因为该软件不是租赁合同的主要标的。

《著作权法》第 10 条第 1 款第 7 项规定，出租权，即有偿许可他人临时使用视听作品、计算机软件的原件或者复制件的权利，计算机软件不是出租的主要标的的除外。本题中由于计算机软件并不是主要标的，因此不存在该项出租权，也就不侵犯该出租权。

（3）应以丙大学为被告。由乙公司所在地的基层法院管辖。

《民法典》第 523 条规定，当事人约定由第三人向债权人履行债务，第三人不履行债务或者履行债务不符合约定的，债务人应当向债权人承担违约责任。本题中，乙公司和丙大学约定丁公司支付 20 台电脑的货款，即属当事人公司不履行债务时，当事人约定由第三人向债权人履行债务，在第三人丁公司不履行债务时，依法应由债务人丙大学承担违约责任，所以应以丙大学为被告。《民事诉讼法》第 35 条规定："合同或者其他财产权益纠纷的当事人可以书面协议选择被告住所地、合同履行地、合同签订地、原告住所地、标的物所在地等与争议有实际联系的地点的人民法院管辖，但不得违反本法对级别管辖和专属管辖的规定。"第 18 条规定："基层人民法院管辖第一审民事案件，但本法另有规定的除外。"本题中，乙公司和丙大学约定由起诉一方所在地法院管辖，所以由乙公司所在地的基层人民法院管辖。

（4）乙公司的行为构成商标侵权行为（或"假冒和反向假冒行为"，或侵权注册商标专用权行为，或侵犯商标权行为，或侵权行为）。甲公司、戊公司、某外国企业和李某均可作为原告起诉乙公司。

《商标法》第 57 条规定："有下列行为之一的，均属侵犯注册商标专用权：（一）未经商标注册人的许可，在同一种商品上使用与其注册商标相同的商标的；（二）未经商标注册人的许可，在同一种商品上使用与其注册商标近似的商标，或者在类似商品上使用与其注册商标相同或者近似的商标，容易导致混淆的；（三）销售侵犯注册商标专用权的商品的；（四）伪造、擅自制造他人注册商标标识或者销售伪造、擅自制造的注册商标标识的；（五）未经商标注册人同意，更换其注册商标并将该更换商标的商品又投入市场的；（六）故意为侵犯他人商标专用权行为提供便利条件，帮助他人实施侵犯商标专用权行为的；（七）给他人的注册商标专用权造成其他损害的。"

由此可见，乙公司的行为侵犯了"金太阳"商标专用权和"银河"商标专用权。对于原告的确定，首先注册商标持有人当然是有权作为原告起诉的,而且独占许可的被许可人也是有权起诉的。参见《最高人民法院关于审理商标民事纠纷案件适用法律若干问题的解释》第4条:"商标法第六十条第一款规定的利害关系人,包括注册商标使用许可合同的被许可人、注册商标财产权利的合法继承人等。在发生注册商标专用权被侵害时,独占使用许可合同的被许可人可以向人民法院提起诉讼;排他使用许可合同的被许可人可以和商标注册人共同起诉,也可以在商标注册人不起诉的情况下,自行提起诉讼;普通使用许可合同的被许可人经商标注册人明确授权,可以提起诉讼。"因此,甲公司和某外国企业可以起诉其侵犯"金太阳"商标权的行为,戊公司可以起诉其侵犯"银河"商标权的行为,李某可以起诉其违约行为。

(5)不能。因为赠与的财产有瑕疵的,赠与人不承担责任,并且李某的赠与没有附义务,也不存在李某故意不告知瑕疵或者保证无瑕疵的情形。

《民法典》第662条规定,赠与的财产有瑕疵的,赠与人不承担责任。附义务的赠与,赠与的财产有瑕疵的,赠与人在附义务的限度内承担与出卖人相同的责任。赠与人故意不告知瑕疵或者保证无瑕疵,造成受赠人损失的,应当承担赔偿责任。本题中,李某的赠与没有附义务,也不存在李某故意不告知瑕疵或者保证无瑕疵的情形。所以如胡某接受赠与的电脑出现质量问题,不能要求李某承担瑕疵担保责任。

综合测试题三

✓ 单项选择题

1. 答案：C。《著作权法》第11条第1款、第2款规定："著作权属于作者，本法另有规定的除外。创作作品的自然人是作者。"可见，对于作者并没有民事行为能力的要求。本题中，小甲是文字作品的作者，享有著作权。A选项错误。《著作权法》第2条第1款规定："中国公民、法人或者非法人组织的作品，不论是否发表，依照本法享有著作权。"著作权的取得不以发表为前提，B错误。因小甲为无民事行为能力人，转让网络传播权的行为无效。故C选项正确，D选项错误。

2. 答案：C。本题中，乙公司将甲公司的注册商标用作企业字号，在相同商品上突出使用，容易使相关公众产生误认，属于侵犯注册商标专用权的行为。A选项错误，C选项正确。甲公司的注册商标虽然损害了他人的在先权利——姓名权，但在其注册商标被宣告无效前，其依然享有注册商标专用权。B选项错误。

D选项错误。甲公司侵犯了明星A的姓名权，明星A有权在该商标注册之日起5年内向国家知识产权局申请宣告该注册商标无效。

3. 答案：C。本题中，甲将小说发表，并且保留乙的署名，并不侵犯乙的发表权和信息网络传播权。A选项，错误。

信息网络传播权，即以有线或者无线方式向公众提供作品，使公众可以在其个人选定的时间和地点获得作品的权利。丙的行为，没有扩大该小说在网络上的传播范围，只是设置了链接，公众通过链接，进入的依然是甲的博客，按照甲所允许的方式、在甲许可的范围内阅读该小说，因此，丙不构成侵权。B选项，错误。

丁的转载行为，应当经过作者许可并支付报酬，对应的是作者的信息网络传播权。C选项，正确。

复制权，即以印刷、复印、拓印、录音、录像、翻录、翻拍、数字化等方式将作品制作一份或者多份的权利。发行权，即以出售或者赠与的方式向公众提供作品的原件或者复制件的权利。D选项，错误。

4. 答案：C。甲公司仅有权对乙公司主张临时保护期内的适当费用，即2021年10月至2023年7月3日期间，而对于2021年10月专利申请公布之前的期间，并无权主张。A选项，错误。甲公司发现乙公司的销售行为时间为2022年10月，在专利授予之前，故其主张临时保护期内适当使用费的诉讼时效起算时点为专利授予日2023年7月3日，截至2026年7月2日。甲公司于2025年4月起诉，仍在诉讼时效内。B选项，错误。

甲公司于2020年4月提交专利申请，乙公司于2021年2月研发并生产，2022年3月销售，均晚于甲公司的申请日，不属于《专利法》第75条第2项所述的在专利申请日前已经制造相同产品、使用相同方法或者已经做好制造、使用的必要准备，并且仅在原有范围内继续制造、使用的，不视为侵犯专利权之情形。甲公司于2023年7月获得专利权，乙公司未经许可而制造、销售，属于侵犯专利权的行为。C选项，正确。

丙公司获得该安全装置后，用于组装汽车，属于未经专利权人许可，为生产经营目的使用甲公司专利产品，系侵权行为。D选项，错误。

✓ 多项选择题

1. 答案：AB。网络电台将该曲目在特定时段播放，属于广播行为：以无线方式公开传播。

A 选项，当选。

餐厅的行为属于机械表演。B 选项，当选。

电影将该琴曲作为片尾插曲，系复制行为。王某作为音乐作品的作者，享有复制权。电影的制作者应当征得王某同意，并向其支付报酬。悦鸣唱片公司作为录音制作者，对其录音制品享有复制权。电影的制作者应当征得悦鸣唱片公司同意，并向其支付报酬。C 选项，不当选。网络平台将该琴曲用于用户点播，属于"信息网络传播"行为。王某享有信息网络传播权，网络平台应当征得王某同意，并向其支付报酬。悦鸣唱片公司作为录音制作者，对其录音制品享有信息网络传播权。网络平台应当征得悦鸣唱片公司同意，并向其支付报酬。D 选项，不当选。

2. **答案**：BC。本题中，虽然王某与 A 中学约定由其编写的数学教材著作权归 A 中学所有，王某依然为该作品的作者。故 A 选项错误，B 选项正确。

王某的行为系未经著作权人同意而复制其作品，侵犯了著作权人的复制权。根据本题题意，王某进行了整本复制，其行为不能认定为合理使用。C 选项正确。

小店的行为系未经著作权人许可而复制、发行其作品。但其侵犯的是 A 中学的著作权，而非王某的著作权。D 选项错误。

3. **答案**：AC。甲公司虽然在皮箱上获得了"东方皮韵"注册商标，但东方皮韵在其申请前已经使用，且有一定影响力，故其可以在原有范围内继续使用。A 选项正确。若注册商标 3 年未使用，商标局依他人申请对注册商标予以撤销，而非主动依职权予以撤销。B 选项错误。本题中，甲公司与东方皮韵公司具有业务往来关系，"抢注"东方皮韵公司未注册商标，东方皮韵公司作为利害关系人有权在该商标注册之日起 5 年内向国家知识产权局申请宣告该注册商标无效。C 选项正确。乙公司属于不以使用为目的的恶意注册，甲公司申请宣告其注册商标无效的，不受 5 年限制。D 选项错误。

📖 名词解释

1. **答案**：著作权是指基于文学、艺术和科学作品依法产生的权利。创作文学艺术和科学作品是著作权产生的前提和基础，是著作权法律关系得以发生的法律事实。作为一种民事法律关系，著作权不是抽象的，而是具体的，是就特定作品而产生的权利。没有作品，就没有著作权，脱离具体作品的著作权是不存在的。

2. **答案**：信息网络传播权，是指以有线或者无线方式向公众提供作品、表演或者录音录像制品，使公众可以在其个人选定的时间和地点获得作品、表演或者录音录像制品的权利。

3. **答案**：表演者权，是指表演者依法对其表演活动所享有的专有权利。表演者权包括表演者的人身权利和财产权利。表演者权的内容：（1）表明表演者身份；（2）保护表演形象不受歪曲；（3）许可他人从现场直播和公开传送其现场表演，并获得报酬；（4）许可他人录音录像，并获得报酬；（5）许可他人复制、发行、出租录有其表演者表演的录音录像制品，并获得报酬；（6）许可他人通过信息网络向公众传播其表演，并获得报酬。被许可人以前款第（3）项至第（6）项规定的方式使用作品，还应当取得著作权人许可，并支付报酬。

4. **答案**：我国《专利法》第 22 条对授予专利权的发明和实用新型的新颖性有明确规定。新颖性，是指该发明或者实用新型不属于现有技术；也没有任何单位或者个人就同样的发明或者实用新型在申请日以前向国务院专利行政部门提出过申请，并记载在申请日以后公布的专利申请文件或者公告的专利文件中。现有技术，是指申请日以前在国内外为公众所知的技术，是指在申请日以前没有同样的发明或者实用新型在国内外出版物上公开发表过、在国内公开使用过或者以其他方式为公众所知，也没有同样的发明或者实用新型由他人向国务院专利行政部门提出过申请并且记载在申请日以后公布的专利申请文件中。外观设计专利权的新颖性是指授予专利权的外观设计，应当不属于现有设计；也没有任何单位或者个人就同样的外观设计在申请日以前向国务院专利行政部门提出过申请，并记载在申请日以后公告的专利文件中。

5. **答案**：商标专用权是指注册人对其注册商标在核定使用的商品或服务上享有的专有权利，即在一定范围内排斥他人使用的权利。《商标法》第56条规定，注册商标的专用权，以核准注册的商标和核定使用的商品为限。

简答题

1. **答案**：著作权法所保护的作品是指文学、艺术和科学领域内具有独创性并能以一定形式表现的智力成果。作品应当符合四个方面的要件才可能受到保护。（1）作品须是人类的智力创造成果；（2）作品须是思想或情感的表达；（3）作品须是文学、艺术和科学领域内的智力成果；（4）作品须具有创造性。同时作品应当符合法律的规定，《著作权法》第5条规定了几类不受著作权法保护的情形。

   不受著作权法保护的对象总体客体分为三类：第一类是因违反了其他法律而被禁止出版、传播的作品，这类作品虽然具备了作品的一般形式和实质要件，但因其表达的思想倾向、某些感情的表达方式被认为对社会有危害性，不适于出版传播，故不受著作权法保护；第二类是有些对象虽然具备了作品的形式特征，但不具备作品的实质条件，因而不给予著作权法保护；第三类是有些对象虽然具备了作品的实质条件但出于国家或社会公众利益的需要，不宜以著作权法保护。

2. **答案**：（1）申请人必须是商标注册人，而且其商标注册的时间必须先于被争议商标的注册时间。（2）注册商标争议申请必须在后注册商标刊登注册公告之日起一年内提出，超出法定的一年时间，即使是在后注册的商标与在先注册的商标在同一种或类似商品上使用的相同或近似的商标，在先注册人也丧失了争议的时机。（3）发生争议的注册商标所核定使用的商品，必须是同一种或类似商品。（4）发生争议的注册商标被核准的文字、图形或者其组合相同或者近似。（5）在先注册人如果在后注册商标被核准前已经提出异议并经裁定异议不成立的，不得再以相同的事实和理由申请注册商标争议裁定。

论述题

答案：《商标法》第4条规定的不以使用为目的恶意申请注册的商标，第10条规定的不能作为商标使用的标志，第11条、第12条规定的不能作为商标注册的标志，以及第19条第4款规定的商标代理机构不得申请注册的其代理服务之外的其他商标，都属于绝对不得注册的标志，又被称为商标不得注册的绝对事由。《商标法》第4条规定，不以使用为目的的恶意商标注册申请，应当予以驳回。这是为了打击恶意抢注并囤积商标的行为。第10条列举了因标志内容违法不能作为商标使用和注册的情形。第11条规定的是缺乏显著特征的标志，如仅有本商品的通用名称、图形、型号的，仅直接表示商品的质量、主要原料、功能、用途、重量、数量和其他特点的，以及其他缺乏显著特征的标志。这些标志经过使用获得显著特征，并便于识别的，可以申请注册。商标审查实践中对显著性的审查遵循五个原则，即结合商品和服务审查的原则，结合相关公众审查的原则，结合实际使用审查的原则，整体审查的原则和考虑公共利益的原则。第12条规定仅由商品自身的性质产生的形状、为获得技术效果而需有的形状或者使商品具有实质性价值的形状，不得作为商标注册。禁止此类三维标志注册，是为了防止借商标注册垄断产品或技术，维护竞争自由。第19条第4款规定，商标代理机构除对其代理服务申请商标注册外，不得申请注册其他商标。这是为了避免商标代理机构利用专业知识方面的优势，在无真实使用意图的情况下注册并囤积商标，以在日后向他人兜售。

申请注册的商标有上述情况之一的，商标局应驳回申请，不予公告，并通知申请人。申请人不服的，可以申请复审。

《商标法》第32条规定，申请商标注册不得损害他人现有的在先权利，也不得以不正当手段抢先注册他人已经使用并有一定影响的商标。对申请注册的商标是否与他人在先权利或权益相冲突的审查，是商标注册审查中最主要、最复杂的工作，涉及在先权利的种类，涉及标志相同、近似和商品或服务类似的判定标准、方法等技术性很强的问题。申请注册的商标与在先权利或权益的冲突属于民事主体之间的利益冲突，因此，被称为拒绝注册的相对事由。

案例分析题

答案：（1）甲公司专利可能被宣告无效。根据《专利法》第22条，实用新型专利需具备新颖性，若技术方案在申请日前已为公众所知（如通过期刊公开），则丧失新颖性，不符合授权条件。

（2）依据《专利法》第26条第3款的规定，说明书应当对技术方案作出清楚、完整的说明，以所属技术领域的技术人员能够实现为准；必要的时候，应当有附图。摘要应当简要说明发明或者实用新型的技术要点。法院需审查说明书是否详细描述了技术方案的实施方式，使所属领域技术人员能够实现，否则专利可能被宣告无效。

（3）根据《专利法》及相关司法解释，法院可以裁定中止诉讼，待国家知识产权局作出无效决定后再恢复审理。若无效成立，则驳回甲公司起诉；若维持有效，则继续审理侵权问题。

（4）需承担停止侵权、赔偿损失等责任。赔偿数额可参照甲公司实际损失、乙公司侵权获利或专利许可使用费的合理倍数，若恶意侵权可适用惩罚性赔偿。

（5）不能。专利权保护期自授权公告日起算，申请日至授权日期间（临时保护期）仅可要求对方支付适当费用，但无权禁止使用或索赔。

图书在版编目（CIP）数据

知识产权法配套测试 / 教学辅导中心组编. -- 12 版. -- 北京：中国法治出版社，2025.8. --（高校法学专业核心课程配套测试）. -- ISBN 978-7-5216-5279-6

Ⅰ. D923.404

中国国家版本馆 CIP 数据核字第 20254LL700 号

责任编辑：孙静　　　　　　　　　　　　　　　　　　　封面设计：杨泽江　赵博

知识产权法配套测试
ZHISHI CHANQUANFA PEITAO CESHI

组编/教学辅导中心
经销/新华书店
印刷/三河市紫恒印装有限公司
开本/787 毫米×1092 毫米　16 开　　　　　　　　　　　　印张/ 16　字数/ 320 千
版次/2025 年 8 月第 12 版　　　　　　　　　　　　　　　2025 年 8 月第 1 次印刷

中国法治出版社出版
书号 ISBN 978-7-5216-5279-6　　　　　　　　　　　　　　定价：45.00 元

北京市西城区西便门西里甲 16 号西便门办公区
邮政编码：100053　　　　　　　　　　　　　　　　　　传真：010-63141600
网址：http：//www.zgfzs.com　　　　　　　　　　　　编辑部电话：010-63141787
市场营销部电话：010-63141612　　　　　　　　　　　　印务部电话：010-63141606

（如有印装质量问题，请与本社印务部联系。）